鵜野祐介
YUSUKE
UNO

うたとかたりの人間学

いのちのバトン

青土社

うたとかたりの人間学　目次

第Ⅱ部　うたとかたりの人間学に向けて

うたとかたりの人間学——いのちのバトン

まえがき

本書に収めた文章は、二〇一七年から二〇二二年にかけて綴ったものである。二部に分かれており、第Ⅰ部には、対人援助学会の機関誌「対人援助学マガジン」に連載の「うたとかたりの対人援助学」第一回〜第二三回から選んだ二〇本のエッセイを、プロローグと全四章に配列し直して、加筆修正の上、掲載している。

第Ⅱ部には、この期間に発表した論考のうち、単行本に収載されていない七本と、本書を青土社から出版するきっかけとなった『現代思想』二〇二二年七月臨時増刊号に寄稿したもの（第八章）を、加筆修正の上、掲載している。

第Ⅰ部のエッセイは、第Ⅱ部の論考を完成させるまでの研究ノート、フィールドノーツ、落穂拾いとも言えるものである。最初から順番に読み進めていただいても構わないが、目次を参考に、対応するエッセイと論考を比べながらつまみ食いしていく読み方もお勧めしたい。エッセイと論考の両方を一冊に収めるという趣向の本は、これまであまりなかったように思う。特に人類学／人間学の研究に関心を持つ方々に、この分野の研究の着想の仕方や、展開のさせ方のヒントをつかみ取っていただけるとうれしい。

本書で取り組んでいる研究の主題は大きく四つに分かれる。まず、本文の中で何度も紹介していることとだが、二〇一六年に学外研究として英国スコットランドに滞在中、「うたうこと」や「かたること」が、多様性（ダイバーシティ）や連繫性（エコロジー）に基づく「多文化共生社会」の構築に寄与するという発想を知った。これを自分なりに理論的に展開させていくことが第一の主題である。次に、この時スコットランドにおいて、このテーマの具体的事例とみなし得るものとして、ろう（聾）者の社会における手話による語りの文化があることを知った。そこから、日本においても類似する文化があるのかどうかを「発見」することが第二の主題となった。それから第三の主題は、二〇一三年から取り組んできた、東日本大震災をはじめとする「厄災」を生きるための「民話」の力について、特に「聴くこと」に注目して省察していったことが挙げられる。そして第四の主題は、二〇〇〇年代初頭から取り組んできた、人間がうたや物語に託して伝えてきた「コスモロジー（宇宙観）」について、特に「超越の世界」や「あわいの世界」や「アニミズム的・汎神論的な世界」の意味を考究することにある。

以上四つの主題について、時として大きくバランスをくずしたり、迷路にはまり込んだり停滞したりしながらも探索してきたこの六年間だったが、これらはみな、「人は何故うたをうたい、物語をかたるのか」という一つの問いに収斂されることに、本書の編集を通して気づいたところである。

第Ｉ部のタイトルである「うたとかたりの対人援助学」に関連して、教育人類学／教育人間学［educational anthropology］を専門とする私の、対人援助学に対する考え方についてあらかじめ述べておきたい。

対人援助学会のＨＰには次のように記されている。「対人援助学（Science for Human Services）とは、これまでの学問領域を超えて、広く『人を助ける』という実践的行為について、その作業を当事者の決定を軸に過不足なく行うための方法を考える新しい領域です」。

大学院生だった一九八〇年代後半以来、私は子どもの遊びや口承文芸（口伝えのうたや物語）の調査研究をおこなってきたが、これを「対人援助学」という観点から考えてみるという発想は、二〇一三年四月に立命館大学に赴任し、「対人援助学の創造」をポリシーとして掲げる応用人間科学研究科（現在は人間科学研究科に改編）の配属となるまで、私の中に全くなかった。「対人援助」という言葉は「似非《えせ》ヒューマニズム」や「偽善」などのマイナスイメージとも結びつきかねない、なかなか厄介な言葉だ。また、二〇一三年四月と言えば、東日本大震災の二年後であり、被災地支援、復興支援といった「支援」が一種の流行語になっていた頃である。時流に乗らないことをモットーとしてきた私にとって、時流に乗ることそのものとも思える「対人援助学の創造」にどう関わっていくべきか、見通しの立たないままの出発だった。

けれども、二〇一六年四月に文学研究科に移籍するまでの三年間に、この研究科で出会った院生たちとの対話や交流の中で、私にとっての対人援助学のイメージが次第に具体化していった。看護師、療法士、学校教師、スクールカウンセラー、僧侶……、様々な「対人援助」の現場体験を持つ院生たちがいた。そして、彼ら／彼女たちがうたやかたりに何らかの力があると実感していた。その力とは何だろうと一緒に考えていくことになった。

また、大学時代の同級生・村本邦子さんがこの研究科に勤務していたことも大きかった。彼女は、二〇一一年に起ち上げた東日本・家族応援プロジェクトのリーダーとして活動していた。このプロジェクトに参加しないかと声をかけてくれたことで、二〇一三年から毎年秋に、村本さんをはじめ、同じく教員の団士郎さん、事務担当の平田さな江さん、数名の院生たちと一緒に東北各地へ足を運び、現地でたくさんのことを学べた。
今、私は「うたとかたりの対人援助学」とは次のようなものだと考えている。うたやかたりによって、人と人の、こころとこころがつながるという現象がどのようにして起こるのかについて、その現場（臨地）に立って、当事者と出会い、時に寄り添い、時に並走していく中で、そのメカニズムを解き明かしていこうとする実践的な学問である。

次に第Ⅱ部のタイトルおよび本書全体のタイトルに用いた「人間学」についても、私自身の考え方について述べておきたい。拙著『昔話の人間学　いのちとたましいの伝え方』（ナカニシヤ出版、二〇一五年）には次のように示した。

……わかりやすく言えば、「人間とは何者であり、いかにしてヒトから人間へと成るか、そしてどのように変っていくか」について、さまざまな角度からさまざまな方法を用いて考え、その結果を総合することによって人間の全体的で包括的な姿を描き出そうとする学問である。ここで言う「さまざまな角度」とはどのようなものか、具体的に挙げてみると、
A．人の一生の歩みとその過程における変化（生成・成長・発達・変容・衰弱・死亡など）
B．人間としての属性（意識・こころ・たましいなど）
C．人間として生きることの意味（存在理由・生きがい・アイデンティティなど）
D．生きている証しとしての基本的行為（食べる・笑う・泣く・出会う・愛する・語るなど）
などがある……。（xiii-xiv）

本書では、歌われたものや語られたものという文化財（テクスト）／内容物（コンテンツ）そのものだけでなく、それを創り出し、他の人びとに伝えるという行為が、すぐれて人間らしい営みであるというところに焦点を当てている。言い換えれば、うたやかたりという行為は、歌い手や語り手と、聞き手との間の、共同作業としてはじめて成立するものであり、それ故に、これらの行為は、われわれが人間として生きている証しとして、必要不可欠の基本的かつ根源的な行為であるということを、模索しつつ確認していく過程の作業を示している。そのような、試論（試みの思索）という色合いが強い論考が大半を占めていることから、第Ⅱ部のタイトルに「〜に向けて」と記した次第である。

そして最後に、本書の副題に「いのちのバトン」と付けたのは、今年（二〇二三）二月に脳梗塞に倒れて約二ヵ月間の入院の中で詠んだ次の一首にちなんでいる。

脳梗塞生き永《なが》らえて在《あ》りしこと母のいのちのバトン証《あか》せり

この歌の成立背景については、あとがきの中で説明するが、「いのちのバトン」というフレーズが本書の通奏低音としての「気流の鳴る音」（真木悠介）を聴き取っていただけると、とても嬉しい。

第Ⅰ部　うたとかたりの対人援助学

プロローグ——「ユニバーサルデザイン」としてのうたとかたり

「ユニバーサルデザイン」とは何か

「ユニバーサルデザイン［略号UD］」という言葉は、アメリカの建築家で、ポリオによる障がいのため酸素ボンベを携帯し車椅子生活を送っていたロナルド・メイスによって、一九七四年にはじめて提唱されたとされる（ばばこういち他『UD革命 思いやりの復権』リベルタ出版、二〇〇八年、七二頁）。

停電、災害、怪我などによって、誰もが障がいを持つ状況に陥る可能性はある。したがって製品や建物や空間のデザインをする場合にはあらかじめ障がいを持つ状況を想定しながら利用しやすいデザイン、「ユニバーサルなデザイン」をおこなうよう心がけるべきだ、こうメイスは提言した。

それまで用いられていた「バリアフリー」という言葉が、モノや建物が持っていたバリアをなくすために、既成のモノや設備の一部を障がい者や高齢者のために改良するという考え方を表すのに対して、高齢者も子どもも障がい者も、できるだけ多くの人びとが使えるようにあらかじめ想定してデザインするという考え方が、「ユニバーサルデザイン」である。

メイスが発表した「UD七原則」、①公平性…誰もが公平に利用できる、②自由度…使ううえで柔軟性に富む、③単純性…簡単で直感的に利用できる、④情報理解性…必要な情報が簡単に理解できる、⑤安全性…単純なミスが危険につながらない、⑥省体力性…身体的な負担が少ない、⑦空間確保性…接近して使える寸法や空間になっている、これらは世界中のさまざまな企業や組織に規定されたUD原則の下敷きになっているという（同、七四頁）。

日本におけるUDは、一九九〇年代の半ば、当時の三重県知事・北川正恭によって、県民の参加と相互の対話を旨とする「デモクラシー」の核心となる思想として紹介され、その後、改革派の自治体や新たな市場創出を目標とする企業の間で急速に広がったとされる（同、九－一一頁）。ばばこういちは、北川の考えに依拠しつつ、UDを単なるデザインの方法論としてではなく、「対話と参加」「相手の立場で考える」「思いやり」「損を担う」「協調」といった理念を内包する「思想」として捉えるべきだと提案する。ばばに倣い、この小文でも、年齢・性・障がいの有無・民族や国籍などによる違いを超えて通用する「ユニバーサル（普遍的）」なデザインを考案し普及させようとする発想そのものが、人びとの生き方を変え、心豊かな社会を築いていくという、「思想としてのUD」の立場から、うたやかたりについて考えてみたい。

UD七原則からみた子どものうたとかたり

「ユニバーサルデザイン」という観点から眺めてみると、子どものうたにはメイスのUD七原則がよくあてはまることが分かる。①公平性…子どもも大人も公平に利用できる。②自由度…気分や状況に応じて、どんなふうに歌っても構わない。柔軟性に富んでいる。③単純性…メロディーも歌詞も比較的単純なので、誰でも簡単に歌うことができる。④情報理解性…子どもでも意味が分かる言葉が用いられているため、その内容を理解しやすい（但し、もっと深い別の意味が隠されている場合もある）。⑤安全性…たとえ暴力的な恐ろしい内容が歌われていても、歌い手や聞き手の身は安全である。⑥省体力性…うたを歌うことも聞くことも、本人が体力の消耗（体を動かして歌ったり聞いたりすること）を望まなければ、身体的な負担は少なくてできる。⑦空間確保性…歌い手と聞き手の間の距離は、すぐそばでも少し離れていても構わない。
また、この七原則は、子どもたちに向けて語られる、昔話をはじめとするおはなしにもあてはまると言っていいだろう。絵本や紙芝居、テレビやビデオ、タブレット端末のような、伝達の媒体となるハードウェア（道具）は必要ない。声（身体）さえあればいいのである（ろう者にとっては手話が〈声〉となる）。
二〇〇七年に「日本語り手の会」の招きで来日し、全国各地で語りのコンサートをおこなった英国スコットランドのストーリーテラー、デイビッド・キャンベルは、コンサートの最初に次のような「なぞなぞ」を出していた。

これは決してこわれたり、すりへったりしません
なくなってしまうこともありません
自分でずっと持っておくこともできるし
誰かにあげることもできるけど
誰かにあげた後もまだ持っていられます
人にあげればあげるほど
もっといいものになっていき
人にあげなければ何の意味もないもの、なあんだ？

答え「おはなし（ストーリー）」

こうして、子どものうたやおはなし（かたり）は、UDとしての必要条件を満たしていると言えるが、それだけでは十分ではない。つまり、便利さや使いやすさだけではその商品や施設を進んで使おうとする人はいないのと同様に、内容が理解できるというだけでは誰も見向きもしないであろう。進んで「歌いたい」「聴きたい」と思わせる魅力が、そのうたやかたりの中身として詰まっていることが求められる。

見方を変えれば、うたやかたりのおこなわれる状況、聞き手の年齢や健康の状態、季節や時間帯、人数などによって、その状況にふさわしいうたやかたりが選ばれるべきであるということであり、実際そのようにおこなわれてきた。つまり、「子どものうたやかたりがユニバーサルデザインを備えている」とは、ある特定のうたやかたりが、誰にもいつでもどこでも喜んで受け入れられるという意味ではなく、一期一会のその場にふさわしいうたやかたりが、歌い手／語り手と聞き手の共同作業によって発見され、再創造されるという意味だと理解されるべきだろう。

言霊《ことだま》と歌霊《うただま》

今日の日本において、「おはなし会」や「昔話を語る会」といえば、もっぱら子ども向けのもの、せいぜい観光客の大人たちを対象とするもののように思われているが、つい数十年前まではそうではなかった。野村敬子によれば、出産の前後、産婦や新生児に産婆が語って聞かせるおはなしや、通夜の席で夜通し語られるおはなしもあった（野村『語りの廻廊　聴き耳の五十年』瑞木書房、二〇〇八年、二一六－二一七頁）。

また戦国時代には、合戦前夜、武将や兵士たちにおはなしを聞かせる「御伽衆《おとぎ》」と呼ばれる人びとがいたことが知られている。つまり、「おはなし（かたり）」とは決して子どものためだけのものではなかったのであり、人生の大きな節目、いのちにかかわる大切な局面において体験されるものだったのである。それはおそらく、言葉にたましいが宿っており、おはなしを語る人のたましいが、言葉のたましいにのり移り、聞く人のたましいに呼びかけ、想いが届けられるという、「言霊《ことだま》」の観念に基づく「魂《たま》呼ばい」のかたりとして伝承された習俗であるに違いない。

「うた」もまた、誕生・結婚・死（葬礼）など、人生の重要な局面において演じられてきた。例えば、酒井正子が長年にわたって調査してきた奄美・沖縄の「哭きうた文化」はその典型例であろう。与那国島では子守唄とよく似たメロディーで弔い唄が歌われたという（酒井『奄美・沖縄 哭きうたの民族誌』小学館、二〇〇五年、二〇四頁）。子守唄は、あちらの世界（冥界）からこちらの世界（顕界）へ来たばかりの新生児のたましいや、死ぬほどの痛みを経験した産婦のたましいに向けて歌われる。一方、弔い唄は顕界から冥界へ移ったばかりのたましいに向けて歌われる唄であって、二つの世界の〈あわい〉にあるたましいに対して呼びかける唄と言う意味で両者は共通する。

そしてここには、歌い手のたましいが、うたのたましいにのり移って、聞き手のたましいに呼びかけるという考えが見られる。このような「うたのたましい」を小島美子は「歌霊《うただま》」と呼んだ。「どうやら歌には何か力があると私たちは感じている。その力を私は歌霊と名づけてみたい。日本では古くから言霊ということばがあってその存在が信じられてきた。しかしその言霊も歌う形になったとき、より大きな効果が発揮されることも事実であろう」（小島『音楽からみた日本人』NHK出版、一九九七年、一二五頁）。

注目すべきは、「言霊」や「歌霊」が宿る器《うつわ》となるのが「声」であるという点だろう。体の中から発せられる息によって生まれる「声」の持つ力が、うたやおはなしに、たましいやいのちを宿らせる。その理由について、竹内敏晴は次のように述べている。

「イキ（息）は生きると同根のことばだ。同じように、息と『生き』が同じことばである民族は世界に数多い。ヤマトコトバのイノチの『イ』は息、『チ』は勢いのことだから、息を吐く力、ひいては、話すことばに力が、勢いがなくなるということは、生命の力の衰えを意味するのだ」（竹内『声が生まれる 聞く力・話す力』中公新書、二〇〇七年、二六頁）。

こうして、声の文化としてとらえ直すことによって、うたやかたりは、高齢者も子どもも、障がいや心身の病を抱えた人も含めた、あらゆる人びとに「生きる力」を与える「ユニバーサルデザインを備えた文化」として位置づけられるのである。

父への詫び状

ところで、私がうたやかたりを、UDを備えた無形文化財として捉え直すに至ったきっかけは、二〇一一年に亡くなった父のことだった。生まれ育った田舎町で長年小学校教師を務めた父は、定年後間もない六五歳の時に脳梗塞に倒れた。幸い一命は取り留めたものの、右半身マヒと重い言語障がいが残った。容体が安定すると、早速、父は言語機能回復訓練に取り組んだ。

今から三〇年程前の当時、読み書き能力の回復訓練のための特別なテクストはなかった。父は小学校一年の国語教科書を最初から音読し、左手でノートに書き取る作業を始めた。どういういきさつで小学一年生の教科書を用いることになったのか、よく覚えていないが、おそらく父の発病後、英国での留学生活を中断して母と共に付き添っていた私が、元小学校教師の父に相応しい教材と思いついたことではなかったろうか。

父は一生懸命にリハビリに取り組んだ。左手で鉛筆を握って、大きなマス目のノートに、一年生の国語の文章を写し取りながら、私や母がこれを読み上げる後に続けて音読する。この単純作業に根気強く取り組む父の姿勢には、本当に頭の下がる思いだった。

けれどもやがて、「ああっ」とため息をつき、鉛筆を放り出すようになった。そして、目に見える回復が実感できなくなったせいか、ため息をつく頻度はだんだん多くなっていき、半年が経った頃にはもう、教科書に向かうことはなくなった。以来、脳梗塞の再発によって亡くなるまでの二〇年間、父の読み書き能力はほとんど回復せず仕舞だった。但し、父の読み書き能力が回復しなかったことと、リハビリ教材として小学一年生の教科書を使ったこととを関連付けるという発想は、私の中には一切なかった。

ところが、二〇一三年四月に「対人援助学の創造」をポリシーとして掲げる大学院応用人間科学研究科の配属となり、昔話の人間形成論的な意味や対人援助学的な機能について考えようとする「人間形成学特論」という科目を担当した際、最初の年の受講生の一人（元小学校教師の六〇代男性）が、初回授業の自己紹介で「ユニバーサルデザインについて研究したい」と発言されたのを聞いて、父のリハビリ失敗のことが蘇ってきたのである。

もしも自分が父の立場だったらどうだろう。小学一年生用の文章を繰り返し音読しノートに書きつける作業は、最初のうちこそ、子どもの頃や教師時代を懐かしみながらできるかもしれないが、すぐにそんな気持ちは吹き飛んでしまうのではないか。おそらく、大人が声に出して読んでも、また書き写しても味わい深いような内容ではなかっただろうから。

あの時、童謡集や、子どもにも大人にも味わえるように再話された昔話集を使っていたら、もっと楽しく作業に取り組めたはずだ。父が倒れた時、私はすでに口承文芸（口伝えのうたや物語）の調査研究を手掛けていたにもかかわらず、このことに思い至らなかった。それに対する自責の念が、亡き父への詫び状としてこの小文を綴らせることになった気がしている。

家族で歌った小学校校歌

最後に、父と「うたやかたり」にまつわるもう一つのエピソードを書き添えておく。言葉を書いたり読んだりする能力はほとんど回復しなかった父であったが、うたを歌うことはできた。中でも父が一番しっかりとした声で歌えたのは、父が小学生として、また教師として、足かけ二〇年近く通った地元の水田小学校の校歌だった。

一、桜よ春は向山《むこうやま》　夏は蛍の水田《みずた》川
　紅葉の秋をよもやまに　冬は吹雪でふりうずむ

二、その天然の大いさを　わが文机《ふづくえ》の友として
　努めよ我ら一筋に　日ごとの教え身に沁みて

三、誠実勤勉ものごとに　倒れて止《や》まぬ精神は
　水田校の光なり　いざ輝かせその光

ちなみに、母もこの小学校で教師として六年間を過ごし、二人の姉や私もやはり六年間同じ校歌を

歌ってきた。父が病に倒れた後、家族が集まった時にふとこの校歌を歌った。すると普段はおうむ返しの言葉以外にはほとんど話せない父が、スラスラと歌えたのである。本当に驚き、皆で喜んだ。「うたの力」を実感した瞬間だった。

子どもの頃に繰り返し歌い、語り、聞いたうたやかたりという「〈声〉の文化」(ろう者にとっては手話が〈声〉となる)は、生涯にわたってその人を励まし、慰め、癒してくれる力を持っている。そしてまた「〈声〉の文化」は、年齢の違いや国籍・民族の違い、障がいや病気の有無を超えて、あらゆる人びとの心に届く力を持っている。「ユニバーサルデザイン」としての機能を備えたうたやかたりの可能性をもっともっと広げていくために、これからもさまざまな職種や分野の人たちと手を携えて、少しずつでも前に進んでいきたい。そう期している。

(*なお、近年「インクルーシブデザイン」という言葉も用いられるようになったことを断っておく。)

第一章

昔話のふしぎ発見

1　「食わず女房」の魅力

紙芝居「くわず女房」を演じる

先日（二〇一七年二月）、大阪府内のある私立幼稚園で年長組の約二〇名を対象に、紙芝居を演じる機会を持った。今回選んだのは「くわず女房」（松谷みよ子脚本、長野ヒデ子絵、童心社）。働き者で何も食べない女房がほしいと望むケチな男の所に、「おら、めしくわねではたらく」という、「そりゃあいとしげな娘」がやってきて女房になるが、実は頭のてっぺんに大きな口を持つ山姥で、正体を知った男は山姥に食われそうになり、すんでのところでヨモギと菖蒲の呪力によって助かるという話である。

この年長組さんに紙芝居を演じるのは一年振りだったが、私のことを憶えてくれている子もいて、「紙芝居の人や」と声を掛けてくれた。週一回、絵本の読み合い（読み聞かせ）や貸し出しをしている「こうめ文庫」のスタッフによると、今年の年長クラスは特にこわい話への関心が強いとのことで、私にも「こわいお話にしてください」とのご要望があったため、この話を選んだ。

「全然こわくなかった！」

はじめに、「今日はこわいお話をします」と言うと、子どもたちは「全然平気だよ」とむきになって答えた。そして「食わず女房」と題名をよみ上げると、「知ってる」「よんだことある」「おっきな口の化け物の話なんだよ」などとてんでに声を挙げた。「こわくなったら、隣のお友だちに体をギュッとくっつけたら平気だからね」と言うと、さっそく隣り同士、体を寄せ合う子もいた。

男がいなくなったのを見計らって女が大釜に飯を炊き、お握りをいっぱい作る場面あたりから、しだいに空気が張りつめてくる。固唾《かたず》を呑《の》んで紙芝居の画面を見つめる子どもたちの表情は真剣そのものだ。

そして、「なんと　たまげた。かみ　ふりほどくと、そこに　でっかい　くちが　ぱくりと　あらわれた」――この画面になると、ホォーッという、どよめきともため息ともつかない声が漏れた。「よめこは　りょうてに、にぎりめしを　もって、あいた　くちの　なかへ　ぽいぽい、ほうりこんでいく。おてだま　とるみてぃに　してよ。『にぎりめしゃ　ぺーろぺろ　もひとつ　ぺーろぺろ』……」。ギュッと肩を寄せ合って聞き入る子どもたちの表情をうかがいながら、たたみかけるように一気呵成《いっきかせい》に語る。

「おしまい」、そう言った途端、子どもたちは一斉に叫んだ。「全然こわくなかった!」「えっ、ホントにこわくなかった? 大丈夫だった?」「全然、平気だったよ」「ああ、そうか。もうすぐ小学生だからね。みんな大きくなったね」、子どもたちは満足そうにうなずく。こわい話を最後まで聞き遂げられた達成感に浸っているようだった。

語り手にとっての快感

後日、幼稚園でのこのエピソードを、長年子どもたちに昔語りをしている女性Mさんにしたら、彼女もやはり、こわい話を子どもたちにする時に快感を覚えると口にされた。愉快な話を聞く時と、子どもたちの表情が全然違う。もちろん楽しそうに聞いてくれるのを見るのも嬉しい。けれどこわい話を聞いている時の、子どもたちの真剣なまなざしを見ていると、「よおし、もっとこわがらせてやろうって思うのよねえ」、Mさんはそうおっしゃった。

そう言えば、先年（二〇一五年）亡くなられた臨床心理学者の杉岡津岐子さんが、ご自身のふたごの息子さんたちと、絵本版の「食わず女房」をよく読んだと話しておられた。女房の長い髪がほどけて大きな口がパカッと開いて見える場面になると、杉岡さんはこう言ったそうだ。「実はね、お母さんの頭にもあるのよ」。そして、長い髪をザッと垂らして頭をかがめると、息子さんたちは大喜びしたという。それからは毎回この絵本を読むたびに、この「やまんばごっこ」をせがんだそうだ。

こうして、（もっとこわがりたい、そしてそのこわさを乗り越える達成感を味わいたい）と思う聞き手の子どもたちと、（こわがって喜ぶ子どもたちの顔が見たい）と思う語り手や演じ手、双方の気持ちが相まって、「食わず女房」のようなこわい話は長い間語り継がれてきたのだろう。

語りの場における信頼感

それでは無条件に、子どもたちにこわい話をしてかまわないのだろうか。以前、国際アンデルセン賞受賞作家の上橋菜穂子さんが講演の中で、幼い頃お祖母ちゃんからこわい話をいっぱい聞かせてもらったが、お祖母ちゃんの膝の上だったから安心して聞いていられたと話しておられた。

同じ話でも、見ず知らずの人から聞くのと、家族や先生や顔なじみの人から聞くのとでは、話の受けとめ方が全然違ってくる。主人公の身の危険を我が事のように受けとめて、物語の世界を冒険する子どもたちには、安心できる現実世界とどこかでつながっていることが必要だ。それには信頼感を寄せる語り手や演じ手の表情を見られることや、膝や手のぬくもりを感じられることが重要になってくる。

それからまた、その話を一緒に聞く友だちやきょうだいの肌の温もりや息づかいを感じられるかどうかも大きい。いわば、そうした信頼できる存在とつないだ命綱があればこそ、こわさに満ち溢れた物語の世界を冒険することができるのだ。そして最後にその冒険を無事やり遂げて、命綱をたよりに現実世界へと帰還することができるのだろう。

だから、幼い子どもにこわい話を語ったり読み合ったりする時には、ぜひ膝の上に乗せたり体をくっつけたり手を握ったりしてあげてほしい。それからお話が終わった後は、じっくり感想を聞いたり、体をぎゅっと抱きしめたりして、安心できる現実世界に戻ったことを子どもたちに実感させてあげてほしい。語りの場における信頼感の有無はとても大きな意味を持っているように思う。

「食わず女房」が語り継がれてきた理由

この話が長い間語り継がれてきた理由について、さらに考えてみたい。まず歴史的な背景として、近世から近代にかけての農村社会における貧困や飢饉による食糧不足の問題や、家庭における女性、特に嫁の立場の弱さが挙げられる。そこから生まれた、少食で働き者であることを理想とする嫁のイメージに対する異議申し立てとして、女性たちによって好んで語り継がれてきたと見ることもできる。

一方、深層心理学的に解釈すれば、美しい女性には毒があるという「女の魔性」に対する男性の恐怖心や警戒心、あるいはユング心理学の元型理論でいう「太母神＝グレートマザー」に呑み込まれ、死の世界へと引きずり込まれることへの根源的な不安感を読みとることも可能だろう。

洋の東西を問わず、〈食べる－食べられる〉モチーフを含む昔話や伝説は殊の外多い。それはおそらく、人類がたどってきた食をめぐる過酷な歴史の記憶をとどめておこうとする意志と、他のいのちをいけにえとして自分のいのちがあることに対する罪悪感や感謝の念が込められているからに違いない。そして、人びとのこうした想いは、こわさの感覚と結びつくことによって、よりしっかりと心に刻みこまれることになったのではないか。そんな気がする。

2 「浦島太郎」はなぜめでたいか

動物報恩の昔話「浦島太郎」

卒業論文でトルストイ民話の教育学的意味について取り組んで以来、「昔話とは何だろうか」と折に触れて問いかけてきた。最近はこう考えている。「昔話は『かかわりの物語』である。親と子の、子どもと大人の、男と女の、里人と山人や海人との、金持ちと貧乏人との、正直者と欲張りとの、人間と動物や異類との、動物同士の……」(拙著『昔話の人間学　いのちとたましいの伝え方』ナカニシヤ出版、二〇一五年、二三一頁)。

さて、「対人援助(human service)」という立場から「かかわりの物語」としての昔話について考えてみる時、まず思い浮かぶのが、主人公がほどこした善行に対して、相手が恩返しをするという「報恩」のモチーフである。相手として動物が登場することが多いため、こうした話は「動物報恩譚」と呼ばれる。代表的なものとして「鶴の恩返し(鶴女房)」「狐女房」などがあるが、今回は「浦島太郎」を取り上げてみたい。

教科書の「浦島太郎」

子どもたちにいじめられていた亀を助けてやった浦島太郎は、その恩返しとして亀の背中に乗り、海の中にある竜宮に連れて行ってもらう。竜宮の乙姫はご馳走やさまざまな遊びをして見せて楽しませてくれるが、やがてうちに帰りたくなった太郎がそう告げると、乙姫は土産に玉手箱を手渡す。その際「どんなことがあっても蓋を開けてはなりません」と言われるが、故郷に帰ってみると両親は亡くなっており、自宅も村の様子もすっかり変わっていたため、落胆した太郎が玉手箱を開けると、箱の中から白い煙が出て白髪のお爺さんになってしまう。

この話は、一九一〇（明治四三）年発行の国定教科書『尋常小学国語読本』巻三（二年生前期用）に「ウラシマノハナシ」として登場して以来、戦後になっても教科書に掲載されてきた。

また、一九一一（明治四四）年『尋常小学唱歌（二）』に掲載された唱歌（作詞は乙骨三郎とも言われる）は、学校の教室だけでなく、お手玉唄やまりつき唄として家庭や路地での遊びの中でも歌われてきた。おそらく五〇代以上の多くの方が口ずさめるだろう。「一、昔々浦島は／助けた亀に連れられて／竜宮城へ来て見れば／絵にもかけない美しさ（後略）」。

「浦島太郎」の話は口承の昔話や伝説として語られたり、絵本になって読まれたりもしたが、そのあらすじは、伝説として残る一部地域のものを除けば、国語や唱歌の教科書版とほとんど同じであり、現在知られている話は、これら教科書版によって親しまれてきたと言える。

巌谷小波の「浦島太郎」

教科書版の元となったとされるのが、一八九六（明治二九）年に巌谷小波が『日本昔噺』シリーズの一つとして発表した「浦島太郎」である。主人公の名は「浦島太郎」、丹後国（現在の京都府）水の江の漁師で両親と暮らしている。教科書版との違いは、こちらは丹後地方の伝説とされていること、竜宮（竜宮城）が海の中ではなく海上の島にあること、そして最後に「玉手箱」の蓋を開けて白煙が立ち昇り、白髪のお爺さんになった後、唱歌のように「あけて悔しき」とはせず、「めでたしめでたし」と幕引きされていることである。一体何が「めでたし」なのだろうか。亀を助けたことに対する報恩譚の結末としてはどうにも収まりが悪い。その理由を探るべく、浦島説話の歴史を繙いてみたい。

『日本書紀』の浦島説話

現存する最古の浦島説話の古典資料は、『日本書紀』（七二〇年）で、雄略天皇二十二年の条に以下のように記述されている。「秋七月に、丹波国《たにはの》の余社《よさ》郡の管川《つつかわ》の人、瑞江浦嶋子《みずのえのうらしまこ》、舟に乗りて釣す。遂に大亀《かめ》を得たり。便《たちまち》に女《をとめ》に化為《な》る。是に、浦嶋子、感《たけ》りて婦《め》にす。相遂《あひしたが》ひて海に入る。蓬萊山《とこよのくに》に到りて、仙衆《ひじり》を歴《めぐ》り観る。語《こと》は、別巻《ことまき》に在り」。

冒頭文が示すように、これは「昔々あるところに」という「昔話」ではなく、丹波国（七一五年に分割され「丹後国」となる）余社郡管川に実在したとされる人物・瑞江浦嶋子の「伝説」である。浦嶋子が大亀の姿になっていた女性と結婚して、竜宮城ではなく、蓬萊山（常世の国）に行き、「仙衆」にめぐり会ったと述べられるが、その後については触れていない。ここには、主人公が亀を助け、その恩返しがなされるという「報恩」のモチーフはない。

女性は亀に変身することのできる女神とされ、ここには女神信仰の影響が見られる。また「仙衆」は神仙思想における不老不死の仙人たちを指しており、亀が女性に変身する例が中国の魏晋南北朝の志怪小説『捜神記』や『志怪』等に見られることから、この話には中国の文化、特に神仙思想の影響が見て取れる。

『丹後国風土記』（逸文）の浦島説話

次に、現存する文献資料としては鎌倉中期のものしか残っていないために「逸文」と付される『丹後国風土記』の中に収められている、七一五年頃に成立したと推測される浦島説話を見ていこう。こちらも丹後国与謝郡日置里筒川村の伝説で、主人公の「嶼子《しまこ》」は、五色の亀に変身する女性「亀姫」と結婚し、「蓬山」という島で三年を過ごす。これは人間界での三〇〇年に相当していたため、帰還した後、故郷の変わりように悲嘆した嶼子は、「決して開けるな」と言われていた玉匣《たまくしげ》を開けると、亀姫と思われる「芳蘭《かぐわ》しき躰《からだ》」が風雲に乗って蒼天に昇っていく。嶼子は涙ながらにそれを見送る。ただし、白髪の老人になったり死んでしまったりはしない。本話も動物報恩譚ではなく、女神と人間の男との結婚すなわち異類婚姻譚である。

『万葉集』の浦島説話

七八三年頃までに大伴家持等により編纂されたとされる現存最古の歌集『万葉集』に、前述した二つの「丹後系」とは異なる浦島説話が載っている。舞台は「住吉」で、摂津（現在の大阪府）の住吉大社付近と考えられる。主人公は「浦島子」で、「海若《わたつみ》の神の女《おとめ》」と結ばれて、不老不死の常世の国である「海若の宮」へ案内される。亀は出てこない。ここで三年を過ごした後、帰郷した世界では垣も家も里も見当たらない（具体的な年数は明示されず）。悲嘆した浦島子が「開けるな」と言われていた土産の「玉篋《たまくしげ》」の蓋を開けると、白雲が常世の国の方に棚引いて消え、彼の肌は皺だらけになり、髪も真っ白になって死んでしまう。玉篋の中味が彼自身の「年魂《としだま》」であったことを暗示させる。

以上、八世紀に成立した三つの浦島説話の結末は三者三様だが、共通するのは、主人公の男が水界の女神もしくは神霊性を備えた女性との結婚という「異類婚姻」のモチーフを持っている点である。そしてその背景には女神信仰や神仙思想、さらに人間以外の動植物や目に見えない存在にも魂があり、心を通わせることができるとする「アニミズム」的世界観が窺える。

「御伽草子」の『浦島太郎』

話の趣きが大きく変化するのは室町時代、「御伽草子」の版である。「御伽草子」とは、広義には室町時代に成立し庶民の間に広まった短編物語を指すが、狭義には江戸時代になってこれらが木版印刷されたものを指し、特に大坂の渋川清右衛門が享保年間（一七一六 - 三六）以前に刊行した二三編が「渋川版御伽草子」と呼ばれる。『浦島太郎』もその中の一つで、原本は室町時代に成立したと考えられている。

主人公は、父母を養う二四、五歳の貧しい漁師「浦島太郎」で、釣り上げた亀を「長寿のめでたい動物だから」と海に放してやると、亀は女に変身して小舟で迎えに来る。ここではじめて「動物報恩」のモチーフが出てくる。ちなみに亀を海に放して生かしてやるという「放生」の行為は仏教思想の影響とされる。二人は舟で一〇日ほど航海して、海上の島である「竜宮」に到着する。

「竜」は神仙思想に類縁性を持つ陰陽五行思想における「四神」の一つ、「青竜」として登場するが、仏教においても天人や夜叉、阿修羅などとともに、天竜八部衆の一つとして位置づけられており、インド原住民の間でおこなわれていた蛇神崇拝が、仏教の中に採り入れられたものと考えられている。竜宮には、一度に一年中の四季の美しい眺めを楽しむことができる「四方四季の庭」が存在し、それを見たことが太郎に望郷の念を呼び起こさせるが、この庭もまた仏教的淵源があると指摘されている。

明治期教科書や口承の昔話に見られる、子どもにいじめられている亀を買い取って助けてやるという形ではないが、動物の愛護を推奨している点では同じである。また主人公を貧しい家の親孝行の働き者として設定し、竜宮を去ることを決意した理由も両親のことが心配だからとしている点も合わせて、儒教道徳的な色合いも感じられる。

竜宮での三年が人間界での七〇〇年に相当しており、絶望した太郎は土産の「玉手箱」を開けると、前述の『万葉集』版と同様に、中身は太郎の「年魂」で七〇〇歳の老人となる。ところがこれで終わらず、太郎は鶴になって空へと飛んでいく。すると竜宮の亀も神として現われ、「夫婦の浦嶋明神」となって「めでたしめでたし」と結ばれるのである。これなら「めでたし」にも納得がいく。主人公は神様になったのだから。

前述した八世紀成立の三つの説話が、女神との婚姻と離別を主題とする異類婚姻譚であったのに対し、室町時代に成立した「御伽草子」版では、女神との婚姻が永遠に成就されるという形の「異類婚姻」となり、さらに「動物報恩」のモチーフが加わっている。

ちなみに、鶴と亀がめでたい動物とされるのは神仙思想の影響であるが、この物語の結末が浦嶋明神の成立であるとすれば、これは寺社の成立を語って説経をおこなう「本地物」と呼ばれる物語と考えられ、「御伽草子」版には、土着の民俗信仰を取り入れながら広まっていった室町期の庶民的な仏教文化も投影されている。

異類婚姻から動物報恩へ

そして巌谷小波の「浦島太郎」では、前述したように、浜辺で子どもたちがいじめていた亀を、金で買い取って助けると、翌日、実は竜宮の乙姫に仕える身であった亀を助けたお礼として、乙姫が太郎を竜宮に招く。ここには女神（異類）との婚姻というモチーフは見られず、子どもである読者に動物愛護の心を説く「報恩」のモチーフが基調となる。また、亀は「御伽草子」版では乙姫の化身であったが、ここではいわば「乙姫のお抱え運転手」のような存在であり、神仙思想における霊獣としての姿は見られない。

「御伽草子」版との何よりも大きな違いは、最初に述べたように、「玉手箱」の蓋を開けて白煙が立ち昇った後、鶴に変身することも、亀が出現することも、明神として土地の守護神となって祀られることもないまま、白髪のお爺さんになったことを「めでたしめでたし」として幕引きされている点である。

この話の主題が「異類婚姻」であるならば、異類との結婚が主人公に様々な困難をもたらすも、これを克服して幸福を獲得することが「めでたしめでたし」にふさわしい結末だろうし、主題が「動物報恩」であるならば、助けてやった動物の恩返しによって主人公が幸福を獲得することがその結末となるはずだ。小波版はそのどちらでもない。何故か？

本来、浦島説話は神仙思想・女神信仰・アニミズム的世界観などを背景とする、女神との婚姻と離別を主題とする「異類婚姻」の物語であった。ところが室町期の「御伽草子」版では、仏教的世界観や道徳観に基づく「動物報恩」の要素が加わり、さらに江戸時代以降、娯楽的文芸として親しまれる一方で宗教的な要素が薄れていった（今回は触れられなかったが、江戸時代にはいくつもの異なる版が刊行されている）。

明治時代に入り、子ども向けのおとぎ話として再話するにあたって、小波は異類婚姻のモチーフを削除し、動物報恩のみを残した。とはいえ、動物報恩はこの話の前半部だけであり、話の筋が持たないため、「箱の中を見てはいけない」というタブーとその侵犯のモチーフは残したが、子ども向けである以上「めでたし」で結びたい。そこで小波は、「めでたい」中身は問わぬまま、半ば強引にこの言葉を添えて締めくくった。以上のように類推される（＊三浦佑之『浦島太郎の文学史　恋愛小説の発生』五柳書院、一九八九年、三舟隆之『浦島太郎の日本史』吉川弘文館、二〇〇九年他を参照）。

不条理の受容と克服のための物語

一方、浦島説話を水難者の魂が水界に安住の地を見出した物語と読み解くこともできる。古来より、日本人は水の災害や事故に不条理にも幾度となく見舞われてきた。そして、犠牲になった人びとの魂が「異界」としての水界で安らかな日々を送っていてほしいとする願望とそれに基づく異界観が、「常若《とこわか》の国」「補陀落浄土《ふだらく》」「ニライカナイ」などと、時代や地域によって名前を変えながら受け継がれてきた。

東日本大震災の後、「行方不明になった家族の死亡届を出せないでいたら何年か経って夢に現れた」、「イタコに死者の霊を降ろす口寄せをしてもらったら『おれは今、海の底にいる。おだやかな気持ちでいるから、もう探さなくていいよ』と言うのを聞いて、ようやく気持ちの区切りがついた」といった話がいくつも報告されている。こうした事実は、「魂の安住の地としての水界」イメージが今日もなお、日本人の精神世界において確かなリアリティを持ち続けていることの証左であろう。

浦島説話は今も生きている。

（＊第Ⅱ部第一章を参照されたい）

3 「天人女房」と愚かな男たち

「天人女房」とは

二〇一九年一一月、アジア民間説話学会第一六回国際大会が立命館大学大阪いばらきキャンパスで開催された。日中韓三か国の昔話研究者が集う本学会では毎回、特定の主題を決めて研究発表と討論をおこなっているが、今回の主題は「天人女房」であった。日本の「天人女房」の代表的なあらすじを紹介しよう。

男が水浴びをしている天女たちの羽衣の一つを隠すと、一人の天女が昇天できず、男と結婚して子どもを生む。天女の妻は、子どもから教えられて家の中に隠された羽衣を見つける。天女は、瓜の種を残し、瓜の蔓を伝って天まで昇ってくるように、と書き残して天に帰る。夫が天女の妻に言われたとおりにして天に昇って妻の両親に会うが、天人である妻の両親は男のことが婿として気に入らない。妻の両親は男に畑仕事の難題を次々に出すが、男は妻の助言ですべての課題をなしとげる。最後に瓜畑の番をさせられた男は、妻の警告にもかかわらず瓜を縦切りにして食べると、瓜からあふれ出た大水で川の向こうへ流されてしまう。妻が、七日ごとに会おう、というが、男がそれを、七月七日、と聞き違えたために、男とその妻は天の川をはさんで住み、一年に一回しかあうことができなくなる。

（稲田浩二他編『日本昔話ハンドブック』三省堂、二〇〇一年、一四七－一四八頁）

中国人女子留学生から見た日本の「天人女房」

今回の大会で発表した大阪市立大学（＊二〇二三年現在は大阪公立大学）大学院生・張宇さんの発表原稿作成の手伝いをさせていただいた。ジェンダー論の立場から日中の昔話の比較研究をおこなっている張さんは、日本の「天人女房」の特徴を「男性の受動性と愚かさ」ととらえ、その背景に夫や婿に対して受動性や愚かさを求める江戸時代の庶民のジェンダー観があったのではと指摘する。これまでこの話をそのような観点から見ようとしたことがなかった私にとって、彼女の指摘は新鮮だった。

言われてみると確かに、男が自分の意志で行動したのは、天女の羽衣を隠すという最初の場面だけで、あとは天女の言うまま、成すがままである。挙句の果てには、天女に言われたタブーを破ったために洪水に見舞われ、逢瀬の期日を聞き間違えて年に一度しか会うことが許されなくなるという、受け身で愚かで情けない男である。

なぜこんな男が主人公であるような話が語り継がれたのだろう。語り手たちがこの話に込めたメッセージとはいったい何か。いくつかの角度からこの謎に迫ってみたい。

日本の異類婚姻譚における愚かな男たち

人間が人間以外の存在、例えば動物や植物の精霊や妖怪など――これを「異類」と呼ぶ――と結婚する話は「異類婚姻譚」と呼ばれる。日本の異類婚姻譚を眺めてみると、そこに登場する男には、人間であれ異類であれ、愚かなふるまいが目につく。

例えば「鶴女房（鶴の恩返し）」では、「私が機織りをする姿を見てはなりません」と言われたにもかかわらず覗き見して、妻の正体が鶴であることが知れ、立ち去る妻を人間の夫は見送る。あるいは「猿婿入り」では、人間の新嫁に懇願されるまま、餅を入れた臼を背負い、桜の花枝を手折ろうとして枝が折れ、猿の夫は川へ落ちて死ぬ。

前節で紹介した「浦島太郎」も、竜宮の乙姫という「異類の女」との婚姻譚と見なすこともできる話だが、ここでも主人公の男は「見るな」のタブーを侵したために年老いてしまうという愚かさを示す。さらには、第1節で取り上げた「食わず女房」もまた、独り者の男は「飯を食わない働き者の娘と結婚したい」という愚かな願望を持ち、妻の行動に不審を抱いて覗き見してその正体が蜘蛛や蛇や鬼だと知ったが故に、あやうく殺されそうになる。

「絵姿女房」や「竜宮女房」といった例外を除けば、日本の異類婚姻譚の大多数が結婚生活の破綻つまり夫婦の離別（生別・死別）を結末とするが、異類婚姻譚の夫のほとんどが妻の指図に従う「受け身」の存在であり、離別の原因のほとんどが、人間であれ異類であれ、夫の愚かなふるまいであることはとても興味深い。

笑い話「愚か婿」の豊饒さ

昔話の分類案として国際的に最もよく利用されているアールネ&トンプソン『昔話の話型』（AT）において、昔話は「動物昔話」「本格昔話」「笑い話」「形式話」の四つに大別されている。稲田浩二「日本昔話タイプインデックス」（『日本昔話通観』28所収、略号IT）はATを踏まえて、日本の昔話全一二一一話型を「むかし語り」「動物昔話」「笑い話」「形式話」の四項目に分類し、「笑い話」として五九八～一一八〇の話型を登録している。そのうち「愚か婿」の話型群が一〇〇八～一〇五八の計五一話あるのに対して、「愚か嫁」の話型群は一〇五九～一〇七五の計一七話と、「愚か婿」の話型数の方が三倍多い。

バラエティに富む「愚か婿」話の中でも代表的な話が「団子婿」だろう。ITでは「１０４７A　物の名忘れ—団子婿型」と登録されているこの話のあらすじは以下の通り。

婿が嫁の里で団子をよばれ、その名を忘れないように、団子団子と繰り返しながら帰る。道中、どっこいしょ、と溝をとび越え、団子がどっこいしょに変わる。家に着いた婿は、嫁にどっこいしょを作るよう言うが、嫁はなんのことだかわからない。婿が怒って嫁の額を叩くと、嫁は団子のようなこぶができたと言い、婿は団子の名前を思い出す。

（『日本昔話ハンドブック』一九七頁）

ちなみに、韓国や中国でもやはり、妻の実家へ行っておいしい料理をふるまわれ、その名前を忘れないように繰り返し唱えて帰るが、途中のアクシデントで別の名前に入れ替わってしまう、記憶力のよくない婿の話が伝わっており、「愚か婿」は東アジアに共通する特徴のようである（鵜野『日中韓の昔話　共通話型三〇選』みやび出版、二〇一六年、二六四－二七〇頁を参照）。

伝統的に男尊女卑のジェンダー観が強いと考えられている東アジア諸国において、「愚か婿」の昔話がかくも人気を博している理由は何だろうか？

婿に無理難題を押し付ける舅

日本の「天人女房」において、天上界に昇った婿は確かに妻の天女の援助なしでは何もできない無力な存在だが、それ以上に目を引くのが、婿に無理難題を押し付ける舅の存在である。例えば、島根県の類話では、①八斗の粟の種籾を八反の畑に蒔《ま》け、②昨日蒔かせた粟を一粒残らず拾って八斗の枡に戻せ、③川向こうにある瓜が植えてある畑の草を取れ、といった課題が出される（前掲『日中韓の昔話』一九四―一九五頁）。①と②が人間わざでは不可能な難題であり、妻の天女の超人的な助力によって達成したのに対して、③は草取りでのどが渇いた婿が瓜を食べようとすることを見越して、切った瓜から大水が溢れ出すよう諮《はか》っており、婿はその計略にまんまとはまってしまう。

つまり、硬軟取り混ぜた舅の婿に対する攻撃力が、若夫婦の防御力（愛の力）に勝利したと見なせる。「白雪姫」や「シンデレラ」をはじめとするヨーロッパの伝承メルヒェンと好対照を成す「天人女房」のこの結末には、語り手たちのどんな思いが込められているのだろうか。

江戸期の家族観とジェンダー観

「天人女房」の物語は、不特定の場所や時代を舞台とする「昔話」として語られる一方で、特定の湖沼や海浜や山と結びついた「伝説」としても語りつがれてきた。近江国余呉《よご》湖を舞台とする『袖中抄《しゅうちゅうしょう》』（一一八六年頃成立）所収の「余呉の海」をはじめ、古典資料における類話は伝説であるが、いずれも天女の昇天をもって話は結ばれ、夫の天上界への到達や天女の親による難題のモチーフは見られない。

それでも本話は、江戸期の終わり頃までにはこれらのモチーフを含む「昔話」としても語られるようになったと思われる。江戸期における家族制度やジェンダー観が、本話にどのように反映しているのかを考えてみたい。

この点に関してまず思い浮かぶのは、武家社会における儒教的倫理・道徳観に基づく「長幼の序」や「男尊女卑」の家族観およびジェンダー観である。「婦人はいまだ嫁せずして父に従い、すでに嫁して夫に従い、夫死して子に従うべし」として、女性は生涯にわたって男の家族の言う通りに生きるよう説いた「三従の教え」は広く知られる。

そこから言えば、天上界に自分を追いかけてきた人間の夫に指示を出し、魔法の力を発揮して父親が出す難題を次々と解決していく主体的で能動的な妻の天女とそれに従う夫は、現実の社会とは反対のイメージ（倒像）を描いていると見なすことができるかもしれない。

ただし、民俗学や近年の近世史研究が明らかにしたように、武家社会はいざ知らず、町人や農民たちの社会においては女性、特に家庭における主婦の地位は相対的に高く、「夫を尻に敷く妻」や「カカア天下」の姿は決して例外ではなかった。下町の長屋を舞台にする落語のネタにもよく登場するところだ。そうして見れば、「天人女房」の天女夫婦は現実社会をそのまま反映したイメージ（正像）と言えるだろう。

「次男以下」と「婿入り」

もうひとつ考慮すべきは、長子相続制度に伴う、次男以下の立場の低さである。次男以下は家督を相続できず、彼らにも田畑を分配しようとすると「たわけ（田分け）者」として嘲笑された。そのため彼らの取り得る選択肢は「分家」か「婿入り」か「独身のまま」か、であった。

三つの立場を反映する昔話を思い起こしてみよう。まず「分家」について、日本の昔話では思いつかないが、韓国や中国には「兄弟葛藤譚」と呼ばれる「金持ちでいじわるな兄夫婦」と「貧乏で善良な弟夫婦」の話がたくさんある。日本の「花咲爺」や「腰折れ雀」の韓国版・中国版がこれにあたる。日本の場合には中世以降、兄弟葛藤譚から隣人葛藤譚（「隣の爺」話）への転換がおこなわれた可能性が指摘されているが、もしかしたら日本にもかつて、枯れ木に花を咲かせる正直者の弟と、真似をして失敗を重ねる欲張り者の兄の話があったのかもしれない。

次に「婿入り」の話には、本話「天人女房」の他に、「一寸法師」や、殿様や長者が難題を解いた者を自分の娘の婿にするとお触れを出し、貧しいが才覚のある若者が難題を解いて婿入りする「難題婿」の話型群がある。

そして年頃をすぎても「独身のまま」だった男の話としては、第1節の「食わず女房」が思い浮かぶ。飯を食わない女房がほしいと公言する主人公は、おそらく財産を相続されなかった次男以下の独身男であろう。ケチであることが強調されるが、そうせざるを得なかったとも言える。別の例では「炭焼長者」がある。彼も偶然、押しかけ妻によって家の周りに金が埋まっていることを知らされて長者になるが、それまでは極貧の生活を余儀なくされていた独身男だった。

女性の語り手の想い

そろそろ結論に移りたい。民間説話（昔話・伝説・世間話などの総称）には、必ず語り手の想いや聞き手へのメッセージが込められているはずで、それは時代や社会を反映していることは間違いない。前述したように、反映の仕方には、時代や社会の有りようをそのままに正像として描く場合と、これを逆転させて倒像として描く場合があり、前者がしばしば時代や社会に対する批判や諷刺の精神と結びつくのに対して、後者においては、現実世界では叶えられそうにない夢や願望を描くことでカタルシス（昇華）の心理的効果を生むものと言えるだろう。

さらに、ジェンダー論の視点ということで言うなら、語り手が女性であるか男性であるかを考えることも重要である。女性が「天人女房」を語る時、夫となる人間の男の、羽衣を隠して天女を自分の許に置いておこうとする身勝手さ、自己中心性が、まずは強調されるかもしれない。自分の意思に反する結婚を強要された語り手自身の心境を投影させることもあったろう。したがって、元いた世界へ連れ戻してくれる「羽衣」という呪宝は、女性の語り手たちにとってまさに「魔法の羽根」だったはずだ。

子どもを残して一人天上界へ還る類話もあるが、それを「薄情な母親」と見なすか、それとも「女性の本音」と見なすかは意見が分かれるところだろう。おそらく、子どものことは心配でならない、けれど元の世界へ戻りたい、と揺れ動く心が語り手たちの本音ではなかったか。

次に、夫が自分の言うままに動いてくれ、父親が夫に出した難題を自分が解決してやる場面を語る時、語り手たちは前述した「カタルシス」を体感できたに相違ない。そして、一年に一日だけしか夫と会えなくなるという結末は、子どもや未婚の若者にとっては不幸な話と受け取られるかもしれないが、「いつかあなたたちにも、(この結末も悪くない)と思える日が来るかもしれないよ」と、女性の語り手たちは秘かに微笑んでいるかもしれない。

男性の語り手の想い

それでは語り手が男性の場合、この話のどこにポイントを置くかを考えてみると、まずは美しい女性の裸を覗き見したい、その女性を自分のものにしたいという男性心理であろう。ただし、酒宴の席での語りならいざ知らず、聞き手が子どもである場合にはそうした「色気」は抑制して語られたに違いない。

また、別れた妻に未練を残し、彼女の言いなりになる夫の姿には、男性語り手の多くが「その通り!」と心の内で叫んでいたのではないか。否、これは私の独り言である。そして「一年に一日だけ妻と会う」という結末に関しては「これも悪くない」、やはり独り言である。さて、読者の皆さんはいかがでしょうか。

（＊第Ⅱ部第二章を参照されたい）

4 「屁ひり嫁」の三つの結末

オンライン授業の効用

コロナ禍の影響で、二〇二〇年度秋学期（後期）の授業は対面方式、ライブ型オンライン方式、オンデマンド型オンライン方式の三つを併用した。オンデマンド型とは学生が自分の都合のいい時間にオンライン上で授業を受けられるというもので、じっくり考える時間がとれるためかコメントの分量が多い。

従来は授業時間の最後五分程でコメントを執筆してもらっていたが、オンデマンド型の場合、一応の字数制限は四〇〇字と設定しているものの、これはあくまでも基準にすぎないため、熱心な学生は制限をはるかに上回る分量で、しかも深い内容の感想や質問を寄せてくれる。このことはオンライン授業がもたらした効用の一つだと思う。

本節ではこの年におこなった授業（「文化の人間学」――文学部二回生以上対象、受講者約一七〇名）の「屁ひり嫁」に関する回を取り上げ、学生たちのコメントを紹介しながら、若い世代に昔話を伝承することの意味を考えてみたい。

昔話「屁ひり嫁」とは

昔話「屁ひり嫁」は、『日本昔話通観28　昔話タイプインデックス』（略号IT）では「笑い話－誇張」の話型群に分類されており、東北から九州・沖縄まで全国的に分布している。最初に、稲田浩二編『日本の昔話』下巻（ちくま学芸文庫、一九九九年）に収載された群馬県中之条町の類話を紹介しておこう。

むかし、ある家で嫁さんもらったけど、しばらくすると青い顔になっちゃったんで、姑さんが、「どうしたんだ」って聞いたらね、「屁が出てえんだ」って言う。「そいじゃ、屁ひればいい」って言ったの。

そうしたら、「おれが屁ひりゃ、たいへんだから」って。「いいから屁ひれ」って言ったら、尻《けつ》まくって、ブーッてひったんだって。そうしたら、旦那さんもお婆さんも、前の大根畑へ吹っとんじゃったんだって。そんで、「これほど屁ひるんじゃあ、はあうちに置くわけにはいかねえから、出ていってもらいてえ」って。ほしたら、出ていくって。

そで、旦那さんが荷物背負って、お嫁さんを送っていたんだって。そしたら途中で、村のもんが柿とりにやってきて、いくらはたいても落ちんで困ってるんだって。そしたら嫁さんが、「ようし、おれが屁で落としてやる」って言うと、「そんな、屁でなんて落としたら、この馬くれてやる」って。ほいで尻《けつ》まくって、ブーッとひったら、柿がみんな、一つ残らず落ちちゃったんだって。しょうがない、村のもんは約束の馬をくれたんだって。

そで、その馬引いていったら、今度は米三俵積んだ荷車が、坂を上がれなくて困ってるんだって。また嫁さんが、「わけはねえ、おれが向うの家まで屁で送ってくれる」って言うと、「そんなことはとってもできねえ。もしできたら、この米みんなくれてやる」って言うから、それでまたうんとでかい屁をしたら、米三俵にその人まで、家のそばまで吹き飛んだんだって。それで米三俵もらって馬に乗したら、旦那さんがすっかりたまげちゃって、「こんないい嫁御を返されねえ」って、馬に米三俵つけて、家まで引き返してきたって。そしたら姑さんも大喜びして、それからその家は、嫁さんのおかげで大尽《だいじん》になったって。（三二九－三三〇頁、改行を一部改変）

テツ子さんの語りと共振する聞き手たち

拙著『昔話の人間学　いのちとたましいの伝え方』（ナカニシヤ出版、二〇一五年）にも紹介したが、私はこの「屁ひり嫁」を二〇一四年八月下旬、宮城県丸森町でおこなわれた「第九回みやぎ民話の学校」の中で福島県飯舘村出身の菅野テツ子さんから聞いた。会場の和室には一〇〇名ほどがいて、そのほとんどが中高年の女性だった。

テツ子さんは、東日本大震災による原発事故の後、避難生活を余儀なくされ、二〇一四年八月当時は福島市の仮設住宅に暮らしておられた。八〇歳を過ぎて足も不自由になり、家の中に閉じこもりがちだった彼女は、当初この「民話の学校」に参加して昔語りをすることをためらっておられたというが、聞き手の女性たちの笑い声に後押しされるように、語り口もどんどんなめらかで力強くなり、次の爆笑へと誘った。「ここに来て、皆さんの前で民話を語れてよかった。元気をもらえた」と、テツ子さんは後で話されたという。

「屁ひり嫁」の語りの場

伝統的な昔話の語りの場面として多くの人がまず思い浮かべるのは、夕食後の、炭火からチロチロと炎が立ち上る囲炉裏端で、語り手はお爺さんやお婆さん、聞き手は幼い子どもたちといった情景ではなかろうか。子どもの寝床で語る親や祖父母の姿が思い浮かぶという人もいるかもしれない。

ところが、『昔話の人間学』にも記したように、この「屁ひり嫁」の場合、このような家庭内での祖父母や親から幼な子への語り以外に、さらに二つの「語りの場」があった可能性が想定される。

二つ目の語りの場は、「座頭や屁ひり芸能をもって巡国する輩」(田中文雅の説)や「世間師」と呼ばれる金物行商人たち(稲田浩二の説)が、村や町の外部からやってきて、その村や町の人たちを集めて面白おかしくこうした話を語ったというもので、それによって彼らは人びとの警戒心を解き、身銭を稼ごうとしたとされる。

また、三つ目の語りの場とは、「娘宿」や「子安講」などの、女性たちが寄り集まって食事をしたり、祝詞や念仏を唱えたり、年長者の話を聞いたりする場であり、そこで語り上手な年配の女性が好んで語ったのが、本話をはじめとする嫁と姑の葛藤譚であったと考えられる。前述した「みやぎ民話の学校」で私が目撃したのも、このような「女性による女性のための語りの場」であった気がする。テツ子さんの語りにおいても、大きな屁をひる娘の行く末を案じる母親の心情や、嫁に対する姑の態度が嫁の放屁の前後で豹変する様が生き生きと表現されており、聞き手の大半が女性であることが語り手に強く意識されていると感じられた。

復縁しない結末の類話

先に紹介した群馬県の類話の結末は、いったん離縁を言い渡された嫁が、実家に戻る途中に再び披露した「屁の力」によって富を獲得し、改心した夫や姑によって復縁できたというものであるが、別の形の結末を取る類話もある。

…じさまとばさまは、腰をさすりながらやっとこさ起きてきて、「こんな嫁こは、いっときも家さおかれねえ。おん出してやる」と、おこったんだと。そこで嫁こは、すぐ荷物をまとめ、泣き泣き、馬こをみつけてきて、背中さ荷物を乗せたと。若だんなも来て、馬こ引っぱり、先になって歩いたと。嫁こは後から、ショボショボとついていったと。

二人が村ざかいの峠まで来たとき、やはり峠を越すらしい十人ばかりのさむらいさ出会ったと。道べりには大きい山なしの木があって、見あげると、なしがすずなりなんだと。さむらいが「あれ、取るべ」と、てんでに石を拾ってはぶつけるけど、なかなか当たらねえ。嫁こは、おかしくて「あはは」と、笑ってしまったと。さむらいはおこって、「無礼者《ぶれいもの》」と、刀に手をかけたと。そしたら、殿さまが、「待て、なして（なぜ）わらうか。わけを話してみろ」と、ひざをのりだしてきた。

「これぐれえのなし落とすのは、おれのへ一発でできる」「そんだら、落としてみろ」「おさむらいさん、ちょっと山のかげさ行ってけろ」

嫁こは、男たちを追っぱらうと、なしの木の下さ行って、大砲みてえに大きいおならを、ぶっとばしたと。太い大きななしの木は、ゆさゆさ、ゆっさ、ゆっさ、ゆれて、実も葉もみんな落ちてしまったと。さむらいがもどってみたら、木の下は地面も見えねえほどの、なしの山だったと。殿さまは、手をたたいて、よろこんで、「みごと、みごと、ほうびに、ほしいものをやるべ」といわれたから、嫁こは思いきって、こういったと。

「おれ、家こ追い出されて行くところがねえから、家がほしい。ほかにほしいものはねえ」「そのくれえは、造作《ぞうさ》もねえ」と、殿さまはいって、嫁こが、さっき出てきた家の隣さ、りっぱな家を建ててやったと。おまけに、家のそばに、「へや」というて、へをふってもええ、小さい離れまで、こしれえてやったと。それがへやのはじまりだと。どんとはれ。
（岩手県、稲田和子他編『かもとりごんべえ』岩波少年文庫、二〇〇〇年、二一四－二一九頁）

嫁ぎ先の隣に家を建ててもらったのは何故か

この話では、嫁は離縁されたまま、嫁ぎ先には戻らない。その代わり、殿様に頼んで、その家の隣に「へや」と呼ばれる放屁専用の小さな離れまで付いた立派な家を建ててもらう。このような結末で「めでたしめでたし」としていいのだろうか？　現実問題として、隣の家に住む元夫や元姑と顔を合わさずに生活できるはずがなく、顔を見れば互いに気まずくなるはずで、わざわざすぐ隣に家を建ててもらった理由はなんだろう？

そんな疑問や感想を、授業の中で解説として付け加え、学生たちの意見を求めたところ、ある女子学生から次のようなコメントが寄せられた。

並外れた特殊な能力を持つ女性が、結婚相手の家族から離縁されても、一人で生きている中で、その能力の価値を殿様または商人から認められるという、結婚をしてハッピーエンドで終わるようなおとぎ話とは対照的な話（離縁型の場合に限りますが）を興味深く思いました。当時は分かりませんが、現代の視点でこれらの話を見ると、ジェンダーバイアスに負けず、個人の能力を活かしながら労働を頑張る女性への応援にも個人的には捉えられました。

結婚を女性にとっての幸福の最終形とせず、個人の能力を活かして活躍しようとする女性への応援物語として、彼女はこの話を読み取っている。
そう考えると、わざわざ嫁ぎ先の隣に新しい生活の拠点を置いたのは、自分の活躍ぶりを元夫や元姑に見せつけ、彼らを見返してやるためだったとも解釈できるだろう。「あなたたちの言いなりになって一生を終えるのではなく、自分自身の力で生きてみせます」という意思表示とも言える。その背後には、姑がそう簡単に改心して嫁と仲良く暮らすなどということはあり得ないはずだという、語り手の現実感覚が働いているのではあるまいか。

頼りない夫へのツッコミ

また、やはり女子学生による以下のようなコメントもあった。

「屁ひり嫁」というお話を子どもの頃に読んだときは「へっこきよめさ」という題名でした。幼い当時の頃は、姑という存在がいまいち、はっきりとしていませんでした。ただ嫁が屁をこいて面白い話だとしか考えていなかったと思います。しかしこの齢になると、「嫁と姑問題」はいやでも目に耳に入ってきます。これらの問題を把握したうえで改めて「屁ひり嫁」を読むと、夫の存在が気になりました。「嫁姑問題」といえば夫の頼りなさが話によく出るからです。この昔話の夫も、姑に言われるがままに一度は嫁を追い出しますが、屁のおかげでものが手に入るというくだりで思い直して連れて帰ります。しかしその理由が、宝嫁だから、なので笑い話と割り切ればいいのですが少しツッコミたくなってしまいました。

夫や父親の不在もしくは影の薄さ、存在感のなさは本話に限らず、日本の昔話の特徴の一つと言えるが、この学生が指摘するように、それは現実の夫婦関係や親子関係を反映するものかもしれない。

いずれにしても、学生たちが本話の主人公に自身を重ね合わせて、物語に込められた意味を読み取ろうとしており、それは先ほど述べた三つ目の語りの場、「女性たちの集いの場における語り」において体験されるものと合致すると思われる。そこでは、本話は単なる笑い話ではない。シビアな現実を「ワッハッハ」と笑い飛ばす話なのだ。

第三の結末――豹変しない姑

こうして見てくると、並外れた放屁をした嫁に激怒して離縁を迫った姑が、嫁を呼び戻し復縁させた理由も「金」目当てであり、真の意味での改心ではなく、「復縁型」もやはりシビアな現実を踏まえた話であることがわかる。

それではこの「復縁型」と、婚家の隣に家を建てる「離縁型」のどちらがいいかと考えると、聞き手が若い女性たちであるとすれば「離縁型」の方がストレス発散できていいだろうし、一方、現役の姑や姑候補生が聞き手であれば、自身への戒めを促すという意味において「復縁型」の方が望ましいと言えるかもしれない。

ところで、このどちらでもない結末を取る類話を絵本の中に見つけた。富安陽子・文、長谷川義史・絵の『へっこきよめどん』（小学館、二〇〇九年）である。

この話では、嫁の屁の威力で向うの山まで飛ばされたばばさまが、今度は引きっ屁（吸い込む屁）によって家まで引っ張り戻されるのを三回繰り返し、最初は大根、次にはタケノコ、最後はイノシシを抱えて家に戻ってくる。屁の収まった嫁が「おら、もう、このいえにはおられやせん」と言うと、ばばさまはにっこり笑って、「なあんの、おまえはたいしたよめっこだ。おかげでこんなにでっかいだいこんとたけのこといのししまでとれたぞ。こんやは、とびきりおいしいいのししなべにしようや」と言う。

嫁の並外れた放屁に、この姑は態度を豹変させるどころか「たいしたよめっこだ」とほめたたえ、離縁もしない。この類話の出典は書かれていないので、もしかしたら再話者・富安陽子の創意によるのかもしれないが、伝承話の可能性ももちろんある。

絵本の最後には、「人に笑われるような欠点が、みごとに幸せを勝ち取る、へっこきよめどんの話は、私たちに、生きる勇気をあたえてくれるように思うのです」という松谷みよ子の解説があり、これが本話のテーマであるならば、姑の豹変は必要不可欠のモチーフとは言えず、幼い読者や聞き手にとってはむしろ有害であり、削除すべきなのかもしれない。

だが、このような「けなげな嫁」と「優しい姑」が仲良く暮らす結末の類話だけが生き残り、第一、第二の結末は忘れ去られてしまうとすれば、とても勿体ない気がする。せめて学生たちには、シビアな現実を踏まえた類話も合わせて紹介し、そこに込められた人びとの願いを一緒に考えていきたいと思っている。

第二章

うたに込められた願いと祈り

1　戦争と替え唄

戦争中の子どもの替え唄

数年ほど前から、二〇一四年に亡くなられたフォーク歌手の笠木透さんが集めてこられた替え唄に興味を持ち、ご遺族やご友人から資料をお預かりして整理の作業を進めていった。

中心となるのは第二次世界大戦（アジア・太平洋戦争）中に子どもたちが歌った替え唄で、例えば次の通り。「ぼくは軍人大嫌い／今に小さくなったなら／おっ母ちゃんに抱かれて／乳のんで／オナカの中へ消えちゃうよ」。元歌は「ぼくは軍人大好きよ／今に大きくなったなら／勲章つけて剣さげて／お馬にのって／ハイドウドウ」。言論の自由が許されなかったあの時代に、子どもたちはよくこんな唄を歌っていたなあと感心する。けれどもあの時代だからこそ、こんな唄を歌わずにはいられなかったのだという気もする。

本節では、戦争中の子どもの替え唄を通して、人はなぜうた（唄・歌）を歌うのか考えてみたい。

「教育勅語」のパロディ

二〇一〇年代半ば、メディアを賑わせた某学校法人が経営する幼稚園において園児たちに暗唱させていたことで一躍脚光を浴びた「教育勅語」。教育の方針に関する明治天皇のお言葉として一八九〇年に発表され、特に一九三〇年代以降一九四五年八月一五日の敗戦の日まで、当時植民地下にあった韓国・

朝鮮や台湾や満洲も含めて、「日本国」の子どもたちにとって一番「ありがたく」「おっかない」言葉であった。

中学の面接試験ではこれを暗記しているかどうかが試され、学校での式典には必ず校長先生が奉読するのを、全員頭を垂れて拝聴させられた。その「替え唄」、というよりメロディーはないので「替え文句」があった。「朕《ちん》おもわず屁をこいて／汝臣民《なんじ》臭かろう／鼻をつまんで我慢せよ」。

「朕」とは天皇の一人称だから、「私＝天皇はうっかり屁をこいてしまった。あなたたち臣民は臭いだろう。鼻をつまんで我慢しなさい」となる。こんな内容の言葉を、もしも学校の先生や憲兵に聞かれたら、ビンタやゲンコツではとてもすまないはずだ。親にも厳重注意が下されただろう。そんな「危険」も顧みず、どうやら全国的に唱えられていたようなのだ。いったい誰が最初に唱え始め、どんなふうにして伝わっていったのだろうか？

「海にカバ」と毒ガス

戦争中、「第二の国歌」とも呼ばれていた「海ゆかば」は、万葉歌人・大伴家持の作と伝えられる、「大君」（＝天皇）への命を賭しての忠誠を誓う内容の歌詞に、キリスト教徒の信時潔が作曲した、讃美歌のようにも聞こえる荘重で厳粛な歌である。「海行《ゆ》かば水漬《みづ》く屍《かばね》／山行かば草生《む》す屍／大君《おおきみ》の辺《へ》にこそ死なめ／かへりみはせじ」――（現代語訳）「海を行けば、水に漬かった屍となり、山を行けば、草の生す屍となって、天皇陛下のお足元にこそ死のう。後ろを振り返ることはしない」。これが次のように替えられる。「海にカバ／ミミズク馬鹿ね／山にカバ／草むす馬鹿ね／おお、君の／屁にこそ死なめ／かえり見はせじ」。海にも、そして何故か山にもカバがいる。そしてここでも「屁」がポイントで、君

（＝友だち）の屁は殺傷能力を持つ毒ガスほど強力なのだ。

「露営の歌」と替え唄作りの鉄則

元歌は軍歌「露営の歌」。「勝って来るぞと勇ましく／誓って国を出たからは／手柄たてずに死なりょうか／進軍ラッパ聴くたびに／瞼にうかぶ旗の波」↓替え唄その一「負けて来るぞと情なく／しょぼしょぼ国を出たからは／手柄などとはおぼつかない／チャルメルラッパ聞くたびに／瞼にチラチラ敵の剣」、替え唄その二「勝って来るぞと勇ましく／誓って国を出たからは／手柄たてずに支那料理／進軍ラッパ聞くたびに／まぶたに浮かぶ支那料理」。笠木さんは替え唄作りの鉄則として、「さかさまにする」〈反転〉と「同じ言葉を繰り返す」〈反復〉を挙げておられるが、ぴたりとあてはまる。

「一月一日」と乱痴気騒ぎ

戦時中は、「四大節」と言って年に四回、祝日に全校児童が登校して講堂に集合し、厳粛な祝典が営まれた。その一つ、一月一日の「四方拝」で必ず歌われたのがこの歌。「年の始めの例《ためし》とて／終わりなき世のめでたさを／松竹たてて門ごとに／祝う今日こそ楽しけれ」。今日でも正月テレビ番組の中でよく耳にするこの歌も、ダジャレ混じりのバカバカしい大騒動に変身した。「トーフの始めは豆である／おわり名古屋の大地震／松竹ひっくり返して大さわぎ／イモを食うこそ屁が出るぞ」。元歌が歌われた状況が厳粛な場であればこそ、それを〈反転〉させた乱痴気騒ぎなのだろう。そんな中、食糧不足でサツマ芋しか食べられない不満もしっかり吐き出している。そしてやっぱり「屁」が出てくる。

「夕焼小焼」とリアルな現実

元歌は大正期童謡運動の中で生まれた純粋無垢な「童心」の世界。「夕焼小焼で日が暮れて／山のお寺の鐘が鳴る／お手手つないで皆帰ろ／烏と一緒に帰りましょう」。ところが一九四二年に金属回収令が出され、お寺の鐘も供出させられることになって、山のお寺の鐘は鳴らなくなる。「夕焼小焼で日が暮れない／山のお寺の鐘鳴らない／戦争なかなか終わらない／烏もお家へ帰れない」。〈反転〉の鉄則を用いた結果、リアルな現実が浮かび上がってしまったわけである。

そして、「お家へ帰れない」と歌う時、子どもたちが思い浮かべるのは烏だけでなく、戦争に行ったお父さんやお兄さんの顔、さらには疎開先から実家に戻れない自分自身のことでもあったに違いない。

「湖畔の宿」から「名誉の戦死」へ

元歌は一九四〇年に発売された高峰三枝子の歌う哀愁漂う流行歌。「山の寂しい湖に／ひとり来たのも悲しい心／胸の痛みに堪えかねて／昨日の夢と焚きすてる／古い手紙のうす煙り」――これがなぜか、名誉の戦死を遂げて遺骨の入っていない白木の箱で帰還した「蛸八《タコ》」や「ブタの子」の話に替えられた。「昨日召された蛸八は／弾丸《たま》に当たって名誉の戦死／蛸の遺骨はかえらない／骨がないからかえれない／蛸のカアチャン寂しかろ」「昨日生れたブタの子が／ハチに刺されて名誉の戦死／ブタの遺骨はいつ帰る／昨日の夜の朝帰る／ブタの母ちゃん悲しかろ」。

この替え唄について笠木さんは次のように解説している。

ぼくら少国民は、この静かにヒットしていた恋の歌を、戦争の悲惨さをうたう歌にしてしまったのですから、さすがです。権力は、元歌は禁止したものの、この替歌《ママ》が口から口へひろがっていくことだけは止めようがなかったのです。戦争も後半になると、ぼくらは、日の丸を持って、駅へ遺骨をむかえに行くことが多くなりました。元気いっぱい「行ってまいります」と出征していった兵隊さんが、白い布につつまれた、小さな白木の箱となって帰ってくるのです。そのうち、白木の箱には、石ころがひとつ入っていただけだそうな、とか、何も入っていなかったらしい、といったウワサ話が聞こえてきました。そんな時代背景が、どこかに影響をあたえ、こんな替歌になったのでしょう。

（笠木透『昨日生れたブタの子が　戦争中の子どものうた』音楽センター、一九九五年、一九頁）

戦争と子どもの替え唄

この他にもたくさんの替え唄が戦争中に子どもたちによって歌われていた。それらを丹念に集めて編集する作業を通して、笠木さんは次のような考えを持つようになったという。

ぼくらは、あの暗黒の時代に、これらの替歌《ママ》を歌うことで、自分をはげまし、心をいやしていたのです。戦争中の替歌など、低俗で下品で、単純で軟弱で、こんなものは芸術ではない、とおっしゃる人もいることでしょう。でも、あの時代、ぼくらにとってこれがうたであり、これが芸術だったのです。

（同、二二頁）

遊びで作った替歌が、結果としてではあっても、あの戦争に生れた替歌の中でも、もっとも次元の高い反戦歌となってしまったことに、ぼくは大きな拍手を送りたい。

（同、一五頁）

人はなぜ歌うのか

戦後になっても替え唄は歌われてきた。

田舎のじっちゃん、ばっちゃん／芋食って屁こいて／パンツに穴あいて大騒ぎ／ジジイは殺されババアは自殺／残ったパンツは海遊館

（元歌「アルプス一万尺」。「海遊館」は大阪市にある水族館）

戦争しようと町まで出かけたら／戦車を忘れて三輪車で突撃／相手はマシンガン／こっちは水鉄砲／ルールルルルー／結局負けちゃった

（元歌「サザエさん」のエンディング曲。一九九〇年代の湾岸戦争の頃に歌われたという）

いつの時代にも子どもたちは替え唄を歌ってきた。そしてそこには〈死・いのち〉〈屁・うんち〉〈食べ物〉〈性器・セックス〉〈殺人・暴力〉〈悪〉〈アイドル・キャラクター〉などが好んで歌われた。それは「子どもはかくあるべし」という親や教師や大人社会の権力行使に対する、無意識のうちの抵抗であり、逆襲であり、自由の主張だったのではないか。

「人はなぜ歌うのか」に対する答えがここにある気がする。自分は自分らしくありたいと表現すること。それが歌うということの本質だろう。そしてそこにユーモア（笑い）を加えるところが、子どもの才覚であり、知恵だと思われる。

大人たちに押しつけられた「正義」に対して自由にものが言えない時代だった戦時中、数々の傑作替え唄が生まれた。再びそんな空気が忍び寄っている気がする今、子どもたちはどんな替え唄を歌ってい

るのだろうか。そしてまた、北朝鮮やロシアやウクライナの子どもたちも替え唄を歌っているのか、ぜひ知りたい。

2 『子どもの替え唄と戦争』こぼれ話

二〇二〇年八月、『子どもの替え唄と戦争 笠木透のラスト・メッセージ』（子どもの文化研究所）を出版した。前節にご紹介した内容をふくらませたもので、「軍歌」「唱歌・童謡・わらべうた」「大人の流行歌・民謡・外国の歌」の三つにジャンル分けした五二曲を元歌とする子どもの替え唄を元歌の歌詞と楽譜付で解説と共に紹介する「第一部 テキスト篇」、〈子どものコスモロジー〉〈音楽社会史〉〈ライフヒストリー〉という三つの視点から、戦時下を生きた子どもたちにとって替え唄を歌うことの意味とは何だったのかを問う「第二部 研究篇」からなっている。

本節では、本書の中には盛り込めなかったエピソードをこぼれ話としてご紹介するとともに、この研究の今後の展望を書き留めておきたいと思う。

なお、以下の文章の中では、作者（作詞者・作曲者）が特定されるものを「歌」、作者不詳のものを「唄」、両方の意味を含むものを「うた」として記述する。

「替え唄」という認識はいつ生まれたか

この本の出版にあたって、日本音楽著作権協会に歌詞および楽譜の掲載申請をしたところ、一八曲に著作権が発生し、一曲につき原則一〇五〇円、合計約二万円を支払うことになった。この中には一九世紀のアメリカ民謡「ジョージア・マーチ」も含まれており、なんとも不可解だが、同協会のＨＰには

「編曲や替歌、訳詞などにより著作物を改変する場合、著作権（財産権）だけでなく、改変の仕方によっては、著作者人格権が問題になることがあります。人格や名誉に関わる部分を保護する著作者人格権は、著作者だけが持つことのできる権利（一身専属）で、他人に譲渡することはできません。著作権（財産権）の権利者と異なる場合があるので、著作者人格権について了解を得る場合には注意が必要です」云々と記載されており、慎重を期すことにした。

著作権の問題は、ある楽曲を演奏したり改変したりする場合、原作者の許可を得て、使用料を支払わなければならないという認識を共有し、作品の個別性（オリジナリティ）や帰属性（アイデンティティ）が尊重される社会に私たちが生きていることの証左と言える。

ただ、歴史を遡ってみると、こうした個別性や帰属性が問われるようになったのは近代以降のことにすぎない。それまでは、「これは替え唄だ」「いや、偶然似ているだけで、オリジナルだ」などと言い争う必要もなかった。「詠み人知らず」という言葉が示すように、誰が詠んだかはわからなくても、「いいものはいい」として歌い継がれてきたのである。

わらべうたと替え唄

例えば、日本の伝承童謡「わらべうた」には原則として「元歌」も「替え唄」もない。土地によって、また時代によって、少しずつ違っているけれども類似するうたのことを「類歌」と言うが、わらべうたにあるのは「類歌」だけだ。

大学生に「かごめかごめ」「ほたる来い」「花いちもんめ」などのわらべうたを聞いてもらうと、「どれもよく似たメロディーで、ちょっと不気味」といった感想が多く寄せられる。その理由は、わらべうたの音階の多くが「民謡音階」と呼ばれる「（低）ラ－ド－レ－ミ－ソ－（高）ラ」で構成されているからなのだが、ことばのイントネーションに合わせて、この音階に乗せて唱えれば自然と、よく似た「うた」ができあがる。ちなみに「かごめかごめ」と「ほたる来い」の冒頭をドレミで表わしてみると次のようになる（小さい字は短い音）。

♪レーレミ　レレレー　レレレレドド　レレド（低）ラー（後略）

♪レーレー　レドドレ　レレレレミミ　レレド（低）ラー（後略）

今日の子どもたちが聞いたら、どちらかがもう一方の替え唄と思うかもしれない。

唱歌と替え唄

一八七二（明治五）年に学制が公布され、「唱歌」という科目が誕生したが、しばらくの間、教科書はなかった。伊沢修二がアメリカへ留学し、音楽教育を学んで帰国した後に作ったのが最初の教科書『小学唱歌集』（一八八一－一八八四）で、その中には英国やドイツなどの民謡や歌曲を元歌とするものが数多く含まれていたことはご存知の通り。

代表的なものとして「蛍（蛍の光）」を挙げておこう。元歌は、旧友との再会と別れをつづった英国スコットランド民謡「過ぎし日（オールド・ラング・サイン）」である。

♪ふるきよき友　忘ることなく　心は永遠《とわ》に

とどめたし　…　過ぎし日のため　友よ
過ぎし日のため　懐かしの　グラスを

それが次のようになる。

♪ほたるの光　窓の雪　文よむ月日　重ねつつ
いつしか年も　過ぎの戸を
開けてぞ　今朝は　別れ行く

ただし、これを直ちに「替え唄」と呼んでいいかというと疑問が残る。元歌のメロディーを借用しただけで、歌詞については元歌とは関係のないまったく別の内容である。後ほど述べるように、これは文芸的な技巧（レトリック）を用いて元の歌詞を改変し、元歌とのギャップを楽しむ「パロディ・ソング」という意味での「替え唄」ではない。

軍歌からわらべうたへ

一つのメロディーがテンポやリズムを少しずつ変えながら、そこにいろいろな歌詞が付けられ、またいろいろな場所（状況）で歌われていくということもあった。例えば、フランス人軍楽長シャルル・ルルー作曲、外山正一作詞の「抜刀隊」は、一八八五年に鹿鳴館で初演された軍歌だが、当初イ短調だったのが、「ピョンコ節」とも呼ばれる、弾むようなリズムの民謡調に改変されて、お手玉やまりつきのわらべうた「一番はじめは」として、子どもたちの間で広く歌われていく。

♪われは官軍　わが敵は　天地容《い》れざる　朝敵《ちょうてき》ぞ

↓

♪一番はじめは　一宮　二は日光の　東照宮
三は佐倉の　宗五郎　四はまた　信濃の善光寺
五つ出雲の　おおやしろ　六つ村々　鎮守様
七つ成田の　不動さん　八つ八幡《やはた》の　八幡《はちまん》さん

「一番はじめは」を口ずさむ子どもたちには、「抜刀隊」の替え唄を歌っているという認識はなかっただろう。ちょうど水面を漕いで進んでいく時の櫓（オール）のように、シンプルでリズミカルなメロディーの繰り返しが、物語を先へ先へと進めていってくれるものと感じられたのではないだろうか。
ちなみに、先ほど「わらべうたには原則として元歌はない」と書いたが、「一番はじめは」は元歌が確認される珍しい例である。ただしこの場合、曲調はかなり改変されているので、「元歌」というよりも「祖型」と呼ぶべきかもしれない。

軍歌から社会運動歌・演歌・子ども向け軍歌・反戦歌・アジア各地の愛国歌へ

次に、社会性や政治性を帯びた例を紹介しよう。一九〇一年または一九〇四年に発表された軍歌「日本海軍」（A）のメロディーは、一九〇四年に「社会主義の歌（富の鎖）」（B）に、日露戦争後には演歌師の添田唖然坊が作った演歌「あゝわからない」（C）に、また昭和のはじめには子ども向けの軍歌（水谷まさる作詞）「僕は軍人大好きよ」（D）に、そしてその替え唄「僕は軍人大きらい」（E）になり、さらには韓国・北朝鮮・中国それぞれにおいて愛国や独立などをスローガンとする勇ましい歌詞で歌われた（F、G、H）。

ひとつのメロディーが、ある集団を一つに結びつけ、外へと向かっていく力を持っていること、そしてその力は時として「敵」を打倒する「暴力」にもなることを物語る歴史的事例と言えるだろう。

A. 四面海《しめんうみ》もて囲まれし　わが敷島の秋津洲《あきつしま》…
↓
B. 富の鎖を解き棄てゝ　自由の国に入るは今…
C. 人は不景気々々々と　泣き言ばかり繰返し…
D. 僕は軍人大好きよ　今に大きくなったなら…
E. 僕は軍人大きらい　今に小さくなったなら…
F. 鉄腕石拳　意気衝天　われら少年たたかわん…
G. われらは朝鮮人民革命軍　戦う赤き戦闘員…
H. 直隷の歴史を遡れば　最古の戦場　涿鹿《たくろく》がある…

ザ・ドリフターズが歌った替え唄

二〇二〇年春、新型コロナウィルス感染症で志村けんが亡くなったのをきっかけにして、ザ・ドリフターズが再び脚光を浴びた。彼らの活動の音楽面にも注目が集まっているようだが、戦後の子どもの替え唄を語る時、ドリフの功績の大きさは計り知れない。
志村が歌った、童謡「七つの子」の替え唄「カラスなぜ鳴くの　カラスの勝手でしょ」はあまりにも有名だが、「八時だヨ！　全員集合」（一九六九－一九八五）の中では他にもたくさんの替え唄が歌われている。例えば、オープニングテーマは民謡「北海盆唄」が元歌。

♪ハアー　北海名物〈ハア　ドウシタ　ドウシタ〉
かずかず　コリャ　あれどヨ〈ハア　ソレカラドシタ〉
おらがナ　おらが国さの　コーリャ
ソレサナ　盆踊りヨ
↓
♪ハアー　ドリフみたさに〈ハア　ドウシタ　ドウシタ〉
チャンネル　コリャ　回したら〈ハア　ソレカラドシタ〉
今日もナ　今日もあえたよ　コーリャ
ソレサナ　五人の色男

一方、エンディングテーマの元歌は、永六輔作詞、いずみたく作曲の「いい湯だな」。デューク・エイセスによる日本各地のご当地ソング「にほんのうた」シリーズの一つで、この歌は群馬県のご当地ソングとして一九六六年二月にリリースされたもの。

♪いい湯だな　いい湯だな
湯気が天井から　ポタリと背中に
冷てえな　冷てえな
ここは北国　登別の湯

←

♪笑ったね　歌ったね
あなたの笑顔が　目に浮かぶ
可愛いな　素敵だな
来週も楽しく　笑いましょう

この歌の最後に、加藤茶が画面に向かって「風邪引くなよ」「お風呂はいれよ」「歯みがいたか?」「宿題やったか?」などと呼びかける場面が忘れられないという方も多いだろう。

拙著『子どもの替え唄と戦争』には、「シャンラン節」や「隣組」のドリフ替え唄版を収めている。

♪ツーツーレロレロ　ツーレーロ…
僕があの娘《こ》を　見染めた時は
高校二年の春の頃　グレた頃…

♪ド・ド・ドリフの大爆笑
チャンネル回せば　顔なじみ
笑ってちょうだい　今日もまた
誰にも遠慮は　いりません…

他にも、スコットランド民謡「ライ麦畑を抜けて」（唱歌「故郷の空」の元歌）の替え唄「誰かさんと誰かさんが麦畑」など、ドリフの替え唄レパートリーはたくさんある。

替え唄とパロディ・ソング

こうして見てくると、替え唄は、①元歌の歌詞が意識されており、これをひっくり返したり混ぜ返したりして「替える」ことを意図したものと、②元歌の歌詞はどうでもよく、ただメロディーに魅かれて、これに自分の想いを乗せて歌にすることを意図したものの二種類に分かれると思われる。

前者のタイプは「パロディ・ソング」と呼ばれ、戦争中の子どもの替え唄の多くはこちらである。元歌をさんざん聞かされたり歌わされたりしたことに対する対抗措置、ストレス解消法の一つが、替え唄を歌うことだったのではないか。

これに対して、後者のタイプは、日本だけでなく外国の場合も同じだが、民謡（フォークソング）に多い。子守唄もその一つで、例えば「ねんねんころりよ　おころりよ」で始まる「江戸の子守唄」のメロディーで歌われる別の歌詞の子守唄は、日本子守唄協会理事長の西舘好子によると、全国に三〇〇〇近くあるとされる（西舘『「子守唄」の謎　懐かしい調べに秘められた意味』祥伝社、二〇〇四年、二七頁）。ただしこれは、元歌の歌詞を「替える」という意識が薄いという意味において、厳密には「替え唄」とは言えず、「類歌」と呼ぶべきかもしれない。

世界の子どもの替え唄

最後に、子どもの替え唄に関する研究の構想をスケッチしておこう。一つ目の課題は世界の子どもの替え唄を集めて国際比較をすること。拙著では、替え唄づくりの法則性を、I．物語の脱構築：（a）錯綜、（b）分裂、（c）中断、（d）解体、II．物語の再構築：（e）鏡像的世界、（f）反復的世界、（g）祝祭的混沌世界、のように分類し構造化したが、このような法則性は外国の子どもの替え唄にどのぐらい共通して見られるのかを探ってみたい。

例えばアイオナ&ピーター・オーピー『イーソーを見た　学童のポケットブック』(Iona & Peter Opie, *I SAW ESAU: The Schoolchild's Pocket Book*. Walker Books Ltd. 1947/1992.) の冒頭に、次のような英国の子どもたちの替え言葉が収められている。新学期のはじめ、校門脇の掲示板などに掲げられた標語をモジったものだろう（拙訳）。

♪やれやれ　またまた学校か！
やることいっぱい　ヤなことといっぱい
Here we are, back again!
Lots of work and lots of pain.（p.19）

おそらく元の標語の最後はlots of funだったはずだ。全体では「さあ、学校に戻ってきた！　楽しいことがいっぱい待ってるぞ。」といった感じだろうか。funがpainに替わるだけでガラリと雰囲気が変わる。そして、どこの国の子どもも考えることはおんなじだなあと嬉しくなる。その一方で、例えばシリアや北朝鮮やスーダンといった、困難な状況下の子どもたちは果たしてどんなうたや替え唄を歌っているのか気になる。

子どもの替え唄の過去・現在・未来

二つ目の課題は子どもの替え唄の歴史的な変遷（過去）をたどり、今日的状況（現在）を確認し、今後どのようになっていくか（未来）を予測すること。一つ目を共時的研究とすれば、こちらは通時的研究と言える。二つの課題を達成するまでにどのぐらい時間がかかるか分からないが、大ぶろしきを広げておきたい。どうぞお楽しみに！

3　シリア人留学生の祈り

シリア人留学生ナーヘドさん

昨年（二〇一七年）の暮れ、シリア人留学生ナーヘド・アルメリさんに、シリアの子守唄やわらべうたについてお話を伺う機会を持った。ナーヘドさんは一九八七年に首都ダマスカスの北約一五〇キロに位置するシリア西部の町ホムスに生まれ、ダマスカス大学日本語学科を卒業後、二〇一一年九月に来日し、現在は筑波大学大学院博士後期課程で童謡詩人・金子みすゞの研究に取り組んでいる（＊付記……その後、二〇二〇年三月に博士号学位を筑波大学より受理し、学位論文を基にまとめた『金子みすゞの童謡を読む　西條八十と北原白秋の受容と展開』（港の人）は、二〇二一年、日本児童文学学会奨励賞を受賞した。現在は帰国して母校ダマスカス大学日本語学科で教えている）。

漫画やアニメへの関心から日本語学科に入学する学生が多い中、「遠く離れた場所のことを学びたい」という目的で、この学科を選んだという。「そんな動機の学生は私一人でした」と微笑む、好奇心と冒険心にあふれた女性である。

シリアは砂漠の国ではない

彼女が来日する二か月前の二〇一一年七月に始まったシリア内戦は、その後絶望的な泥沼化をたどり、今日も続いていることは周知の通りだが、私自身「紛争の国」という以外のこの国に対するイメージは、かつてティグリス・ユーフラテス川流域にメソポタミア文明が栄えた後、ラクダが隊商たちと歩いていく砂漠が果てしなく広がっているというものだった。

だが、そのことをナーヘドさんに話したところ、「皆さん、そんなふうに思っておられますが、東部の方を除けばシリアには砂漠はありません」とのことだった。インターネットで検索してみると確かに、「国土の内、西部の地中海沿岸部には平野が広がっており、南部は肥沃な土地が広がっており、国内農業のほとんどを負担している。北部は半乾燥地帯、中部はアンチレバノン山脈が連なり、山岳地帯が大半であるが、乾燥地帯の延長上には、アラビア半島に続くシリア砂漠がある」（ウィキペディア）。また、彼女の生まれた町ホムスの紹介サイトには、緑豊かな、かつての町の写真が載っていた。

ところが、同じサイトには空爆で破壊し尽された現在のこの町の写真も紹介されていた。おそらく私は、その白々としたコンクリートの残骸に、白い砂漠のイメージを重ね合わせて、「砂漠の国」という幻像を勝手に作り上げていたのだろう。

三つの子守唄

ナーヘドさんは三つの子守唄を歌ってくれた。三曲ともアラビア語の方言だという（日本語訳はナーヘドさんの下訳に筆者の補筆）。

「神様　愛する人を私のもとへ」

ああ　輸送船ロザナよ
あなたの中に　全ての幸運がある

ロザナよ　あなたの行いに対して
神様の報いがありますように

ロザナに乗って　アレッポを発った人たちよ
あなたたちの中に　私の愛する人もいる
あなたたちは　ブドウを運んでいる
ブドウの下には　リンゴが積まれている

まわりの人たちは　愛する人と一緒なのに
私の愛する人は　ここにはいない
ああ　神様　私の愛する人を
風とともに　私のもとへ届けてください

「ロザナ」はシリア北部の町アレッポからレバノンの港に行った船の名前で、第一次世界大戦の時、オスマン帝国が自国の安いブドウとリンゴをレバノンの市民に売り、レバノンの商人や農民に打撃を与えた。それを見かねたアレッポの商人たちが、輸送船ロザナをレバノンに送ってこれらを買い取り、彼らを救ったという歴史的事件に、この唄は基づいているという。

遠く離れた、愛する人のことを想い、自分の許に戻ってくることを祈る。歌詞の中に子どもは登場しない。英国スコットランドにも、「今夜私は眠れない。大切なあの人が帰ってこないから」と歌う子守唄があるが、歌い手のやるせない気持ちのはけ口となるのが、つぶらな瞳で自分を見つめる幼い子どもなのだろう。

次に、「アンズの実」と「鳩をあぶって」は、いずれも寝た子へのご褒美を約束する子守唄で、世界の子守唄の定番モチーフである。日本であればお餅や赤飯、スコットランドではウサギの毛皮やミルクが待っているのと同じである。

「アンズの実」

ティティチ　ティティチ
アンズの実が　アンズの木に成っている
風が吹いたら
ヌーラに　アンズの実を摘んであげよう

「ティティチ」は、特に意味のない、リズムを作るための言葉で、英語では「ジングル」と呼ばれる。ナーヘドさんによると、シリアの民家の庭には大抵、アンズやイチジクやブドウなどの果樹が植えてあったそうで、その実を、寝た子（ヌーラちゃん）へのご褒美にあげるというのも、ごく自然なやりとりといえる。

「鳩をあぶって」

ねんね　ねんね　寝てくれたなら
鳩をあぶって　ヌーラにあげよう
鳩さん　そんなことはしないからね
ヌーラが寝てくれるように
ウソをついてるだけだから

――「鳩のあぶり焼き」はちょっと残酷で、そのせいか、「鳩さん、そんなことはしないからね」と付け足しがされている。実際には、鳩が食用とされることはそんなに多くないそうで、ドキッとするような残酷さもまた、世界の子守唄の定番である。ちなみに、日本の「ねんねんころりよ」や「おろろんばい」にあたるシリアのあやし言葉は「ヤッラトゥナーム」だそうである。

まりつき唄

シリアの子どもたちはどんなことをして遊んでいたかというと、ボール遊びでは、女の子はまりつき、男の子はサッカー。それから鬼ごっこは男女一緒に遊んでいたという。こんなまりつき唄もあったそうだ。

「私はいい子」
私はいい子
父さんと母さんのことが大好き

まりつきが上手
これ全部　ウソじゃないよ

いかにも、少し大人ぶった女の子がすました顔で言いそうなセリフである。

小学校の教科書に載っているうた

以上四曲は、ナーヘドさんが生まれ育ったホムス周辺の地域で伝承された子守唄や遊び唄で、歌詞はアラビア語のホムス地域の方言だという。シリアでは、アラビア語の文字はコーランを記した神聖なものであるため、方言を文字として記録することはタブーとされていたそうで、方言で歌われる子守唄やわらべうた、また方言で語られる昔話や世間話の類いは記録されてこなかったそうだ。

これに対して、歌詞が記されている子どものうたは、標準語のアラビア語で作られた、学校の教科書に載っている歌で、ナーヘドさんはその中から「兎」と「お母さん」を歌ってくれた。シリアの子どもはみんな知っている歌だという。

「兎」（スレマーン・ルイーサ作詞）

兎が何かにおどろいて跳ねた
私は隣で遊んでいた
光のように白い兎
果樹園を走り回る

稲妻のようにジグザグと
緑の葉っぱを探しているのか
波のように柔らかい兎の綿毛が
緑の草の上にふわふわ浮んでいる
私から逃げないで
兎さん　あなたは私の友だち
一緒に遊びましょう

「お母さん」（スレマーン・ルイーサ作詞）

お母さん　あなたは私のいのちの鼓動
愛のしずくで　私の心を満たしてくれる
お母さん　あなたは私のうた
あなたの祝福は　私の祝福
あなたの微笑みは　私をそっと支えてくれる
私は家の中で　飼われている小鳥
お母さん　あなたのキスは
私の一日に　光を与えてくれる
朝　私が目覚めると
お母さんは　私の髪を撫でている

お母さんのことが　私は大好き
お母さん　あなたのために尽くします

いずれも、日本で一〇〇年前に創刊された『赤い鳥』に登場しそうな、動物への呼びかけや母親への思慕をモチーフとしている。ナーヘドさんが金子みすゞ研究に取り組むことになった淵源はこのあたりにあるのかもしれない。

ただし、標準語で歌われ、文字として記録されているこれら二曲の歌詞は、少し忘れてしまっていたのでネットで確認しなければならなかったとナーヘドさんは笑った。一方、方言で歌う最初の四曲は、文字として記録されていないためか、頭にしっかりと残っていたそうだ。

山本美香と「大きなくりの木の下で」

シリアと言えば思い出されるのが、二〇一二年八月に北部の町アレッポで取材中、戦闘に巻き込まれ凶弾に倒れたジャーナリストの山本美香である。彼女の追悼本『山本美香という生き方』（新潮社、二〇一四年）に、わらべうたに関する次のようなエピソードが記されている。

一九九〇年代、彼女が初めて紛争地での取材をアフガニスタンでおこなった時のこと。ある民家を訪れて、赤ちゃんを抱いた母親から話を聞こうとすると、突然現れた異国からの訪問者に母親は警戒していた。その時、美香さんはとっさに思いついて、「大きなくりの木の下で」を日本語で歌い始めた（身ぶりつきだったかもしれない）。すると母親はたちまち表情を崩し、笑い声を上げた。それから、赤ちゃんをあやしながら一緒に歌ったという。

おそらくそれ以来、美香さんは行く先々の紛争地で、また支援をおこなった東日本大震災の被災地でも、折に触れてこの「大きなくりの木の下で」を歌ったにちがいない。わらべうたが民族や言葉の壁を越えて、人と人の心をつなぎ合わせる力を持っていることを、彼女は実証してみせたと言えるだろう。

石なご遊びの国際性

私の恩師、故藤本浩之輔先生が六三歳で亡くなる前の数年間、特に情熱を注がれたのが「石なご遊び」と呼ばれる、石や骨などでおこなうお手玉遊びの国際比較研究だった。日本国内各地はもとより、中国、モンゴル、ブルガリア、トルコ、ギリシアなどにも足を運んだ。

トルコのアナトリア文明博物館では、紀元前七〇〇〇年~五五〇〇年頃の出土品に遊具か占具に用いられたと思われる羊の距骨があることや、紀元前一二〇〇年~七〇〇年頃のレリーフに骨お手玉をしている場面があることを発見し、また現在も当地の子どもたちが石を使ってこの遊びをしていることを確認した。

「お手玉遊びは、世界にもっとも広く分布している遊びの一つであると言えよう。(中略)分布の世界性においても、伝承の歴史性においても、屈指の人類文化、すなわち、世界的無形文化財だと言ってよいと思う。注目すべきは、それだけの伝播・普及や伝承が、間違いなく子どもたちの力に負っているということである」(藤本『遊び文化の探求』久山社、二〇〇一年、三四頁)。

「世界子ども文化フェスタ」をシリアで

シリアは、藤本先生が訪れたトルコの南に隣接する国である。そう思って、この石なご遊びを知っているかどうか、ナーヘドさんに尋ねてみた。するとやはり、シリアでも女の子の遊びとして五個の石を使ってやっていたという。

私自身が子どもの頃、岡山県北部の田舎町で「ごいし（五石）」と呼んでいた石なご遊びのやり方をナーヘドさんに説明すると、「おんなじです！」と答えてくれた。シリアの子どもと日本の（しかも中国山地の片田舎の）子どもが、同じ遊びを同じ材料（石）、同じルールでやっていたとは、なんと愉快な話だろう。

いつかシリアの地から戦火や銃声が消えた時、祖国に戻ったナーヘドさんたちが中心となって、世界の子どもたちが集まり、わらべうたや遊びを一緒に歌い遊ぶ「世界子ども文化フェスタ」をこの地で開いてもらうことを提案したい。

「来日後、一度だけ、二〇一五年に帰国しました。その時に見た光景は、テレビやインターネットを通して想像していたイメージをはるかに超えていて、言葉を失いました」。そう語ったナーヘドさんの、祖国シリアの平和への祈りがいつか叶えられますように。そしてまた、「世界子ども文化フェスタ」が実現する日がいつか来ますように！

4　アイヌの〈イタクラマッ（言霊）〉

はじめに

　ここ数か月、英国スコットランド出身のマンローという医師のことを考えてきた。昭和の初め、北海道・二風谷のアイヌ村落に日本人看護師の妻と共に移住し、一〇年にわたって無償で医療活動をおこなう傍ら、アイヌ文化の調査研究に心血を注ぎ、この地で没した彼は、何故アイヌ文化に魅かれたのだろうか。その理由を一九世紀後半における祖国スコットランドの思想史的潮流に求めて論文にまとめる作業を数日前にようやく終え、今もまだその余韻の中にいる（本書第Ⅱ部第三章に論文を掲載）。

　この作業に取り組みながら、自分は何故アイヌ文化に魅かれるのか、思いを巡らせていた。白沢ナベさんにお会いし、はじめてアイヌのうたやかたりに触れてから二八年が経った今も、折に触れてアイヌのうたやかたりの文化とその背景にあるコスモロジー（宇宙観）のことを考えている。私にとって、アイヌのうたやかたりの魅力とは何か、この機会に問い直してみたい。

白沢ナベさんとの出会い

　先ほども述べたように、はじめてアイヌの語り部・白沢ナベさんにお会いしたのは今から二八年前の一九八九年夏のこと、当時大学院生だった私は、京都女子大学教授だった故稲田浩二先生や稲田ゼミの学生十数名に同行して北海道の白老を訪れた。たしか現地の公民館のような所で、ナベさんからカムイユカラ（神謡）やウエペケレ（散文説話）などの「かたり」をいくつかお聴きした後、どのような事情だったかは憶えていないがイフムケ（子守唄）を聴かせていただいた。唄の中で、「ルルルルッ」と舌または喉の奥を震わせて出す音（「ホロルセ」と呼ばれる）が繰り返し用いられた。ナベさんによれば、これは鳩の鳴き声を模倣したものだという。何とも不思議な響きだった（この子守唄の録音テープは今も手許にある）。

その当時はまさか自分が三年後にスコットランドの子守唄と出会い、子守唄研究がライフワークになろうとは思ってもいなかったが、もしかしたら「ハーメルンの笛吹き男」の話のように、あの時の「ルルルルッ」という不思議な調べに魅せられて、ここまで歩んできたのかもしれない。

『語り合うことばの力』でナベさんと再会

ところで今回、マンロー研究に関連して中川裕さんの『語り合うことばの力　カムイたちと生きる世界』（岩波書店、二〇一〇年）という本を読んでいたら、ナベさんの名前が出てきて驚いた。中川さんには、昨年（二〇一六年）夏に北海道大学で開催された日本口承文芸学会の年次大会で、二風谷アイヌ文化博物館などを案内していただきお世話になったのだが、ナベさんは中川さんにとって恩人ともいうべきアイヌの語り部だったことが記されていた。おふたりのツーショット写真から、ナベさんのお顔も思い出すことができた。この本によると、ナベさんは一九〇五年、千歳市蘭越のお生まれで、一九九三年に亡くなられたそうである。ということは、私がナベさんにお目にかかったのは彼女が亡くなる四年前、八四歳の頃だったことになる。

ナベさんの記憶力を育んだもの

この本の中から彼女を紹介した箇所を引用しておこう。

白沢ナベさんも、両親が流暢なアイヌ語の話し手であったばかりでなく、兄や姉も数多くの伝承を覚えていた人であるという。（中略）ナベさんはおよそ学校というものにいっさい通ったことがなく、家族に囲まれて少女時代を過ごした。そして、同世代の他の人たちと違って、父である小山田サンレキテ氏や姉アサ氏から「お前がアイヌ語を残せ」と言われて育ったという人である。この『目に一丁字もない』と言われるような経歴の人の、すばらしい記憶力と、頭の回転の速さ、そして言葉に対する的確な説明能力に、多くの研究者が大変な恩恵を受けた。（六頁）

そうした古老と呼ばれる人たちと話をしていて、いつも感じる圧倒感は、その人たちの記憶力のよさである。（中略）白沢ナベさんは、小さいころの思い出をよく語ってくれた。三歳の時に、家族で丸木舟に乗って千歳から下流の馬追というところに行った時、お父さんが舟べりを竿でたたきながら、『私たちは舟に乗ってまいります。家族連れだって舟に乗ってまいります。水の神様、私たちを守ってくださいませ』と、アイヌ語で言ったことも、しっかり覚えているという。（中略）夢の中で父親が言ったことばの意味を説明してもらったりもした。それがみな五十年以上も前に見た夢だという。（八頁）

このような驚くべきナベさんの記憶力は、アイヌの人びとが文字を持たなかったことと関係しているのではないかと中川さんは見る。

本を読んだり、ビデオやＤＶＤで同じ映像を何度も再生して見ることに慣れた我々は、その瞬間に頭に入らなくとも、もう一度見ればよいと考えてしまいがちである。しかし、そういう文化の中に育っていない人たちにとっては、その瞬間を逃したらそれまでであって、同じ人から同じ話を聞く機会はもう二度とないと考える。そのような気持ちで人のことばを聞くことによって培われた力が、記憶する力となっているのだろう。（九頁）

モーラクさんから教わったこと

中川さんの指摘を読んで思い出される私自身のエピソードがある。一九九二年夏、スコットランド北西部のバラ島で八〇代半ばの女性モーラク・マッコウレイさんにゲール語（ケルト系言語）の子守唄を聴かせていただいた時のこと。一度歌っていただいた後、「メモを取りたいので歌詞を教えてください」とお願いしたところ、「メモは取らないで」と拒否された。私の英語力のせいで意図がきちんと伝わっていないのかもしれないと、もう一度お願いすると、「記録しないで覚えなさい」と言われた。それから一フレーズずつ、彼女にゆっくりと歌ってもらい、その後を繰り返した。ことばの意味もわからないまま、彼女の歌をひたすら真似た。音程や発音がちがうと彼女がもう一度そのフレーズを歌ってくれ、それを真似て歌った。それから二〇分近くかけて、ようやく二番まで歌えるようになった。

その三年後に再びバラ島を訪れた時、モーラクさんはすでに亡くなられていた。あれから二五年が経った今もこの唄を諳んじることができるのは、ひとえに彼女のレッスンのおかげである。

アイヌの「イタクラマッ（言霊）」

中川さんも書いているように、文字を持たない人びとにとっては重要な情報を耳にしたら、その場で覚えるしか手がない。常に出会いは一回きり、「一期一会」なのである。

ただし、文字や記録媒体を持っている者にとっても、人と人が出会うところで営まれるうたやかたりの場とは、そういうものなのではないだろうか。歌い手や語り手は全身全霊を込めて歌い語り、聴き手は一心に耳を傾ける。本来「聴く」（listen）という行為は、単に音声情報が感覚神経によって受信されることを意味する「聞く・聞こえる」（hear）とは違い、音声情報の「受け手」である主体の能動的な意志が働く時にはじめて成立する。簡単に言えば、「送り手」が魂を込めて発した言葉を、魂を込めて受けとめようとするのが「聴く」という行為なのだ。

そしてそのことを、アイヌの人びとは言葉それ自体にも魂があると考えて、「イタクラマッ（言葉の魂）」と呼んだ。日本語でいう「言霊（ことだま）」である。

アイヌの醜名（しこな）

かつて日本には「捨吉」や「糞丸」などといった、幼名をわざと醜い名前にすることで子どもが神様にいたずらされるのを防ごうとする、「醜名《しこな》」と呼ばれる習俗があったが、アイヌにもかつて同じような習俗があった。

アイヌの人びとが子どもに名前を付けるのは、六、七歳ぐらいになってからのことで、それまでは「アイアイ」（赤ちゃんの泣き声）、「テンネプ」（おしっこやうんちをもらしてお尻が湿っている）、「シオンタク」（腐った糞の塊）などと呼んでいた。「何でこんな名前で呼ぶのかというと、悪いカムイに魂を持って行かれないようにするため」（前掲書、二二〇頁）だという。また赤ん坊がくしゃみをした時に唱える以下のようなおまじないもあった。「チェシオロポイポイエ（うんちまみれにしたよ）シチコトゥイトゥイェ（うんちをふりかけたよ）」。これもまた悪いカムイに「そんな汚い赤ん坊なら近づくものか」と、去ってもらうためだという（同、一〇六頁）。子守唄に鳩の鳴き声が挟まれるのも、厄除けの意味が込められているのかもしれない。それぐらい多くの子どもが病気や事故で亡くなっていたということであり、親や周りの大人たちが何とかして子どもの命を守ろうとしたことの証しだろう。

「あなたの心にふれさせていただきます」

私が大好きなアイヌ語に、「こんにちは」を意味する「イラムカラプテ」がある。直訳すると「イ（あなた）─ラム（心）─カラプ（ふれる）─テ（させる）」、つまり「あなたの心にそっとふれさせていただきます」、それが「こんにちは」なのだ。まさに「一期一会」という、出会い、つながることの有難さを噛みしめる時に生まれた、つつましい優しさに満ちた言葉である。

以前、あるテレビ番組でアイヌの女性が、厚司《あつし》（樹皮衣）織のためにオヒョウニレの木の幹から皮を剥いだ後、剥ぎ取った皮の一部を幹に巻き付けて「イヤイライケレ（ありがとう）」と唱える場面を観たことがある。この習俗もまた、相手が人間であれ人間以外のものであれ、自分にとってかけがえのない存在のラマッ（魂）に対して、魂を込めた言葉（イタクラマッ）を届けることで、相手とつながり合い、支え合おうとするアイヌの人びとの自然観やコスモロジーを表わしていると言えるだろう。

そこに、アイヌのうたやかたりの魅力の秘密があるような気がする。これからも、ライフワークとしてこの研究に取り組んでいきたい。

第三章
かたりの文化としての手話

1　手話とろう教育の歴史

「ダイバーシティ」と「かたりの文化」

「ダイバーシティ（diversity）」という言葉を最近よく耳にするようになった。「多様性」と訳されることが多い。「かたりの文化」の研究においても、「ダイバーシティ」という視点は注目されている。例えば、二〇一六年六月にインタビューした英国エディンバラのスコティッシュ・ストーリーテリング・センター所長ドナルド・スミスさんは次のように話された。

将来に向けて、センターが取り組むべき課題の一つが、マイノリティ（少数民族・社会的少数者）や移民・難民への支援であり、そこで重要となるのが「文化的多様性［cultural diversity］」です。スコットランドには古くから「移動生活民［traveling people］」がおり、彼らの所有する伝統文化を尊重してきた歴史があります。一方で、アングロサクソン文化によってケルト文化を駆逐しようとした負の歴史もあります。文化的多様性の精神を生かし、互いにシェアし互いを理解しようと努めることが今後ますます求められるでしょう。

「かたりの文化」としての「手話」

スミスさんへのインタビューから一〇日後の七月一－三日、アバディーン大学でおこなわれた「民俗学・民族学・民族音楽学会二〇一六年度大会」で、エラ・リースさんの研究発表を聞いた。従来の口承文芸の研究者は「口承文芸＝音声言語によって伝達される文芸」という固定観念にとらわれていたが、「手話」という音声言語ではない身体的言語による「かたりの文化」がろう者社会において伝承されてきたことを認識し、前述の固定観念から脱却すべきだとする発表であった。

W・J・オング（原書一九八二年、邦訳一九九一年）『声の文化と文字の文化』（桜井直文他訳、藤原書店）を挙げるまでもなく、私自身を含めて研究者の大多数は「言語文化」を「文字の文化vs.声の文化」の二項対立においてとらえ、「うた」や「かたり」などの口承文芸は後者を代表する文化との認識の下に、「声」という身体表現や「聴覚」という感覚器官の特性と結びつけて考究を進めてきた。これに対して「手話」は、「文字の文化」でも「声の文化」でもないが、ろう者社会における必要不可欠の言語文化として存在する。にもかかわらず、そのことに着目した口承文芸研究は、管見の限り日本では皆無に等しい。

リースさんの発表では、「手話」によって昔話や伝説を語るストーリーテラーの活動も紹介された。これはまさに、「かたりの文化におけるダイバーシティ」の具体例に他ならない。私にとって大きな衝撃だった。以来、少しずつではあるが、関連文献を取り寄せ、取材を重ねてきた。これから数回にわたって「かたりの文化」という視点から「手話」について考えてみたい。本節ではその手始めとして、「手話」とろう教育の歴史をたどっていく。

「聾（ろう）」という字

その前に、「聾」という字について触れておきたい。当用漢字にはないため「ろう」と仮名書きされるのが一般的だが、漢字では「聾」と表記される。伝説上の動物「龍」は「耳」を持たなかったとされる。その「龍」と「耳」、二つを組み合わせることによって「聞こえない」という意味を表わそうとしたと考えられる。

一九九九年に設立された日本初のバイリンガル・バイカルチュラルろう教育のフリースクール「龍の子学園」（二〇〇八年に改組され学校法人「明晴学園」となる）はその名称の由来を次のように記している。「耳がないといわれている伝説の動物である龍の頼もしいイメージを考え、ろう児も、聞こえないことがマイナスイメージにならず、龍のように雄々しく育ってほしいという願いから名づけた」（クァク・ジョンナン『日本手話とろう教育』生活書院、二〇一七年、一〇六頁）。

「手話」とは何か

同書によれば、「手話」は以下のような特徴を持つ言語と規定される。①ろう者の集団の中で形成される。②ろう者の親の下に生まれ、家庭の中で手話を習得するろう児もいるが、およそ九割のろう児は聞こえる親（聴者）の下で生まれ、ろう学校で他のろう児に接するなかで習得する。③音声言語を見える形で表したものと誤解されてきたが、音声言語とは別の文法構造をもっている。④音声言語と同様に、国や地域などによって異なる。⑤「手の形、位置、動き、手のひらの向き」という四つの要素の組み合わせによって違う単語を作り上げ、三次元の空間を使って表わされる視覚言語である（同、二五－二六頁より要約）。

ろう教育と「手話」の歴史

ハーラン・レイン（原著一九八四年、邦訳二〇一八年）『手話の歴史』（上・下巻、斉藤渡訳、築地書館）は、欧米におけるろう教育や「手話」の歴史を、主にフランスのろう者でアメリカ初のろう学校教師となったローラン・クレール（一七八五-一八六九）の視点から記したもので読みごたえがある。

邦訳版における前田浩の解説によれば、ろう教育に関する記録は、八世紀初頭、英国イングランドのヨークの主教であるヘヴァリーの聖ジョンがろう児に言葉を教えたとの伝説が最初のものである。世界最初に開かれたろう学校は、フランスのパリろうあ学院である。一七六〇年、ド・レペ神父がパリのムーラン街にある自宅を開放して、身分や家庭状況によらずさまざまなろう児を無償で教えていき、一七九一年、パリ国立ろうあ学院として認可される。それ以降、イングランド、ドイツ、オーストリアなどヨーロッパ各地にろう学校が設立された。ド・レペの教育方針は、ろう者の言葉である「手話」を学びつつ、フランス語文法を習得するための「方法的手話」（音声語に対応した手話）を考案し、両者を併用して進めていくというものだった。

パリ校からは何人もの優秀なろうの教員が育っていった。クレールもその一人で、同校で教育助手をしていた一八一五年、アメリカ・コネティカット州ハートフォードからヨーロッパのろう教育を学びに来ていたトーマス・ギャローデットとロンドンで運命的に出会い大西洋を渡る。二人は新しいろう学校作りに奔走し、一八一七年、アメリカ初の公立ろう学校となる「コネティカットろうあ学院」がハートフォードに設立される。

口話主義の台頭

「ろう教育の歴史について語る時、手話と口話の対立の話を避けては通れない」（同書下巻、二六七頁）。口話法とは発話を中心に始まり、唇の動きを読み取る方法（読話）と結びついたものである。これをろう教育に取り入れたのは一七－一八世紀のオランダ人医師ヨハン・コンラッド・アンマンで、一八世紀後半のフランスでも口話法を推進するヤコプ・ペレイラが手話法推進者のド・レペと論争を繰り広げたが、やがて手話法が主流となっていった。一方、ドイツとイギリスでは口話法が広がり、一九世紀後半になると、その普及にとって足かせとなる手話法を排斥しようとする口話主義として、アメリカでも大きな影響を及ぼすようになった。

ろう者にできる限り聴者と同じような生活をさせてやりたい、そのために聴者の話す言葉を唇の動きで読み取り、音声で話せるようにしてやりたいという口話法の発想そのものは、ろう教育の基本方針として間違っていない。だが、障がいの程度や先天的か中途失聴か、親が聴者かろう者かなど、さまざまなケースがあるにもかかわらず対象を一括りに扱い、「手話」は口話法を習得する上での阻害要因となるものであり、その使用は全面的に禁止すべきという「口話主義」の根底には、ろう者やろう者社会が育んできた「手話」という言語文化に対する差別意識が横たわっている。そしてその背景には、ダーウィンの進化論を人類社会に応用し、野蛮から文明へと進化したとする「社会進化論」、社会的強者によって社会的弱者は淘汰されていくことを自然の理とする「社会淘汰説」、優秀な血統を保持するためには劣悪な血統は排除されるべきとする「優性思想」、といった一九世紀後半以降における一連の社会思潮としての「強者の論理」がある。

前述したスコットランドにおけるアングロサクソン文化によるケルト文化の抑圧のみならず、日本政府による琉球・沖縄の人びとやアイヌ民族に対する抑圧も同じ時代の出来事である。ろう教育における口話主義の台頭もまた、強者である聴者の側からの、ろう者に対する抑圧として理解される。

電話の発明者ベルの功罪

スコットランドの口承文芸を四半世紀にわたって研究してきた私にとってはいささか辛い事実だが、アメリカにおける口話主義の普及に指導的役割を果たしたのは、スコットランド出身で電話の発明者としても知られるアレクサンダー・グラハム・ベル（一八四七－一九二二）である。

二三歳でカナダに移住し、まもなくボストンでろう教育に携わるようになったベルは、ろう者に「音声で話させる」ことに自らの生涯を捧げた。彼の母親も妻も聴覚障がい者だったが、二人とも言語を獲得してからの中途失聴者であり、口話法で通じ合うことができた。そのことが彼のろう教育へのスタンスを決定づけたと言える。妻への一途な思いも相俟って、ろう者が話せるための機器を目指して進めた研究が、電話という副産物を生みだした。ただし、「電話はろう難聴者には何の利益ももたらさなかったどころか、時としてろう難聴者の社会参加を阻む機器ともなった」（下巻、二六八頁）。

前田はベルの功罪を次のように指摘する。

ろう者はそのグループやコミュニティにあって手話で言語生活をする、そのためそこに口話法が浸透しない原因があるととらえたベルは、ろう者社会の解体を図り、ろうコミュニティを形成する寄宿制ろう学校よりも通学制ろう学校の設立を主張した。さらに優生学の研究を進めた。ろうであることを不幸なこととととらえ、ろう者同士の結婚を妨げ、ろうの子どもの誕生を防ごうとしたのは、人権蹂

躙に等しい優性思想の表れと評するしかないであろう。（下巻、二六八頁）

優性思想の影響は日本にも及んでいる。旧優性保護法（一九四八－一九九六）の下、ろう者を含む障がい者への一万六〇〇〇件を超える強制不妊手術や中絶手術がおこなわれてきたことが、近年になって顕在化していることは周知の通りである。

ミラノ決議からバンクーバー宣言へ

一八八〇年にイタリア・ミラノにおいて開催されたろう教育者会議において、口話主義者が手話法派の反対を抑えて、音声言語の優位を称え、手話は締め出されるべきとする決議が採択された。その結果「欧米のろう教育において、ろう者のさまざまな人権を踏みにじる基盤の上に口話法が君臨するようになった」（下巻、二七〇頁）。

しかし、手話はついえなかった。確かに、ろう学校など教育の場において手話は排除されたが、教員のいない教室や校舎では、ひそやかに先輩、後輩、同級生たちが手話で語らい続けた。ろう者同士の夫婦、彼らの間に生まれたろうの子どもたち、またその子どもたちと、家庭、一族の中でも手話は生き続けた。（下巻、二七〇頁）

そして二〇一〇年、カナダ・バンクーバーでの第一〇回世界ろう教育会議において、ミラノ決議は公式に却下された。バンクーバー声明には、「すべての言語とコミュニケーションの形態を尊重することを喚起する」と記され、そこには口語法も手話法も含まれる。「ここに言語教育の多様性を許容するようになったろう教育の熟成を見る」（下巻、二七一頁）と前田は帰結する。

日本におけるろう教育と手話の歴史

日本初のろう学校は一八七八（明治一一）年、古河太四郎によって設立された京都盲唖院である。また二年後には東京・築地に、山尾庸三によって楽善会訓盲院が設立された。これらを皮切りに、全国各地に盲児とろう児が一つの校舎で学ぶ形の学校が設立されていったが、やがて盲児とろう児の教育法の相違はきわめて大きいと認識されるようになり、一九二三（大正一二）年、盲ろうの分離を明記した「盲学校・聾学校令」が出された。

大正後期から昭和初期にかけてベルの視話法や欧米のろう学校の口話法実践が続々と紹介され、わが国のろう教育は、手話中心の教育方法から、読話と発語による口話法へ傾倒していく…。当時の口話法は手話否定を前提とし、手がかりもなしに子どもに相手の口の動きを読み取らせたり、発語させたりする方法であった。（下巻、二七三頁）

一九六〇年、アメリカのウィリアム・ストーキーが「手話は、音声言語と同様に、機能的で独立した構文と文法を持つ言語である」と結論づける論文を発表した。また、黒人の公民権運動に影響を受けながら発展したろう者たちの運動は手話の言語的認知を拡げていった。さらに一九八〇年代には、大脳生理学や言語学の分野で手話が言語であることが証明されるようになった。こうした流れを受けて一九八〇年代後半には、北欧で手話を第一言語とするバイリンガル教育が始まり、アメリカでもバイリンガル・バイカルチュアルろう教育の実践校が増えてきた。日本においても、手話を積極的に取り入れるろう学校が増え、手話を第一言語とするろう学校（前述の「明晴学園」）も設立されている。

「しかし、今後を楽観視しているだけではいけない」と前田は警告する。障がい者福祉全体を見た時、国の施策は前進しているとは言いきれないし、世界でも日本でも弱者を切り捨てる不寛容の精神が強さを増しているように感じられるからだ。

異なる文化と繋がり合う多文化共生社会の実現に向けて今、手話をろう者社会における必要不可欠の言語文化として認めるとともに、手話を用いて語られるろう者の文化を「発見」し「体験」することが求められている。

毎年一〇月上旬に、鳥取県で「手話パフォーマンス甲子園」というイベントがおこなわれていることをご存知だろうか？　第五回を迎える今年（二〇一八年）も一〇月七日に米子市で開催される。機会があればぜひ「発見」し「体験」していただきたい。

（＊第II部第四章を参照のこと）

2　奈良県立ろう学校の実践

京都府立聾学校訪問

前節において、英国スコットランドにおける手話を用いた「昔語り」の活動に触れた。同様の活動が日本でもおこなわれていないか調べていくための手がかりとして、ろう学校の関係者とコンタクトを取りたいと考えていた時、所属しているマザーグース学会の会員・高屋一成さんが京都府立聾《（ママ）》学校の英語教師であることがわかり、高屋さんに連絡を取って、二〇一八年二月、同校への訪問が実現した。

私の勤務する立命館大学衣笠キャンパスのすぐ近く、西へ一五分ぐらい歩いていった仁和寺北側の山麓に京都府立聾学校はあった。一八七五（明治八）年、日本で最初に創設されたろう学校「京都盲唖院」を前身とする由緒ある学校である。当初は別の場所にあったそうだが、敷地内には広い運動場や寄宿舎なども配備されていた。

午前一一時、高屋さんの案内でまず校長先生にご挨拶し学校の概要をお聞きした後、早速授業を見学させていただいた。にわか仕込みの手話の挨拶が通じるか不安だったが、生徒さんたちは笑顔で応じてくださった。三月の卒業を前に、研究発表や作品の仕上げに一生懸命取り組んでいる様子に心打たれた。先生たちも最新の視覚機器を活用して、工夫をこらした授業を実践しておられた。目の前に新しい世界が開かれる思いがした。

奈良県立ろう学校訪問

手話を使った民話の語りの活動について調べていることを校長先生にお話ししたところ、奈良県立ろう《（ママ）》学校でやっているかもしれないと、同校をご紹介して下さった。

同年七月、大和郡山市にある同校を訪問した。近鉄筒井駅で下車し、一五分ほど田圃の中の直進道路を歩いていくと、盲学校と隣接してろう学校が建っていた。校長先生が出迎えて下さり、中学部教諭の吉本努さんをご紹介下さった。

吉本さんはろう者の教師で、以前幼稚部を担当しておられた時に、絵本の読み聞かせを手話でしておられ、日本や外国の民話の絵本を積極的に取り上げておられたという。お話をうかがった後、聾教育研究会『聴覚障害』第五七巻五月号（二〇〇二年）に寄稿の実践報告「絵本の読み聞かせを考える」のコピーをいただいて帰った。

実践報告から

吉本さんは一九九六年に幼稚部に配属されると、担当した五歳児に手話を使って「しあわせの王子」「かぐや姫」「ブレーメンの音楽隊」などの絵本の読み聞かせを始められたという。

子どもたちは競うようにして、その本を借りて帰り、家の人に読んでもらったり、絵本の内容を遊びに反映させるようになった。食い入るように手話を見つめ、『しあわせの王子』『ごんぎつね』の絵本を読んでもらいながら泣き出す子もいた。明らかに子どもの気持ちは絵本の内容によって動かされていた。また、読み聞かせを楽しんだあとで、二度三度と自分で繰り返して読む姿も見られた。

吉本さんは、子どもにとっての絵本の意味を以下の四点にまとめている。（1）絵本そのものを共感しながら楽しむことで、心を安定させる。（2）遊びやコミュニケーションのきっかけになる。（3）経験したことを整理・拡張し、想像の世界を楽しむ。（4）知識を広げる。

その上で、手話を使った読み聞かせの留意点をいくつか挙げておられる。①絵本を載せる台を使う。両手を充分動かせるように、絵本は譜面台などに載せて高さも調整する。②子どもたちとの距離を考える。近づきすぎても遠すぎても見づらいので、絵本も手話表現も見やすい距離をとる。③子どもたちが見やすい環境にする。④内容によって絵本を動かして使う。例えば「七匹の子やぎ」で、狼が子やぎを食べる寸前に絵本を動かして、狼が飛び出すような感じに見せる。また「三匹の子ぶた」で、家が飛ばされる場面は、絵本を揺り動かすとイメージしやすい、等。

紙芝居上演との類似点と相違点

以上のような留意点を見ると、手話を使った絵本読み聞かせ（読み語り）は、紙芝居の上演とよく似ていることに気づく。①の譜面台などを使うのは、紙芝居における木枠の舞台に対応するし、④は紙芝居において、画を抜く速度を変えたりゆらしたりしておこなう「抜き」の技法に対応する。

一方、紙芝居と手話による絵本読み聞かせとの違いは何かと問うてみると、それは言うまでもなく音声言語の有無である。紙芝居のように、声の強弱や声色の変化によって聞く者の心の集中や弛緩を導くことができないため、その部分を手話と身ぶりの表現で補っていかなければならない。吉本さんの報告の中で、「表現を切り替えるタイミングを考える」「手話・身ぶりの位置、方向、移動をはっきりする」

「視線の方向に注意する」「喜怒哀楽をはっきりと表現する」といった指示がされているのもうなずける。

彼はさらに、「手話による読み聞かせを家で、家族と一緒に楽しみたい」という保護者の要望に応えて「お話ビデオ」を作成し、「三匹の子ぶた」「かさじぞう」「ガリバーの冒険」など一〇作品を収録して配布された。これは家庭でのコミュニケーションのきっかけになり、保護者の手話学習にも効果的だという。

ただし、「子どもと対話しながら読み進められるところが、生《なま》の読み聞かせの良さ」だと吉本さんは述べておられる。手話を使って、「子どもと対話しながら」読み進めるというのは一体どんな具合なのだろうか。日を改めて、手話による絵本読み聞かせを実際に見せていただくことにした。

小学部「ろう読会」参観

同年九月下旬、再び奈良県立ろう学校を訪れた。この日は同校の保護者有志によって二〇〇八年一二月に結成された「ろう読会」が月一回、校内でおこなっている手話による絵本読み聞かせの上演日だった。三名でスタートしたこの会は、二〇一八年現在一〇名が会員登録し、練習と本番を月一回ずつおこなっているという。

昼食後の休み時間を利用した約一五分のプログラムで、この日は小学部一年生から六年生までの約二〇名が一室に集まり、三名のメンバー（いずれも女性、一名がろう者、二名が聴者）が読み聞かせをおこなった。

一冊目は、世界のさまざまな場所にくらす子どもたちの通学風景を紹介した写真絵本『すごいね！みんなの通学路』（ローズマリー・マカーニー、西村書店）、二冊目は、髪の毛を切るのがイヤなこんもりくんの、もじゃもじゃ頭のなかに隠れていた不思議な世界を描いた『こんもりくん』(山西ゲンイチ作、偕成社)で、それぞれ聴者のIさんとKさんが読まれた。また三冊目は、おまじないによって、くさびら(きのこ)がどんどん増殖していく『狂言えほん　くさびら』(もとしたいづみ・文、竹内通雅・絵、講談社)で、ろう者のYさんが読まれた。

私にとってはじめての手話による絵本読み聞かせだったが、二人の聴者の方は、絵本に書かれた文章を誠実に手話に翻訳して伝えているという感じで、きっちりとした印象を受けた。一方、ろう者のYさんは実にダイナミックで躍動的だった。翻訳ではないネイティブの「語り」だった。そしてその圧倒的な迫力に引き寄せられるように、子どもたちも明確な音声言語ではない「声」と、手話や身振りで自らの感情をエネルギッシュに表現していた。そのやりとりは、実際には音声言語ではないにもかかわらず、「語り」の場に互いの「声」が飛び交っているようだった。これが「手話で対話しながら読み進める」ということなのだと気づかされた。

この後、「ろう読会」の皆さんに少しお話をうかがった。月に一回の読み聞かせ会の対象は小学生のみだったが、昨年から幼稚部でもおこなうようになったこと。参加は自由で、低学年が多いこと。これまでに紙芝居を上演したこともあり、また中高生を対象に手話で落語を演じて好評だったそうだ。

この会を続けて来られた原動力となったのはやはり、興味深く「聞いて」くれ、終わった後に「もう一回やって！」とリクエストしてくれる子どもたちの「声」だという。日本語に自信がないためか、ろう者の「読み手」が少ないので、今後もっと多くのろう者の保護者たちに、この会に関心を持ってもらい、「読み手」としても参加してもらいたい、とのことだった。

幼稚部「おはなしタイム」参観

保護者たちによる、この「ろう読会」の活動の他に、同校には前述の吉本さんによって幼稚部で始められた手話による絵本読み聞かせ会「おはなしタイム」があり、毎週水曜日の午後一時から約二〇～二五分、幼稚部の教師が「読んで」いる。現在、この活動を中心となって進めておられるろう者の教師・小林由季さんによれば、保護者たちの「ろう読会」が絵本を「読む」楽しさを味わってもらうことを主眼としているのに対して、「おはなしタイム」の方は楽しさだけでなく言語指導という教育目的も併せ持った活動だという。

こちらの活動もぜひ見せていただきたいとお願いして、同年一〇月末、三たび同校を訪れた。午後一時に到着し幼稚部へと案内された。ちょうど昼食後の昼休みで、園児たちは外で元気に遊んでいた。人工内耳の子もいれば補聴器の子もいる。難聴のレベルはさまざまで、また他の障がいも複合的に持っている子もいるようだが、活発に遊んでいる彼らの様子や表情は聴者の幼稚園と全然変わらなかった。

やがて年長組の「あお1組」の教室に幼稚部の子どもたち一九名全員と六、七名の先生が集合し、午後一時一五分、おはなしタイムが始まった。

この日のプログラムは次の通り。

①手遊び「一本指」(リード：滝川先生－聴者)「一本指　一本指　鬼になっちゃった／二本指　二本指　とんぼになっちゃった／……／五本指　五本指　おばけになっちゃった」

この後、「五本指でできるものって他に何がある？」と先生が質問すると、「クモ」「蝶々」「ペンギン」「ひょっこり覗く」「投げる」「あとで」などの答えが次々と子どもたちから発せられた。「ひょっこり覗く」や「あとで」といった答えは手話を使うろう者の子どもならではだろう。
②「絵本の歌」(リード：滝川先生)「えほん　えほん　ぱちぱちぱちぱち　うれしいおはなし　かなしいおはなし　しーしーしーしずかにききましょう」。毎回はじめにこの歌を全員で歌っているそうだ。
③絵本『グリム童話集より　金のがちょう』(読み語り：岩下先生－聴者)
手話と口話の両方で語られたが、がちょうに触った者は手が離れなくなり、次々とつながっていく場面は、特に大きなジェスチャーを交えて語られ、子どもたちも笑い転げながら「聞いて」いた。読み終えると、先生は子どもたちに感想を求めた。みんなの前に進み出て発言する。「行列が長くなったところが面白かった」「金のがちょう、大きくなったなあ」……。口話が聞き取りにくい子は先生が補助を務め、ほぼ全員が手話や口話で発言した。あっという間の一五分だった。

小林さんへのメールインタビュー

この日の帰り、二〇一八年度四月～一二月におこなうおはなしタイムで読む絵本リストのコピーをいただいた。リストを見ると、全一五冊中、日本の昔話が六冊(「猿地蔵」「一寸法師」「舌切り雀」「浦島太郎」「おむすびころりん」「かもとりごんべえ」)、ヨーロッパの昔話が八冊(「赤ずきん」「うさぎとかめ」「金のがちょう」「大きなかぶ」「狼と七匹の子やぎ」「ブレーメンの音楽隊」「小人と靴屋」「白雪姫」)あった。

小林さんにメールで質問し、次のような回答をいただいた。

Q．昔話を積極的に選んでおられる理由は何ですか？
A．昔話に親しんで欲しい、知っていて欲しいという教師側の意図によるものです。例えば、聞こえない子どもたちが大人になった時に「桃太郎がね。」という話題になった時に、話題を共有できるようになって欲しいという理由からです。また、最近の本屋では最近の絵本が出ていることが多く、保護者の方もそれを選ぶ傾向があるので、学校ではそうでないものを意図的に読もうということもあります。

Q. おはなしタイムに対する保護者の方の感想や要望にはどのようなものがありますか。家でも絵本をよみ合ったり、紙芝居を演じたりされているのでしょうか？

A. 家庭にもよりますが、繰り返し読んでいる絵本であれば、子どもも読み手になったりする家庭もあると伺っています。また、絵本の読み合いではないですが、大人が読んでおられる家庭もあります。

Q. おはなしタイムの活動を実践してよかったと思うことは何ですか？

A. 絵本を楽しみにしてくれる子どもが増えてきて、給食の時に「今日はおはなしタイムがあるね」と話しかけると、「誰が読んでくれるの？」「どんなおはなし？」と聞いてくれるようになりました。

奈良県立ろう学校において、保護者たちと教師たちが、それぞれの立場で、手話を使った民話絵本の読み聞かせをおこなっている様子を見てきた。取材を通して、民話が手話を学ぶための格好の教材となることや、お話の世界を語り手や他の聞き手と一緒に楽しむための打ってつけの道具となることが分かってきた。

その楽しさは、聴者の聞き手とも共有できるものであるに違いない。ろう者も聴者も一緒に、手話を用いた民話語りを楽しむ機会が持てるといい。これを夢想に終わらせないためにはどうすればいいか考えていきたい。と同時に、自分でも手話を使ってろう者の方がたとコミュニケーションが取れるよう、少しずつでも手話を学び、使っていこうと今、思い始めている。

3　大阪ろう難聴就労支援センター理事長・前田浩さん

前田浩さんへのインタビュー

昨年（二〇一八年）一二月と今年（二〇一九年）一月、前節で紹介した奈良県立ろう学校教諭の吉本努さんのご紹介により、前田浩さんにお話を伺う機会を得た。前田さんは、長年ろう者の教員として大阪市立聾学校に勤務する傍ら、全国聴覚障害教職員協議会初代会長を務め、現在はＮＰＯ法人「大阪ろう難聴就労支援センター」の理事長として働いておられる。第三章第1節で紹介したハーラン・レイン『手話の歴史』（二〇一八年）に寄せた詳細な解説からも分かるように、日本および世界のろう教育や手話の歴史に精通しておられる方である。

インタビューは二回とも同就労支援センターでおこなった。前田美智子さん（前田さんのお連れ合い、大阪府立生野支援学校教諭）に手話通訳をお願いし、また一回目は前述の協議会第三代会長の堀谷留美さん（ろう者、大阪府立中央聴覚支援学校教諭）、二回目は堀谷さん、吉本さん、森井結美さん（奈良県立ろう学校教諭）にもご同席いただいた。

本稿は、二回のインタビューの内容に、前田さんから戴いた情報等を加えて筆者が作成した草稿に、前田さんご自身に加筆修正をしていただいたものである（＊前田さん以外の方の発言は末尾に氏名を付して太字で記す）。

前田さんのプロフィール

前田浩さんは一九五三年、大阪市生まれ。ご両親は聴者で、その教育方針は「口話法」だった。大阪市立聾学校で幼稚部から小学部六年まで学び、そこで手話を覚えた。もともと手話推進の歴史のある学校であったため、手話そのものは使われていたものの、口話法が一世を風靡していた中で手話使用制限の教室も多かったそうだ（＊山本おさむ『わが指のオーケストラ』全四巻、秋田書店、一九九一～一九九三年参照）。

子どもの頃、「桃太郎」「わらしべ長者」「ぶんぶく茶釜」などの昔話は本で読んだ。小学四年生の時、宮沢賢治「銀河鉄道の夜」を読み、また「風の又三郎」「セロ弾きのゴーシュ」等も読んで賢治に魅了された。活字文化にのめりこみ、岩波の『漱石全集』も読んだ。地域の中学・高校での疎外感の中で、「三四郎」のマドンナに憧れる主人公に自己投影し、「ストレイシープ（迷える子羊）」を実感したという。

同志社大学法学部を卒業し、大阪教育大学大学院（障害児発達学専攻）を修了後、一九八三年、母校である大阪市立聾学校に赴任した。

手話による語りの実践の歴史

以下、前田さんの語りである。

大正終わり頃、大阪市立聾学校の高橋潔校長が絵本を使って手話で子どもたちに語り聞かせをしたという記録が残っている。「桃太郎」「安寿と厨子王」など。高橋の後継者の何人かがおこなっていた可能性はあるが、きちんとした記録はなく伝聞の域を出ないそうだ。

これに対して、奈良県立ろう学校の吉本さんたちの取り組みは、相当の年月がたっているが、一九八〇年代以降の「分かりやすい授業作り」の上で手話が必要との認識が高まる中でおこなわれたもので、他の数校のろう学校も取り入れた意味でも先進的なものである。全国で初めて幼稚部にろう者の教諭を採用し、絵本の読み聞かせも含めて、手話による教育を積極的に取り入れ、継続しておこなっている奈良県立ろう学校の取り組みは、当時、全国的にも貴重な取り組みであった。

今日の主な実践例

手話による絵本読み聞かせの実践は、一九八〇年代以降増えつつあるけれども、全てのろう学校・聴覚支援学校で取り組まれているわけではない。前田さんが把握している、手話による絵本読み聞かせの主な実践例は次の通り。

〈個人・福祉〉

・大阪府吹田市　坂本久美（ろう者）：「人の輪と心を育むひまわり教室」主宰、乳幼児の親子コミュニケーション支援活動の中でおこなう。

・吹田市　藤岡扶美（難聴者）：てのひら講師・手話うたパフォーマー。

・物井明子（元ろう学校教師、精神保健福祉士）：大阪市乳幼児支援「こめっこ」、京都市乳幼児支援「にじっこ」の活動の中でおこなう。

〈学校〉

今日、ろう学校・聴覚支援学校での絵本の手話による読み聞かせ・手話での民話語りは広がりを示している。以下、実践している学校を一部だけ紹介する。

・埼玉県立特別支援学校大宮ろう学園および坂戸ろう学園
・東京　私立明晴学園（＊二〇〇八年開設、日本語と手話のバイリンガルろう教育を実践。同学園ＨＰ「幼稚部」の項目に「絵本の読み聞かせ・製作活動」の様子が紹介されている。）
・山梨県立ろう学校
・奈良県立ろう学校
・徳島県立聴覚支援学校

手話による絵本読み聞かせのポイント

手話による絵本読み聞かせの一番のポイントは語り手と聞き手の共通言語が手話であるということ。暗黙の前提として、聞き手の中に、自分たちの持っている言葉が手話であることへの安心感が生まれる。読み手との間のラポール（信頼関係）、共感が生み出す小さな宇宙がある。安心感があるから子どもたちも身体を動かしたり声を出したくなったりして「対話」が生まれる。吉本さんの場合、表情豊かで足も使う。だから子どもたちはより一層物語の世界に引き込まれるのだろう。

幼稚部配属となってから実践をおこなってきたが、対話的な語りを心がけてきた。子どもたちとの対話を通して読みきかせている。

（吉本）

民話を手話で語り聞くことの意味

リテラシー（文字の読み書き）教育は、聞こえる、聞こえないに関わらず力を入れていかなければならないことだが、ろう学校では特に重要だ。ただ普通のプリント学習だけでは日本語が嫌になり、アレルギーの子どもが出てしまう。絵本は日本語へといざなうツールとなる。

絵本の多くは話し言葉で成り立っているが、学校の教室では書き言葉で学ぶことが多く、ろう者の子どもは耳から入ってくる話し言葉が入りにくい。しかし、絵本を通して話し言葉の世界に導くことができる。

また昔話の絵本にはしばしば非日常の世界が描かれており、こわいとかおもしろいとか感じながら、物語の魅力や魔力に引き込まれることができるという点にポイントがある。絵本の読み聞かせは、子どもたちを話し言葉の世界の入口に立たせる役割を担っている。

さらに、共通の昔話や絵本作品を読んでもらうことで、聴者の子どもとろう者の子どもが共通の物語体験、文化の継承をしていける点も重要だ。

ろうの子どもを持った母親の気持ち

私の母は聴者だが五〇歳を過ぎてから昔話の語り部の活動を始めた。昔のろう学校は手話を使わなかったし、先生も両親も手話ができなかった。母は、きこえない私にも自分の声で読み聞かせをしてみたかったにちがいない。今、母は失われた年月を取り戻そうとしているのかもしれない。（堀谷）

聴者の母親にすれば、ろうの子どもに自分の肉声を伝えることができないもどかしさがある。本当なら、早い時期に手話を学んで、子どもとコミュニケーションをとれるはずだったが、時代状況がそうさせなかったのだろう。

字幕をめぐって

若い頃、中之島の映画館で『アラビアのロレンス』や『風と共に去りぬ』等、名画三本立てでよく観に行った。当時三五〇円だった。字幕を読んで、話し言葉を自然に学んだ。また、コミック『じゃりん子チエ』で大阪弁の世界をリアルに体験できた。

一九八九（平成元）年、初めてアメリカに行ったとき、テレビでパンパースのコマーシャルを見た。赤ちゃんが泣く声、母親がパタパタと音を立てて走る音、紙おむつの入った袋をバリッと破る音、すべてに字幕が付いており、衝撃を受けた。また、カルピスのコマーシャルも見たが、「カルピスは初恋の味」というナレーションがついていることを、アメリカのテレビの字幕を見て初めて知った。日本のテレビCMには字幕がなく、海を渡って異国で初めてそのCMの意味を知ったことに、情けない思いと怒りを感じていた自分を思い出す。

アメリカの場合、多民族国家で多言語が用いられているため、英語を普及させるという言語政策上の要請もあり、英語字幕をつける必要があると聞いたことがある。字幕製作関係予算には政府からの補助も出る。

一二年ほど前（二〇〇七年頃）、全日本ろうあ連盟と全日本難聴者・中途失聴者団体連合会との共催で「字幕シンポジウム」が大阪で開かれた。そこでは、テレビCMに字幕を付けないのは、企業側がろう者を消費者と見なしていないからではないかという辛辣な意見も出ていた。

一五年ほど前（二〇〇四年頃）、読売放送局で民放労連のトップ役員と話し合う機会があり、放送局の側から言われたこととして、視聴者から「字幕を付けると目障りだ。野球中継で画面の右の下の所にある、得点やカウントの表示が、字幕で隠れてしまう」といった苦情がかなり来るのだそうだ。マイノリティ（社会的少数者）として、ろう者当事者サイドから字幕の必要性をもっと訴えてほしい、と逆に言われた。

また、入力上の技術的な問題もあると言われた。英語の場合、二六文字をそのまま入力するので簡単だが、日本語の場合、漢字変換やカタカナ変換があり、句読点も必要であり、大変手間がかかる。英語入力と同じようには考えないでほしいと。ただ、今では翻訳機械の技術も向上しているので、変換速度や正確度もよくなってきている。

その頃は『まんが日本昔ばなし』にも字幕はついていなかった。今だったら字幕をつけて放映してもらったら「やまんば」の話など、ろうの子どもも楽しめるだろう。

インクルーシブ教育とダイバーシティ

Q．「インクルーシブ」は「包摂」「包括」と訳されるが、少数者が多数者に包摂されることにより、少数者の独自性が失われ、多様性を阻害する危険性がある。これに対して、手話による民話絵本の読み語りは、ろう者の文化と聴者の文化の差異性と共通性を知る絶好の機会となる。「インクルーシブ」を乗り越えた「ダイバーシティ（文化的多様性）」の理念を体現するものになるのではないか。

（鵜野）

A.「インクルーシブ」に関しては二〇年ほど前に出された「サラマンカ宣言」があり、ここにはダイバーシティに配慮するよう明記されている。（＊サラマンカ宣言は、一九九四年にユネスコとスペイン政府によりサラマンカで開催された「特別ニーズ教育世界会議」で採択されたもので、教育は障がい児を含むすべての児童の基本的権利であると認め、教育制度をインクルーシブなものとし、すべての児童の多様性を考慮して策定することを求めている。）

（前田）

ただし、実際には「猫も杓子もインクルーシブ」という面があるのも事実で、ろう者の子どもを聴者の子どもと一緒に学ばせることに固執するあまり、ろうの子どもがわかる授業を受け、手話やろう文化の独自性を学び、自尊感情をもって育っていく環境が奪われている側面もある。ろう学校の存在意義を教育関係者はあらためて認識すべきではないか。

手話による昔話の語りの実践は、手話言語と音声言語というメディアの違いを越えて日本の昔話という共通の言語文化を共有することができるはずだ。

言語文化として手話を学ぶ

関西学院大学には手話研究センターがあり、ろう者が講師として教えている。國學院大學、日本福祉大学、四国学院大学、梅花女子大学などでは第二外国語として手話を学ぶことができる。その一方で、手話の言語学上のアプローチはまだまだ発展途上にある。

手話は様々な場面でも表現できる。抽象的な概念を表現することも細やかな心理描写もできる。いわゆるジェスチャーとの違いはこの点にある。しかし、手話が言語として認知され、さまざまな生活場面で尊重されたり、諸法規に手話通訳が位置づけられたりするようになったのはごく最近であり、今日、日本各地で「手話言語条例」制定の動きが活発になっている。手話の市民権は、ろう者の市民権そのものであり、ろう者と共に生きる人たちの願いでもある。（前田さんの語り、以上）

日本昔話学会シンポジウム

二〇一九年七月六 - 七日、日本昔話学会二〇一九年度大会が大阪市立大学（＊当時の名称、現在の大阪公立大学）杉本キャンパスでおこなわれた。七日午後シンポジウム「昔話伝承とダイバーシティ」において、前田さんに「手話による民話絵本の読み聞かせの歴史的背景と意義」について話題提供をしていただき、また吉本さんに実演をしていただいた。

本大会には会員以外の方も多数参加され、手話という豊かな言語文化による語りの世界を体験していただくとともに、ダイバーシティを尊重しつつ、ろう者と聴者が共生していく上で大切なことは何かについて、一緒に考えていく機会となった。

4 「ひまわり教室」と手話うた

「ひまわり教室」訪問

今年（二〇一九）三月、大阪府吹田市の北大阪急行「江坂駅」にほど近い「人の輪と心を育むひまわり教室〜聴覚障がい児者支援室〜」（以下「ひまわり教室」）を訪問した。

迎えて下さったのは、この教室を主宰する坂本久美さんと西村則子さん。坂本さんは中途失聴者で、西村さんは聴者だが、二人は吹田市立吹田第二小学校（以下「吹二小」）の元同僚教師で、長年にわたって聴覚障がい児と健聴児がお互いを理解し認め合って共に育っていくための教育実践に取り組んで来られ、退職後「ひまわり教室」を開設してこの年で一〇年目になるという。

二人とも教室の名前「ひまわり」にふさわしい笑顔のすてきな方で、また、こちらの心にスッと寄り添うしなやかさも持ち合わせておられる。初対面にも関わらず、インタビューの時間はあっという間に過ぎていった。

中途失聴者の小学校教師

坂本さんは小学校教師だった三〇歳の時に突発性難聴から聴力を失った。補聴器をつけても「ガーガー」という音だけで、太鼓のような低い音以外は、自分の声すら聞こえなくなった。教師を続けることができるか不安だったが、習字と図書の専科教師として勤務できることになり、一九八五年頃、吹二小に赴任する。

吹二小は一九八〇年に吹田市ではじめて難聴学級を開設し、聴覚障がい児への教育支援に力を入れていた。西村さんは当初からこれに関わり、はじめは読話（読唇）と発話からなる「口話法」とキューサイン（「口の形＋手」で一音一音伝えるもの）を使って指導をしていたが、卒業生のことばをきっかけに手話の重要性に気づく。手話を学習し、手話中心の教育へと転換していこうとしていた、そんな矢先に坂本さんが同校に配属されて来た。

「手話だけで呼んで！」

坂本さんは、「聞こえない世界のすばらしさを伝えられる教師になろう」と、毎時間の授業の中で手話を使った。授業のはじめに手話で全員の名前を「呼んだ」。最初は声と手話と両方使っていたが、子どもたちに「手話だけにして、出席番号順ではなくバラバラで名前を呼んで」とリクエストされた。誰のことかを推理するゲーム感覚で、手話を楽しんでいたのだろう。

坂本さんは、子どもたちへの発問を授業の一番のポイントにするとともに、授業の感想を全員に手話で発表してもらった（「楽しかった」「よかった」「普通」「むずかしかった」等）。その結果、多くの子どもたちが「手話は楽しい」と感じてくれるようになった。また耳が見える髪型にして補聴器を見せることで、聴覚障がいの子どもたちに自信を持つよう身をもって示した。

坂本さんのそうした姿勢は、子どもたちだけでなく同僚の先生たちの意識も変えていった。当初は職員会議でも西村さんが常に手話通訳をおこなっていたが、次第に他の先生たちも、ジェスチャーや筆記などを総動員して、直接会話しようと努めてくれるようになっていった。そして当時流行していた「サルの反省」ポーズを職員朝礼である先生がして、初めて一緒に全員で笑った瞬間に、「皆とつながった」と坂本さんは実感できたという。

「ひまわり教室」の活動

教室の活動は次の三本柱からなる。

①聴覚障がい児の保護者支援
②聴覚障がい児者の当事者支援
③ろう者社会と聴者社会の架橋

また二〇一九年度の具体的な活動は次の通り。

・「ママパパひまわり」（年三回）…聴覚障がい者の体験談を聞く。
・「おやじの会」…おとうさんと鍋を囲む。
・「難聴学級の卒業生のひまわり会」（年三回）…高校生以上が参加する同窓会
・聴覚障がい教職員学習交流会…会話の壁を破る模擬授業や実践レポート・課題解決の交流
・「先輩の話とレク交流会」…小四以上・中・高校生企画
・特別企画パパママ《リトミック・手話うた・てのひらえほん》
・「聞こえないってどんなこと？　伝え合う楽しいコミュニケーションを」出前講座・研修会

・聴覚障がい児や保護者の相談支援（随時）
・「ふうちゃんのてのひらえほん」（毎月第三水曜日）…手話と声で楽しむ絵本のよみ聞かせ

藤岡扶美さんのプロフィール

坂本さんと西村さんへのインタビューに、途中から藤岡扶美さんも加わって下さった。藤岡さんは難聴者、三人のお子さんも難聴で、当初はお隣りの豊中市に住んでいたが、吹二小の聴覚障がい児支援教育が素晴らしいという話を聞き、吹田市に引っ越して同小に子どもたちを通わせるようになり、坂本さんや西村さんと出会う。二人との出会いが、難聴者としての自分を受け容れ、前向きに生きていくよう背中を押してくれたという。

藤岡さんは、母親たちの絵本読み聞かせボランティアの活動に参加し、子どもたちの卒業後は、手話をつけた読み聞かせを始めるようになる。「ひまわり教室」を最初は練習場所として利用していたが、やがて聴者とろう者・難聴者が一緒に絵本を楽しむ場となり、現在では「ふうちゃんのてのひらえほん」としてこの教室で月一回、声と手話でよむ絵本の時間を開いている。また、大阪府立中央聴覚支援学校や生野聴覚支援学校でもＰＴＡ手話教室講師や絵本読み聞かせをおこなっている他、「手話うたパフォーマンスコンサート」を全国各地で開催している。

「ふうちゃんのてのひらえほん」

この年（二〇一九）の五月、「てのひらえほん」の会に途中から参加させていただいた。当日の参加者は、坂本さん、西村さんを含めて十数名、そのうち男性は二人、聴覚障がい者は坂本さんと藤岡さんも含めて四名、また全員が絵本や手話に関心を持つ、この会常連の中高年の方がただった。

私が到着した時はちょうど、藤岡さんがいもとようこ『かぜのでんわ』（金の星社）を読んでおられるところだった。岩手県大槌町に実在し、東日本大震災後にわかに注目された、「向こうの世界」にいる人とつながるための「風の電話」を題材にした動物絵本で、藤岡さんは声と手話の両方を使って、しっとりと、感情過多にならず淡々と読んでいかれた。目頭を押さえて聞き入る人も見受けられた。「音」や「声」を通してのつながりをテーマとするこの作品を、ろう者の方がたはどんなふうに受けとめておられるのだろうか。いつかお聞きしてみたい。

次に読んだのは、くせさなえ『しゅわしゅわ村のだじゃれ大会』（偕成社）という、手話の学習にもなる「ダジャレ遊び」の参加型絵本で、参加者の皆さんは藤岡さんの手話を真似しながら大きな声で体を揺すって笑っておられた。

「サトシン訳　はなさかじいさん」

それから、私が昔話を研究していることにちなんで、藤岡さんが個人的なおつきあいもあるという絵本作家サトシンが作詞・プロデュースして歌っている「花咲か爺」を、手話をつけて歌って下さった。「うらのはたけでポチがなく〜」で始まる唱歌版ではなく、河野玄太作曲のJ‐ポップ風のリズミカルなメロディーに乗せた、次のような歌詞のもの。「かれた　こころに　みはならず／こんやもさかせましょう！／はなさかじいさん〜！／しょうじきじいさん　ポチつれてさ／はたけにいって　みたところがさ／ここほれわんわん　ここほれわんわん／ほってみたらば　こばんが　ざっくざっく／しょうじきじいさん　よろこんだ　よろこんだ」。

この歌はCDアルバム『サトシン訳　一曲でわかる日本むかしばなし』（King Record Co. Ltd., 2017）に収録されている。このCDには、他にも「鶴の恩返し」「桃太郎」など全部で一〇話の日本昔話が「ネオジャパネスク」「レゲエポップ」「ヘビーメタル」などの曲調にアレンジされて収められている。藤岡さんは自身の活動でこの「サトシン訳」昔話のうたを積極的に取り上げている。今の子どもたちにもっと昔話に慣れ親しんでほしいからだという。

私も早速このCDを取り寄せて視聴してみた。お手玉やまりつきに似合う「ぴょんこ節」のリズムの文部省唱歌版に慣れ親しんだ世代にとっては、こんな歌では日本の原風景が台無しだと嘆かわしく思われるかもしれない。けれども唱歌版を知らない世代にとっては、昔話の持つ破天荒でエキセントリックな特性を引き立ててくれる音楽として小気味よく聞こえるのではないだろうか。

最後に藤岡さんは、参加者のリクエストが一番多かった『ろくべえまってろよ』（灰谷健次郎・文／長新太・絵、文研出版）を手話つきで読んだ。ハラハラドキドキしながらもハッピーエンドとなる物語に、参加者の皆さんは満足そうに微笑んでおられた。以上でこの日はお開きとなった。

ろう者は全身の皮膚で聞いている

藤岡さんのブログを見せていただくと、その肩書は「手話うたパフォーマー」とある。彼女は全国各地で「手話うたパフォーマンスコンサート」を開催しているが、このコンサートには、聴者もろう者（難聴者を含む）も観客として参加しているという。

聴者とろう者、それぞれこのコンサートをどのように楽しんでいるのだろうか。そもそも、ろう者にとって、うたは聞こえないはずなのに、コンサートを楽しむことができるのだろうか。「てのひらえほん」の会の後、坂本さん、西村さん、藤岡さんに残っていただき、失礼な物言いとなりかねないことを危惧しながら、あえてこの点について質問してみた。

すると、皆さんの答えは、ろう者はうたや音楽を「耳」で聞くことは難しいが、「身体」で聞くことはできるということだった。私なりに解釈してみよう。「鼓膜」で空気の振動をキャッチするのは難しいけれど、「身体の皮膜」でキャッチすることはできる。特に足の裏では、ズン、ズン、という重低音を聞き取ることができるという。確かに私自身、あるコンサート会場で巨大なスピーカーの前の席に坐った時、最初に発せられた大音響が全身を貫いていく感覚を覚えた経験がある。さらに言えば、難聴となったベートーベンがピアノの共鳴板に耳を押し当ててその振動を聞き取ろうとしたという有名な逸話も、空気の振動をキャッチする身体の「皮膜」が決して「鼓膜」だけではないということを示す証左なのではないだろうか。

ろう者のための四つの工夫

坂本さんが、藤岡さんの「手話うたコンサート」において、ろう者が楽しめるように凝らされている「四つの工夫」を挙げて下さった。そのうちの一つが今述べた「身体の皮膜」で音をキャッチできる「抱っこスピーカー」を希望者に貸し出すことである。私も体験させてもらったが、腕と上半身の「皮膜」で空気の振動をキャッチして、「身体で聞く」ことができた。

それから二つ目は手話でうたうこと、三つ目はスクリーンに歌詞の字幕を映し出すこと、そして四つ目はスクリーンに映像を映し出すことだという。これらのうち、二つ目と三つ目は言語情報を提供するという効果があることは一目瞭然だが、最後の「スクリーンに映像を映し出す」ことにはどんな意味や効果があるのだろうか。

音の共感覚

文化人類学者・川田順造の『聲』（ちくま学芸文庫、一九九七年）に「音の共感覚」という概念が出てくる。「共感覚［synesthesia］」とは「声も含めたさまざまな表出・感受領域のあいだの照応」（六五頁）と定義されているが、具体的には、視覚や触覚や嗅覚や味覚としての感覚を、聴覚としての感覚に変換して受けとめるというもので、例えば太陽の光が「ぎんぎんぎらぎら」、かき氷を食べた時の冷たさが「キーン」、香水の匂いが「プーン」、唐辛子を口にした時の「ピリピリ」、こういった「音」として表現されることを指す。つまり五つの感覚神経がそれぞれバラバラに働いて情報をキャッチするのではなく、連動し協力し合ってキャッチした結果、たくさんの擬声語や擬態語が作り出されているのである。

ここから仮定されることとして、「手話うたコンサート」の中でスクリーンに映し出される映像は、単なる視覚情報にとどまらず、「共感覚」として聴覚にも、また時には触覚や嗅覚や味覚にも働きかけているのではないか。そして同じ映像から、観客それぞれが自身のそれまでの経験に基づいた、異なる「音」や「肌合い（温度感覚）」、「匂い」や「味」を心の中に立ち昇らせているのではないだろうか。こうして観客は「共感覚」を発揮させて、映像が発する「音」を受けとめている、そんな解釈も成り立つだろう。

ろう者と聴者が共に楽しめる場に

「四つの工夫」は聴者に対しても効果を発揮する。「音」は耳（鼓膜）だけでなく全身の皮膜を通してキャッチするものであることを体感させてくれると同時に、自分の中に眠っていた「共感覚」を目覚めさせてくれる。また、手話という身体的言語を、視覚を通して受けとめることで、一つひとつの言葉が持っているイメージをより豊かに感じとることができる。

そして何よりも大きな楽しみは、うたが描く物語世界をろう者と共有することができることだろう。ろう者と聴者が、手話うたを通してつながるということ、それは藤岡さんがコンサートを開く一番の目的に他ならない。多くの方にぜひ体感してみていただきたい。

5　かたりの文化としての手話研究の動向

一昨年（二〇一九年）六月配信の「対人援助学マガジン」に前節のエッセイを寄稿してから二年余りが過ぎた。この間、コロナ禍の下、フィールドワークができなかったこともあって、研究を先へと進めていくことができずにいたが、ここ一ヵ月ほどの間に背中を後押ししてくれる出来事が立て続けに起こり、再始動させたところである。本節ではこれらを順に紹介しながら、現在の問題関心と今後の展望についてまとめておきたい。

民博共同研究の中間報告

今年（二〇二一年）七月、国立民族学博物館の共同研究の定例会がオンラインで開催された。「グローバル時代における《寛容性／非寛容性》をめぐるナラティヴ・ポリティクス」と題するこの共同研究は、二〇一八年一〇月にスタートし、二〇二一年度いっぱいおこなわれるプロジェクトで、人類学、民俗学、歴史学、文学、社会学、心理学などの専門家十数名が参加する学際的な取り組みである。

最終年度となる今年度の活動は、研究成果としての論文集出版に向けての各自の報告が中心となる。この日、私も仮題目と目次案を報告した。仮題目は「多文化共生社会を志向するナラティヴ・パフォーマンス――手話による民話語りと在日コリアンのパンソリ演唱」で、目次案は以下の通り。

Ⅰ．研究の動機・目的・方法と基本概念の整理
Ⅱ．日本におけるマイノリティが抱える説話伝承活動の困難さ
Ⅲ．二つのマイノリティ（ろう者、在日コリアン）におけるナラティヴ・パフォーマンス
Ⅳ．二つのマイノリティの「語りの文化」が保持する固有性と、マジョリティの「語りの文化」との共通性・連続性
Ⅴ．架け橋としての《あわい》存在：コーダ、ミックス（ハーフ）、在日、移民・避難民、留学生、技能実習生等
Ⅵ．結びに代えて：多文化共生社会の実現に向けてナラティヴ・パフォーマンスが果たしうる機能

ろう者を社会的マイノリティと規定し、手話を用いた絵本よみ語りをはじめとするナラティヴ・パフォーマンスをマイノリティの保持する伝承文化として捉えることによって、ろう文化の意義を、従来の障がい者福祉学や手話言語学の視点からではなく、人類学の視点から説いていくこと、在日コリアンのパンソリ演唱活動と対比させ両者の共通性を指摘することで、立論をより明確にすること、それらがこの論文の眼目となる予定だが、原稿提出締切の来年三月末まで、試行錯誤が続きそうだ。（＊付記…最終的に、事例をろう文化に絞った形でまとめた。この論文集は二〇二三年度中に刊行される予定。）

台湾の手話絵本

今年（二〇二二年）八月、第一五回アジア児童文学大会が韓国・大邱コンベンションセンターで開催され、オンラインで参加した。研究発表の中で、台湾の張素卿さんの「子供の多様性に富んだ台湾オリジ

ナル絵本における文化権の実践――分野を越えた四也文化出版社の合作出版を事例として」が特に面白かった。

二〇一九年一一月、台湾で初めてとなる「聴覚障害児」をテーマに健聴者（ママ）とろう者が合作した手話絵本『小熊在哪裡？（くまさんはどこ？）』が出版された。くり返し文や探し物ゲームの形式を通じて、ページをめくりながら「家族名称」の手話を紹介している。ろう者家庭または健聴者家庭が、「ろう児が世界と共存している方法」・「ろう児の言語（手話）」でコミュニケーションを行い（ママ）、ストーリーを読み進めると同時に「手話」という言語を学習していくことが期待されている。絵本では、例えばドアベルライトや振動式目覚まし時計といった、実際の「ろう文化」における生活環境や習慣を垣間見ることができる。

出版に続く演劇イベントでは、ろう児と健聴者の子どもが直接その場で手を取り合い、友達への一歩を踏み出した。手話絵本二冊目となる『小熊菜市場（くまさんマーケット）』では、直接「手話」を「ろう児」が主役の物語や挿絵の中に取り入れることで、「ろう児」と「手話」をテーマにすることを可能にした。さらに、現実世界にある大人たちが中心となっているマーケットと、子供たちの想像世界における「あらゆる種類のくま」が作り上げる「くまさんマーケット」という二種類が交錯する面白さを作り出すことに成功した。（発表論文集から）

①聴者とろう者の合作による手話絵本の出版とそれに続く演劇イベントが以上のように紹介された後、

②小児がん基金と出版社が垣根を越えて合作した「六歳以下の小児がん患者」のための冒険しかけ絵本

『小綠人、我好愛你喔！（みどりくん、アイラブユー！）』（二〇二〇年）の出版、③台湾の先住民族であるブヌン族の作家、乜寇・索克魯曼（Neqou Sokluman）が、ブヌン族の伝統狩猟文化をモチーフに作成した絵本『我的獵人爺爺達駭黑熊（僕のおじいさんは狩人ダーハイグマ）』（二〇二〇年）の出版とその舞台劇化が紹介された。発表者の張さんは、三者の共通点は社会的マイノリティの「文化権」を主張し実践することにあると指摘する。

社会的マイノリティの「文化権」

前記の絵本における最大の共通点は、「文化権（Cultural Rights）」を、「子どもが主体であること」をターゲットとする台湾児童文学出版産業と児童文化産業において実践することである。文章の出版を通じて、互いに認識しあい、差異を理解し、認め合い、違いを享受できるようになることが期待されている。同時に、文章が持つ「話語権」の力と変遷が示され、民族意識や「児童少年主権」が注目されるようになった。

ろう者、小児がん患者とその家族、少数先住民族といった社会的マイノリティの保持する個性豊かな生活や文化を描いた絵本やその演劇化というプロジェクトは、先ほど述べた、私自身の構想する「多文化共生社会を志向するナラティヴ・パフォーマンス」の理論と実践にも大きな示唆を与えてくれる。

読者は誰なのか

張さんは次のように問う。「《文化権意識》《主体的エスニックグループの感受性》並びに《児童少年作者主体》を前面に推し出した創作出版は、《誰》のために書かれたのか？　実際の読者は《誰》なのか？」
彼女によれば、当初想定されていた主要読者は、前二者（①②）の場合はマイノリティ自身、つまり、ろう者や小児がん患者とその家族であり、③の場合には少数先住民族以外のマジョリティであったという。だが、フタを開けてみると意外な展開が待っていたという。

手話絵本『小熊在哪裡？（くまさんはどこ?）』で予想された読者はまず、ろう児とその両親（健聴者かろう者かに関わらず）であり、その次が「話し言葉」を使用する大人や子どもであった。実際に売り込みをしてみると、予め設定をしていた読者グループ以外に、「デイサービス」グループも読者に加わった。耳が遠かったり、耳に障がいを持つ高齢者が手話を学習するのである。指の柔軟性の訓練になるだけでなく、聞こえないことからくるコミュニケーション時の負の感情を減らすことにもつながった。

また、『小綠人、我好愛你喔！（みどりくん、アイラブユー!）』は、読者を六歳以下の患者と予め設定していたが、実際の読者はソーシャルワーカー・看護師・患者の両親・教師であった。人数的に見ると、小児患者は第二の読者という位置づけになる。

さらに、ブヌン族の絵本『我的獵人爺爺達駭黑熊（僕のおじいさんは狩人ダーハイグマ）』は、読者を原住民族以外であると予め設定していたが、意外にも原住民たちが自分たちの民族言語教師と物語を創作し出版へこぎつけるという行動につながった。このことから、「文化権」が予め設定していた読者と、実際の読者の元で実践されたことが見て取れる。（発表論文集から）

こうして、マイノリティの文化や生活を描いた絵本の出版とこれを起点とする芸術文化活動は、マイノリティとマジョリティが互いの文化や生活を見つめ直すとともに、「文化権」という考え方を採り入れることで、文化的多様性・固有性と文化的共通性・連続性、両方の大切さを再認識するという展開を見せていったというのである。

「ニッチ市場」の採算性は？

一方、マイノリティをターゲットにした消費財（商品）の開発・供給は採算が合わないのではないか、というマーケティング面からの危惧に対しても、以下のような思わぬ結果が出ているという。

「ニッチ市場は小さいとは限らない」

昨年、台湾人口の自然増減率はマイナスに傾き、身体障害者の占める割合は5・08％、ブヌン族の人口は約六万人であった。出版産業において児童文学が占める割合は四分の一程度である。よって、文化権を子どもの多様性絵本に落とし込んで出版することは、議題をさらに小さいグループへ組み込み、少数派に焦点を合わせることに等しい。このような「ニッチ市場」が良い営業成績を収められるかということは、出版社を維持していく上でのキーポイントとなる。

事実、『小熊在哪裡？（くまさんはどこ？）』は一年で三〇〇〇冊を売り上げ、『我的獵人爺爺達駭黒熊（僕のおじいさんは狩人ダーハイグマ）』はさらに多くの五〇〇〇冊の売り上げを誇っている。共に良い成績をたたき出していることから、こういった方向性は試してみる価値がある。（発表論文集から）

おそらく、これらの出版物がマイノリティだけではなく、マジョリティの関心や要求にも応える内容を含み込んでいたからこそ、好調な販売成績を収めることができたのだと思われるが、ターゲットを絞り込んだ「ニッチ（すき間）市場」が十分に生き残っていけることが証明されたのである。

いずれにせよ、台湾におけるこうした動向が今後どのような進展を見せるのか、これからも注視していきたい。それと同時に、日本で出版されている手話やろう文化を紹介する絵本について、台湾をはじめ海外の類書と比較しながら分析することや、海外のものを翻訳紹介することも、今後の課題となるだろう。

エラ・リースの博士論文翻訳

本章の第1節でも紹介したように、私がこのテーマに取り組むことになったきっかけは、二〇一六年七月、英国アバディーン大学でおこなわれた「民俗学・民族学・民族音楽学会二〇一六年度大会」で、エディンバラ大学の院生エラ・リースさんの研究発表を聞いたことだった。

その内容は、従来の口承文芸の研究者は「口承文芸＝音声言語によって伝達される文芸」という固定観念にとらわれていたが、「手話」という音声言語ではない身体的言語による「かたりの文化」がろう者社会において伝承されてきたことを認め、この固定観念から脱却すべきだと主張するもので、大きな衝撃を受けた。

その後、リースさんから、学位を授与されたばかりの博士論文のデータを送っていただき、いつかこれを翻訳して日本で紹介することをお約束した。それでもすぐに取り掛かるのは難しいだろうと思っていたが、昨年（二〇二〇年）の春、本章の第1節でも紹介したハーラン・レイン『手話の歴史』上・下巻

（築地書館、二〇一八年）の翻訳を手がけられた斉藤渡さんにお会いする機会があり、この論文の翻訳を持ちかけたところ、幸運にもご快諾いただくことができた。

今年一月、斉藤さんから下訳が送られてきた。全八章からなり、第一章だけでも日本語翻訳約四万三〇〇〇字（四〇〇字詰め原稿用紙にして百枚余り！）の分量を持つ長大な論文である。短期間によくこれだけの翻訳をこなされたものだと、賛嘆と敬服の念で一杯になった。

二月から校閲（監訳）の作業に取り掛かったが、なかなか捗らなかった。この間、入稿期限が決まっている何本かの原稿の執筆を優先せざるを得ず、また授業期間中には全く手をつけられなかったこともあって、お盆明けから本格的に再開し、八月三〇日までにようやく第二章までの校閲を了えることができた。そして三一日に斉藤さんとオンラインで面談し、用語の統一や文脈の確認などの打ち合わせをおこなった。これから何度かこうした場を設けていく予定である。そして近い将来、日本語版を出版できる日を夢見ている。

ともあれ、この論文の価値を知っていただくために、要旨の一部を引用しておく。

歴史の長きにわたり、〈手話するろう者〉の文化は、スコットランドの文化遺産という概念規定から排除されてきた。けれども近年、〈ろう者の公の声［deaf-public voice］〉の出現を通して、それに対する批判が陰に陽に強まりつつある。筆者がおこなった三つの事例研究もまた、こうした観点から捉えることができる。即ちＢＳＬ（British Sign Language）を用いた三種類のストーリーテリングの慣行は、公的な共有財産として位置づけられるのである。

筆者は、フィールドワークやインタビュー、さらにＢＳＬのパフォーマンス・テクストの詳細な分析を通して、〈手話するろう者〉のバイカルチャー（二文化）性がどのように表現され、演じられるのかを検討し、手話という視覚的・空間的・動的な言語によるストーリーテリングが持つ芸術性を考察した。（中略）

バウマンとマレイの提唱する〈獲得されたろう文化［Deaf Gain］〉の概念に則って、筆者が取り組んだ口頭伝承におけるこの新たな領域の研究は、音声中心主義を当然のこととしてきた従来の民族学や民俗文化研究の学問的性格に抜本的な影響を与えるだろう。

これからの道のりはまだ長く険しいが、斉藤さんと力を合わせて何とか《夢》を実現させたい。

6　二つの世界をつなぐコーダ

『ドライブ・マイ・カー』と手話語り

先日（二〇二二年二月上旬）、濱口竜介監督『ドライブ・マイ・カー』を観に行った。まだご覧になっておられない方のために、あらすじを紹介することは差し控えるが、終盤近く、チェーホフの「ワーニャ伯父さん」が舞台で上演される場面がある。この芝居の最後のシーンでソーニャ役の韓国人女優が以下のようなセリフを手話（おそらく韓国手話）で語る。映画での台本と同じではないかもしれないが、ちくま文庫版（松下裕訳）『チェーホフ全集11』より引用する。

しかたがないわ、生きてかなければね！（間）

わたしたちは、ワーニャおじさん、生きて行きましょうよ。長い長い日々を、いつまでもつづく夜を生きて行きましょうよ。運命の試練にじっと耐えて行きましょうよ。いまも、年とってからも、休むことなく人びとのために働きましょうよ。そして時が来たら、おとなしく死んで行きましょうね。あの世へ行ったら、苦しかったことを、涙を流したことを、苦い思いをしたことを申しあげましょうね、神さまはわたしたちをあわれんでくださるわ、わたしたちは、おじさん、明るい、すばらしい、うるわしい生活を見るのよ、わたしたちは心から喜んで、いまの不しあわせをなつかしく、ほほえましく振りかえるのよ、そうして休みましょうね。ほんとにわたしは、おじさん、心から、いちずにそう思ってるのよ……。（ひざまずいて、おじの手に頭をのせながら、疲れきった声で）休みましょうね！

娘と妻を亡くし、後悔の念にさいなまれながら日々を送る主人公の演出家・俳優と、やはり突然に母親を災害で亡くした、彼の専属ドライバーを務める女性の心境が、ソーニャのこの長い独白に重ね合わされる。

何故このセリフが韓国手話で語られるのかは観てのお愉しみということにして、ここでは、韓国人女優パク・ユリムの手話語りが、他の何ものにも代えがたい輝きを放ち、観る者の心と身体に浸みわたる〈声〉を持っていたことを記すにとどめたい。

『コーダ　あいのうた』と手話うた・身体うた

数日後、同じ映画館でシアン・ヘダー監督『コーダ　あいのうた』（原題 CODA）を観た。舞台は米国マサチューセッツ州グロスター。父フランク、母ジャッキー、そして兄レオとの四人家族の中で唯一耳が聞こえる高校生のルビー・ロッシは、家族のために通訳となり、家業の漁業を手伝う日々を送っていた。新学期のある日、所属する合唱クラブの顧問ベルナルドは彼女の歌の才能に気づき、都会の名門音楽大学への受験を強く勧めるが、両親は家業の方が大事だと反対する――。

聞こえない・聞こえにくい親を持つ子どものことを「コーダ（CODA: Children of Deaf Adult/s）」と呼ぶ。この映画の主人公ルビーも「コーダ」である。こちらもネタバレになるので、その後のあらすじは省略することにして、この作品のクライマックス、音楽大学の実技試験の場面でルビーが歌う「Both Sides, Now」（邦題「青春の光と影」）の歌詞を紹介する。

「Both Sides, Now」（Written By Joni Mitchell）

Rows and flows of angel hair
And ice cream castles in the air
And feather canyons everywhere
I’ve looked at clouds that way
　弧になって流れる天使の髪や
アイスクリームのお城が浮かんでいて
羽毛に覆われた谷がどこまでも続いている
わたしは、そんな風に雲を見ていた

But now they only block the sun
They rain and they snow on everyone
So many things I would have done
But clouds got in my way
　だけど今、雲は太陽を遮り
人々の上に雨や雪を降らせ
わたしがやろうと思っていたたくさんのことを
雲がふさいでしまった

I've looked at clouds from both sides now
From up and down, and still somehow
It's cloud illusions I recall
I really don't know clouds at all

わたしは今、その両側から雲を眺めてみる
上から見たり、下から見たり、でもどういうわけか
それは思い出にある幻の雲
本当は雲のことをわたしは何もわからない

三人の試験官以外誰もいない試験会場のホールの二階席にろう者の両親と兄が紛れ込み、その姿を認めたルビーは手話の〈声〉でこの歌を彼らに届ける。

この「手話うた」の場面と並ぶ、映画のもう一つのクライマックスは、高校の音楽祭でルビーの歌声に他の観客が聞き惚れ、大歓声を挙げる様子を目にした父親がその夜、同じ歌をもう一度、今度は自分のために歌ってほしいとルビーに頼み、彼女の喉に両手を当てて〈声〉を聞こうとする「身体うた」の場面だろう。〈声〉は決して口から耳へと届けられるだけのものではない。身体を使って、身体を通して、身体から身体へと届けられるものだ。そう実感できる場面である。

「コーダの世界」

「Both Sides, Now」は、当時まだ二〇代半ばのジョニ・ミッチェルが作詞・作曲し、一九六七年に発表して大ヒットさせた楽曲で、雲の見え方や感じ方が、これを見る角度や状況によって違ってくるように、あらゆる物事には内と外、表と裏、光と影があり、その両側（both sides）を見ることや、今自分が見えている世界の向う側に、もう一つ別の世界があるかもしれないと想像することの大切さを歌ったと解釈される。

この歌が映画の主題歌として使われたのは何故かと考えてみると、先ほど述べたように、〈声〉には「口から耳へと届けられるもの」という側面だけでなく、「身体から身体へと届けられるもの」という側面もあるということを伝えるためではないだろうか。そしてまた、前者が主に聞こえる人（聴者）の世界における〈声〉、後者が主に聞こえない人（ろう者）の世界における〈声〉であるなら、コーダはその両側に気づいている、二つの世界をつなぐ存在であるというメッセージが込められているようにも思われる。

澁谷智子『コーダの世界　手話の文化と声の文化』（医学書院、二〇〇九年）は文字通り「コーダの世界」を知るための恰好の入門書である。

「コーダ」という言葉が最初につくられたのは一九八三年のアメリカだ。聞こえない両親を持つアメリカ人コーダがつくったニュースレターをきっかけに、英語圏でコーダの集まりがどんどん開かれるようになっていった。

日本では、「コーダ」の言葉は、一九九五年前後、「ろう文化」思想と一緒になって紹介された。そのため「コーダ」は、「手話が堪能」で「ろう文化」を受け継いでいるという、バイリンガルなイメージが強くアピールされた。……

ただ結論から先に言えば、「コーダ」かどうかという基準は、あくまでも「聞こえない親を持つ」ということだけにあり、手話が得意かどうかは関係ない。……どうやら、厳密な定義よりも大事なのは、「コーダ」としての経験とつながりであるらしい。お互いに、聞こえない親を持つゆえの気持ちが響き合えば、難聴の親のケースだろうが育ての親のケースだろうが、「コーダ」ということになるようだ。

（二三－二四頁）

以上の定義を踏まえて、「ろう文化」と「聴文化」の両方の世界を体験するコーダたちの「カルチャーショック」が具体的に紹介され、分析される。そのことは、澁谷の言う通り、「ろう者の世界で想定される行動様式と聴者の世界で想定される行動様式がどう違うのかを知る貴重な手がかり」となり、また「手話話者の感覚のなかにある『ろう文化』の中身を、日本語という言葉で記述していく作業を通して、聞こえる多数派が普段見過ごしている『聴文化』の姿形も、よりくっきりと見えてくる」（二八頁）と思われる。

コーダのカルチャーショック　その一

無意識のうちに「ろう文化」の規範を身に付けているコーダは、職場や学校などで感覚の違いに戸惑うことがあるという。一例を挙げよう（三二－三三頁より要約）。

市役所勤務のあるコーダ女性は、かなり長い年月、トイレに行く時に「トイレ行ってきます」と断って出ていたため、職場の人に、最初は変わった子だなあと思われていた。「会議に行く」とは言うけど、「トイレに行く」とは言わないと、後で知った。

一方、彼女の方でも、「なんでみんな言わないんだろう？　言ってくれないと、訊かれたときに説明できないじゃない」と思っていた。そして、誰かがいないときに「〇〇さんは？」と尋ねられると、「あ、たぶんトイレ行ってます」と答えていた。やはり後になって、職場の人に、そういうときは「普通は『席をはずしています』と言う」と言われ、そういう違いがあることに気づいたそうだ。

このエピソードから著者の澁谷は、「察すること」や「暗黙の了解」を重視する「聴文化」と、曖昧な部分をなくし透明度を高くしておくことが高い価値を持つ「ろう文化」という、それぞれの特徴を引き出す。「ろう文化」では、わからないこと、知りたいこと、確認したいことがあったら、すぐに訊いてかまわない。他人の話を途中で止めてはいけないのではないかと過度に気を遣わなくてもよい。そして、訊けば明快な答えが返ってくる。そういう文化である。

その上で澁谷は、「察すること」や「暗黙の了解」を前提とした音声日本語のコミュニケーションは、ろう者やコーダだけでなく、外国人などにとってもわかりにくいものなのではないかと指摘する。

コーダのカルチャーショック　その二

もう一つの例（四〇－四二頁より要約）。

コーダと聴者では、同じように街を歩いていても、見えているものが違うし、気になるものも違う。エレベーターに乗る時、「普通の人は、エレベーターの中でドアの上の数字を見ているじゃないですか。でも私は、エレベーターに乗っている人がこっちを見ていなかったら、頭のてっぺんから爪先まで、なめまわすように見たくなる」。

また、聴者の夫と電車に乗っている時、その車両に風変わりな人がいて、その人から目が離せなくなり、夫から「見るな、見るな」と小声で合図されたという別のコーダ女性は、「聞こえる人は、〝何かおかしいな〟って思ったら、目をそらす。でも、私は、〝何かおかしいな〟って思ったら、目がついいってしまう。なんで見なくていいの？　って思う」と説明する。

聴者も本当のところは違和感のあるものを見た時に、それを心ゆくまで眺めたいという思いは持っている。だが、見る対象が人だったり、他人の持ち物や空間であったりする場合、エチケットとしてその思いを抑制し無関心を装う「儀礼的無関心」が作用する。「聴者の場合には、見ていることを見られる恐れが、ろう者やコーダよりも強くあるのかもしれない」。

架け橋としての生きづらさ

ろう文化と聴文化、ろう者の世界と聴者の世界、これら二つの文化、二つの世界を知っているということは、ただちにコーダが両方の間を上手に行き来できることを意味するわけではない。むしろ、外国人と日本人との間に生まれた子どもや、在日外国人の子ども、帰国子女（帰国生）にも共通するように、二つの世界のどちらにも馴染めず、違和感を覚え、生きづらさを抱えながら日々を過ごすことの方が多く、また「コーダならではの世界」も持っている。

例えば、「大人じみた子ども」がコーダには多いと言われるが、そうなる要因として、幼い時からろう者の親の通訳をさせられることや、親が聞こえないことを理由に周囲の大人から「大変ね」「かわいそう」「がんばるのよ」と言われること、ろう者の経済的不利さや不安定さについて早い時期から気づかされることなどがある。そして、「いい子」であることを周囲から期待され、また自分自身でも努力し、さらにそれに対する反発も強くなる十代、特に思春期のコーダたちは「混乱とイライラのなかにある」（二二三頁）という。

こうした思春期のコーダも共感できる、年齢の近いコーダ同士が集まりつながる場が、近年生まれつつあると澁谷は言う。「コーダ同士のつながりが何かの形を生み出していく機運は十分に高まっている。その意味で、コーダパワーの今後にぜひ期待したい」（二二六頁）。

『ろうの両親から生まれたぼくが聴こえる世界と聴こえない世界を行き来して考えた30のこと』

一九八三年宮城県生まれのコーダ・五十嵐大が著したこのエッセイ（幻冬舎、二〇二一年）は、自身の生い立ちから今日までの、「聴こえない母と聴こえるぼくとの人生」を綴ったものである。

二〇歳の時のこと。成人式に着るスーツを買いに、母親と仙台まで出かけ、買い物を済ませてイタリアンレストランで昼食をとり、小一時間手話でおしゃべりをして、それから電車に乗って約三〇分、仙台から最寄り駅まで手話で話し続ける。電車を降りた瞬間、母親が立ち止まり、「ありがとうね」と手を動かす。「なにが？」と訊くと、母親は次のように手話で語ったという。

――電車のなかで、大勢の人たちが見ている前で、手話を使って話してくれて、本当にうれしかった。今日はとても楽しかったの。だから、ありがとうね。

そして母は、さっさと歩きだしていった。でも、ぼくはその後ろ姿を追いかけられなかった。ぼくは駅のホームに突っ立ったまま、号泣した。周りの人たちが不審そうにぼくを振り返る。そんなことを気にする余裕もなく、ひたすらに泣いた。……

手話を使うことも母の耳が聴こえないことも、ずっと恥ずかしいと思っていた。だから、ぼくは手話を使わなくなり、母と外出もしなくなった。それが彼女をこんなに追い詰めていただなんて、想像もしなかった。でも、母はそのことでぼくを責めたりしなかった。むしろ、こうやって「ありがとう」と頭を下げるのだ。その気持ちを思うと、涙が止まらない。（二〇七 – 一〇八頁）

コーダが問いかける、「〈声〉とは何か」

本書の末尾近くに、聴こえない親を持つ聴こえる子どもの会「J – CODA」の会長・中津真美の言葉が紹介されている。「コーダは揺れるものなんです。親を否定する気持ちと、それでも支えたいと肯定する気持ち。どっちもあっていいいんですよ」（一九五頁）。

日本国内には二万二〇〇〇人のコーダが存在すると推定されるそうだ（一三八頁）。コーダが主人公の丸山正樹のミステリー『デフ・ヴォイス　法廷の手話通訳士』（文春文庫、二〇一五年）、韓国のイギル・ボラのエッセイ『きらめく拍手の音　手で話す人々とともに生きる』（矢澤浩子訳、リトルモア、二〇二〇年）、五十嵐大『聴こえない母に訊きにいく』（柏書房、二〇二三年）もおススメの本である。

この機会に、ろう者の世界と聴者の世界の狭間に生まれ育ち、二つの世界の架け橋として生きるコーダたちのことを知ってほしい。それはきっと、うたやかたりにとって必要不可欠のツールである〈声〉とは何かを問い直す手がかりを与えてくれるはずだから。

7 手話民話の語り部・半澤啓子さん

半澤啓子さんとの出会い

一九九五年三月、「ろう文化宣言　言語的少数者としてのろう者」という一文が『現代思想』（青土社）に発表された。「ろう者とは、日本手話という、日本語とは異なる言語を話す、言語的少数者である」――この宣言は、「ろう者」＝「耳の聞こえない者」つまり「障がい者」という病理的視点から、「日本手話を日常言語として用いる言語的少数者」という社会的文化的視点への転換を図るものとして、聴者（健聴者）のみならずろう者の間にも大きな反響を呼び、その後二七年が経った現在も尚、これをめぐって賛否両論が繰り広げられている。

この宣言を、聴者の市田泰弘さんとともに共同で起草（執筆）したろう者の木村晴美さんが、その著書『日本手話とろう文化　ろう者はストレンジャー』（生活書院、二〇〇七年）の中で、「衝撃を受けた」手話通訳者として紹介しているのが半澤啓子さんである。

（一九九一年の第一一回世界ろう者会議で）半澤さんの手話を見たとき、私は衝撃を受けた。いちいち頭の中で日本語に変えなくても、ダイレクトに頭にすんなり入るのだ。それまで私が見てきた手話通訳者は、シムコム（日本語対応手話含む）で、そのままではメッセージが頭に入らないので、頭の中でいったん、日本語の文章に組み立てるという再構築が必要だった。それなのに、半澤さんの通訳だとそういう再構築は不要で、メッセージがそのまま頭に入り、しかも心地よい。疲れない。私は、その分科会に居る間、半澤さんの、……よくわかる通訳に目を奪われていた。……現在、半澤さんは、手話民話の語り手としても活躍中である。（五四－五八頁）

本章においてこれまで紹介してきたように、私は二〇一六年夏、英国スコットランドで手話民話の語り部の存在を知って以来、日本でもそうした方がいらっしゃるのではないかと取材を重ねてきた。大阪や奈良において手話で絵本の読み語りをおこなっている方々を知り、交流してきたが、いわゆる「素話（すばなし）」での手話民話の語り部さんにはなかなか出会えなかった。そんな中で、木村さんのこの本を通して半澤さんのことを知ったのである。

そしてこの本に、半澤さんが宮城県仙台市在住と書かれていたため、旧知のみやぎ民話の会・加藤恵子さんを通じて、せんだいメディアテークや宮城県聴覚障害者情報センター（みみサポみやぎ）に仲介していただき、今年（二〇二二年）四月、半澤さんご自身とコンタクトを取ることができた。

ZOOMインタビュー

本来なら仙台まで出向き、直接お目にかかってお話を伺いたいところだったが、コロナ禍ということもあり、オンラインZOOMでインタビューさせていただくことにした。半澤さんは前節で紹介した「コーダ」（ろうの親のもとで生まれ育った聴者の子ども）であり、音声のみでのインタビューも可能だったが、手話についてのお話を伺う上で、画像付きなのは結果的にとてもありがたいことだった。

インタビューは五月下旬、約一時間半にわたっておこなわれた。録画した映像を再生して確認し、この日お聞きした内容をまとめて以下に記す。

これまでの活動歴

半澤啓子さんは一九四八年、宮城県大河原町生まれの手話通訳士。一九六八年より手話通訳活動をはじめ、宮城県手話通訳主任相談員を経て、一九九二年より仙台医療福祉専門学校勤務。同じ年、東京で開催された第一回全国わたぼうし語り部コンクール（障がい者が民話などを語るもの）で通訳を務めた。

その時の録画を見た宮城県の手話通訳関係者の勧めで、一九九七年、全国手話通訳問題研究会宮城支部主催の特別手話講座において、民話語り部の穀田千賀子さんとコンビを組み、穀田さんの音声語り、半澤さんの手話語りで、手話民話の語りをしたのが最初だという。

その後、宮城生協のイベントなど宮城県内を中心に語りの会を不定期におこなっていたが、二〇〇六年NHK－Eテレ「みんなの手話」で二話の民話（「蛇石（じゃいし）物語」「屁ったれ嫁ゴ」）を語り、また「ろうを生きる、難聴を生きる」でも二話（「山の神さん」「阿子耶松（あこやまつ）」）を語った。さらに二〇一二年から一七年までの六年間、Eテレ「みんなの手話」に年一回出演したことで、全国各地から手話語りの依頼や問い合わせが入るようになった（以下、半澤さんを一人称〈私〉として記す）。

語りの形式とレパートリー

通常は「コラボレーション」と称して、穀田さんとコンビを組んでいるが、手話講習会や講演の中では一人でおこなうこともある。一人の時には、話の筋をしっかり憶えておかないといけないので、穀田さんと一緒にする方が安心だが、間《ま》を取るタイミングなどマイペースで進められると感じることもある。

現在のレパートリーは二八話で、約四分の一が日本の伝承民話、残りは東北の民話を基に穀田さんが再話・再創造した「創作民話」である。

穀田さんが東北の土地言葉で語るということもあり、外国の物語はレパートリーにない。長年にわたってコンビを組んで活動をしていく中で、お互いに語りの腕前が磨かれていったと感じている。

語りの会の概要

規模も主催者も参加者もさまざまだが、印象に残るものをいくつか紹介する。東日本大震災翌日の二〇一一年三月一二日、神戸でおこなった会（「特定非営利活動法人神戸ろうあ協会設立九〇周年記念大会兼第三〇回耳の日記念大会特別企画：日本手話と民話のコラボレーション」、神戸市立垂水勤労市民センター）には数百人が集まった。参加者のうち多くの方が一九九五年の阪神淡路大震災を経験していたこともあってか、会の終了後、前日の震災のことを心配して励ましてくれ、募金活動をして下さったことが忘れられない。

大阪府吹田市では「お笑い手話会」に参加したこともある。手話落語もあるように、しぐさや表情、顔の向きなど、落語と手話には共通点が数多くあることがわかる機会となった。

二〇〇〇年代には、毎年六月、仙台で開催されていた「とっておきの音楽祭」に出演していた。これは路上でおこなうもので、野外の開放感があって楽しかった。この音楽祭はそれ以降も続いており、コロナ禍のため二回中止されていたが、今年は実施されるようだ。私自身は出演しないが、ろう者たちが毎回出演している人気のブースもある。

宮城県内の小・中学校や青森県の大学でも、依頼を受けて手話の語りをおこなってきた。また町内会の子どもも会で開いた時には一〇名ぐらいのこともあったが、子どもたちやお母さんたちが手話に興味を持って会場に来てくれただけで嬉しかった。

手話語りの特徴

手話の語りならではの表現として、情景を伝えられるということがある。私の語りを〈聞いた〉あろうの方が「すご〜い、情景が浮かぶ」と〈言って〉くれた。小舟で波に揺られている主人公の所に、大蛇になった母親が水の中をやってくる場面が特によかったそうだ。音声では伝わりにくい情景も、手話であれば伝えることができると感じている。

また、登場人物の演じ分けを目線や肩の向きでおこなう「ロールシフト」と呼ばれる動きによって、誰が誰に言っているのか、音声言語では伝えられないことまで伝えることができる。手話は手指で伝える言葉だと思われがちだが、それだけではない。

特に大事なのは目だと思っている。目の位置、目の向き、そして目を閉じたり開いたりすることで特定の意味を伝える。それから、口の形や肩や顎の位置や角度を変え、それらを網羅することでいろいろな意味を伝えている。これが日本手話の独特な表現であり、手指の動きだけで表現するわけではない。

日本手話と日本語対応手話

一方、日本語対応手話では、聞いた言葉（音声日本語）を翻訳するという発想のため、例えば「とてもおいしい」であれば、「とても」と「おいしい」を、それぞれに対応する手話で表現する。けれども日本手話では、目を閉じてからパッと開きつつ、頰を叩くことで一度に表現する。目と手の動きとうなずきを連動させている。

別の例として、「あなたの名前は何？」がある。日本語対応手話であれば、「あなた」「名前」「何？」をそれぞれ手指の形と動きで示すことで完了するが、日本手話では顎の角度を変えることによって、相手との関係性が変わる表現になる。

つまり、顎を引けば目上の人に対して「あなたのお名前は何ですか？」に、普通の角度だと対等の関係の人に対して「あなたの名前は何？」に、顎を上げるようにすると目下の人に向かって「お前の名前は何だ？」となる。またこの時、目線の角度や口の形も微妙に変わってくる。こうしたことも、日本手話であれば表現できる。

もう一つの例。「(私は) ろうに生まれてよかった」と「ろう (であるあなた) を産んでよかった」も日本語対応手話では手指だけを使うので同じになるが、日本手話では他の部位の動きや向きなど（*付記……これは「非手指動作［non-manual markers］」と呼ばれる）を総動員して表現するので、違いを正確に伝えることができる。

ろう者の観客と聴者の観客

これまでさまざまな所で手話民話の語りをしてきたが、ろう者の観客がいる場合と、ろう者はおらず手話の講習を受けている聴者だけの場合とでは、語り口が違ってくる気がする。意識的にそうしているわけではないが、音声語り部の「日本語」に釣られて、無意識に日本語対応手話になってしまう。日本手話の分からない聴者だけの舞台ではよく日本語に引きずられることがある。反省している。

これがろう者だったら容赦しない。ある語りの会の後で、十数年ぶりに私の語りを〈聞いた〉というろうの方が感想を述べに来られ、「レベルアップしたね」と〈言われて〉嬉しかった。逆に、「今日のはノッてなかったね」と〈言われた〉こともある。そのくらい手厳しい。ちゃんと見て下さっている。

DVD「手話語り怪談」のこと

二〇一七年九月、「朗読と手話で語る怪談」が舞台公演され、その時の収録映像が翌二〇一八年四月、DVDとしてデフライフ・ジャパンから販売された。

私は「鍋島猫騒動」を語っている。その他、五十嵐由美子さんが「雪女」、佐藤八寿子さんが「耳なし芳一」、田中清さんが「番長皿屋敷」、菊川れんさんが「牡丹灯籠」を手話で語り、穀田さんが音声の朗読をしている。DVDが送られてきたので観たけれど、私自身の語りは、恥ずかしくて見られなかった。他の方は素晴らしい。これこそ日本手話だ。

手話語りの語り手たちとの交流

この「怪談」公演に一緒に参加した田中さんをはじめ、何人かの手話の語り手とのおつきあいはあるが、イベントなどで依頼された時に会う程度で、団体や組織に所属して一緒に活動しているわけではない。

二〇〇〇年代はじめに、数年にわたって「手話語りを楽しむ会」というイベントがDプロの主催により東京で毎年開催され、これを収録したVHSビデオが数本販売された。この会を通じて、小泉文子、南田政浩、砂田アトム、牧山定義、河合祐子、米内山明宏、森田明、川島清、井崎哲也といった方々と共演した。この会がその後どのようになったのか、交流が途絶えたので詳しいことは分からないが、皆それぞれに手話普及のために社会活動などで活躍しておられる。

手話民話の語り部として伝えたいこと

はじめは、民話のようなものを〈聞いた〉ことのない、耳の聞こえない人たちに、こういうお話があるよ、ということを知ってもらい、楽しんでもらうということがきっかけだったと思う。皆さんに喜んでもらって、嬉しくて全国各地でやっていくうちに、「手話はろう者にとって欠かせない、大事な言語なんだ」ということを痛切に感じるようになった。

私の両親はろう者で、もし生きていれば一〇〇歳になる。両親から手話を自然に覚えた。そして私の娘にも手話を教えようとしたが、小さい頃は覚えようとしなかった。ところが就職して、私や私の母親（娘にとってのおばあちゃん）と同居することになってから、娘はおばあちゃんと手話で会話しようと努めた。最初は私が通訳をしていたが、やがて少しずつ表情が出てきておばあちゃんにもわかる日本手話が使える様になってきた。手話通訳者にならないかと勧めたところ、「私は通訳者にはならない。ろう者と一緒に活動したい」と言い、それから数年後、結婚相手として家に連れてきたのはろう者だった。

娘には二人の子ども（私にとっての孫）がおり、今、八歳の女の子は耳が聞こえるけれど、四歳の男の子は聞こえない。息子の耳が聞こえないことがわかると、娘はより一層手話の勉強をして、手話通訳士の資格も取った。今では子どもたちも含めて家族全員、手話で会話をしている。両親から私へ、私から娘へ、娘から孫へと、四代にわたって一〇〇年、手話は受け継がれてきたということになる。これを大切にしたい。

手話はすばらしい

以上のようなお話を、半澤さんは次のように締めくくられた。

手話は語るだけではなくて、想像したり、考えたり、夢があったり、今だったらビデオもあるから記録して残すこともできます。こういう素晴らしい言語を失くさないように、大切にしていきたいのです。手話は素晴らしいんだということを皆に理解してもらえるようにしたい。

今は人工内耳ができるようになって、手話よりも口話の方に力が入っています。でも私は、手話の素晴らしさを、両親から受け継いで一番よく知っています。手話はろう者にとって、ありのままの自分で生きていける、唯一の言語だと思っています。だから、一人でも多くの人に、「ああ、ろう者は素晴らしい言語を持っているんだ」ということを知ってもらいたい。「ああ、障がい者」「かわいそうな人」と見るのではなくて、「一人の、耳は聞こえないかもしれないけれども、違う言語を持っていらっしゃる人格者」「少数言語者」という感覚で見てもらえるように、これからも働きかけていきたいと思っています。

半澤啓子さん、どうもありがとうございました。

第四章

かたる・きく・共に生きる

1 『遠野物語』九九話と「悲哀の仕事」

大平悦子さんのこと

今年（二〇一七年）一一月、遠野市の大平《おおだいら》悦子さんのご自宅にお邪魔し、民話の語りを聞かせていただいた。大平さんは一九五四年遠野に生まれ、高校卒業後、東京の大学に進学。卒業後、神奈川県内の公立小学校教諭を勤める傍ら、在職中から、小澤俊夫主宰の「昔ばなし大学」に参加して語り手としての研鑽を積む。定年を待たずに退職し、語り部としての活動を本格的に始める。首都圏と遠野を中心に、全国各地さらには海外でも公演をおこなっている。『大平悦子の遠野ものがたり』（DVDブックス、日本民話の会編、悠書館、二〇一四年）を刊行している。

晩秋の日の午後、移築した萱葺き屋根の古民家の囲炉裏端で、燃える薪のはぜる音や薪から立ち上る煙の中、大平さんの語りを聴いた。今回、柳田国男『遠野物語』（一九一〇年）九九話をプログラムに入れていただくよう事前にお願いしておいた。これは一八九六年（明治二九年）の三陸大津波にちなんだ「実話」で、二〇一一年の東日本大震災の後、一躍注目されることになった話である。

「むがーす、あったずもな……」。大平さんの語りをそのまま掲載したいところだが、紙幅の都合でかなわないため、後藤総一郎監修、佐藤誠輔訳『口語訳　遠野物語』（河出書房新社、一九九二年）から引用させていただく。

『遠野物語』九九話

土淵《つちぶち》村の助役北川清という人の家は字火石《あざひいし》にあります。代々山伏で、祖父は正福院《しょうふくいん》といい、学者で著作も多く、村のために尽した人です。

その清の弟で福二という人は、海岸の田の浜へ聟《むこ》に行きましたが、先年（明治二九年）の大津波[*1]にあい、妻と子どもとを失いました。その後は生き残った二人の子どもとともに、元の屋敷あとに小屋を作り、一年ばかりそこにおりました。

それは夏のはじめ、月夜の晩のことでした。福二は便所に起きましたが、便所は遠く離れたところにあり、そこまで行く道は、波の打ちよせるなぎさです。霧の一面に広がる夜でしたが、その霧の中から男女の二人連れが近づいて来ました。見ると女は、たしかに亡くなった自分の妻です。福二は思わずその跡をつけてはるばる船越《ふなこし》村へ行く岬の、洞穴のあたりまで追いました。そこで妻の名を呼びますと、女はふり返ってにこっと笑いました。男のほうを見ますと、これも同じ里の者で、津波の難にあって死んだ人です。なんでも自分が聟に入る前、互いに深く心を通わせていたと聞いていた男です。「いまは、この人と夫婦になっています」と、女が言うものですから、「子どもは、かわいくないのか」と言いますと、女は少し顔色を変え、泣きだしてしまいました。死んだ人と話をしてるように

＊1　明治二九年六月一五日（旧暦五月五日）夜八時ごろ、岩手県を中心とする三陸沿岸を襲った大津波のこと。波高は、三八・二メートルを記録し、溺死者は二万二〇〇〇人といわれ、最大級の津波だった。特に大槌町では、日清戦争の凱旋記念花火大会が海岸でおこなわれていて、一瞬のうちに全滅という惨状だったという。『口語訳遠野物語』一七八頁。

は思えず、現実のようで悲しく、情けなくなりました。うなだれて足元に目を落としているうちに、その男女はふたたび足早にそこから立ちのき、小浦《おうら》へ行く道の山陰をめぐって、見えなくなってしまいました。少し追いかけてもみましたが、（相手は死んだ人なのに）と気づいてやめました。それでも夜明けまで、道に立っていろいろと考え、朝になってからやっと小屋に帰りました。福二はその後もしばらくの間、悩み苦しんだということです。

大平さんの解釈

大平さんはこの話を遠野の言葉でしみじみと語られた後、ご自身の取材などによって得た興味深いエピソードをいくつか話された。福二の妻子は実際には行方不明のままであったこと、今回の津波でも福二の子孫の方がお連れ合いを失くされたこと、『遠野物語』の著者柳田国男に語って聞かせた佐々木喜善と、福二は親戚筋にあたること。その上で次のように話された。

震災から半年ぐらい経ってこの話を語るようになったのですが、最初のうちは、愛する妻が死後の世界で昔の恋人と一緒にいることを知った福二のことを可哀想だと思っていました。でも、今回の震災の後、行方不明になった家族の死亡届を出せないでいたら何年か経って夢に現れたとか、イタコ（巫女）に死者の霊を降ろす口寄せをしてもらったら「おれは今、海の底にいる。おだやかな気持ちでいるから、もう探さなくていいよ」と言うのを聞いて、ようやく気持ちの区切りがついたとかいった話を聞いているうちに、もしかしたら福二も同じだったんじゃないかと思うようになりました。

忘れがたい妻ではあるけれども、やっぱりどっかで気持ちに区切りをつけて、前に向いて進まなくてはいけない。そういう気持ちがこの幻を見せたんではないか。それから、もしかしたら奥様の方も、「もうあなた、頑張って前を向いて進みなさい」って、励ましの気持で、姿を見せてくれたんじゃないかなあ、なんて思ったりもしました。

対象喪失と悲哀の仕事

愛着あるいは依存する対象を喪失することや、それによって引き起こされる、病的なものも含むさまざまな心理のことを、精神分析学では「対象喪失（object loss）」と呼び、G・フロイトの「悲哀とメランコリー」（一九一七年）以来、研究が進められてきた。日本でも小此木啓吾『対象喪失』（中公新書、一九七九年）、森省二『子どもの悲しみの世界　対象喪失という病理』（ちくま学芸文庫、一九九五年）、野田正彰『喪の途上にて　大事故遺族の悲哀の研究』（岩波現代文庫、二〇一四年）といった優れた研究成果が発表されている。

小此木（一九七九）によれば、対象を失った場合、われわれは大別して二つの心的な反応方向を辿る。

一つは、対象を失ったことが、一つの心的なストレスとなっておこる急性の情緒危機（emotional crisis）である。もう一つは、対象を失ったことに対する持続的な悲哀（mourning）の心理過程である。（中略）この悲哀の心理過程は、半年から一年ぐらいつづくのが常であるが、そのあいだに人びとは、失った対象に対する思慕の情、くやみ、うらみ、自責、仇討ち心理をはじめ、その対象とのかかわりの中で抱いていた、さまざまな愛と憎しみのアンビバレンスを再体験する。そしてこの心の中での悲哀の心理過程を通して、その対象とのかかわりを整理し、心の中でその対象像をやすらかで穏やかな存在として受け入れるようになっていく。（中略）フロイトはこのような悲哀の営みを「悲哀の仕事」（mourning work）と呼んだ。（四四－四六頁）

「悲哀の仕事」としての「物語ること」

福二が実際に妻のまぼろしを見たのかどうかは分からない。ただ、福二はこの「出来事」を、誰かに語らずにはいられなかったのではないか。そして、物語ることで行方不明の妻に対する気持ちに区切りをつけ、前に進んでいこうとしたのではないだろうか。つまり、福二にとって物語ることは「悲哀の仕事」であったと考えられる。

この時、佐々木喜善は福二の「物語」の大事な聴き手の一人であったに相違ない。喜善は福二の姉チエの孫にあたり、福二よりも二六歳年下で、大津波の年には一〇歳だった。いつ頃この話を聞いたかは不明だが、泉鏡花に憧れる文学青年の喜善は、福二の話にじっくりと耳を傾け、これを脳裏に刻みつけたことだろう。喜善は後に自著「縁女綺聞」（一九三四年）にもこの話を紹介している（そこでは、大津波が起こったその年の七月の新盆の夜の出来事とされ、「この女房の屍は遂に見付からなかった」と記されている）。

二〇一一年の東日本大震災の後、みやぎ民話の会などが中心となって、被災者が震災体験を語る場が積極的に設けられてきた（第七回みやぎ民話の学校実行委員会編『2011・3・11大地震大津波を語り継ぐために』みやぎ民話の会、二〇一二年、他）。また、被災した子どもや若者の語りの活動もおこなわれてきた（佐藤敏郎監修『16歳の語り部』ポプラ社、二〇一六年）。さらに、被災地での不思議な体験の語りを書き留めた記録も出版されている（奥野修司『魂でもいいから、そばにいて　3・11後の霊体験を聞く』新潮社、二〇一七年）。

こうした「物語る」という営みが、語り手にとっての「悲哀の仕事」として機能していることは疑いない。と同時に、その物語を聴く者にとっても、被災者への同情や憐みを超えた「悲哀の仕事」の疑似体験、「我が事」として痛みや疼きと共に受けとめるという体験が、「語りの場」においてなされているのではなかろうか。

悲哀の仕事としての「表現すること」

今年（二〇一七年）一一月下旬、数年前に新美南吉の童話「でんでんむしのかなしみ」を絵本化（新樹社、二〇一二年）された鈴木靖将《やすまさ》さんの講演を聴く機会があった。

鈴木さんはこの作品の制作を進めていた頃、二〇代の娘さんを突然亡くされた。鈴木さんご夫妻が亡き骸を前に通夜を過ごしていた時、かまきりがご遺体の上に止まり、こちらをじっと見ているのに気づいたという。まるで娘さんのたましいがかまきりにのり移って、自分を見守っているかのようだったと。「ああ、あのでんでんむしは自分だ。殻いっぱいにつまった悲しみを背負って、それでも生きていかなければ」。

鈴木さんは絵本化にあたって、ほとんどすべての画面にでんでんむしを見守るかまきりの姿を描いた。もちろん新美南吉の原作には、かまきりは登場しない。けれども、かまきりを描き、このかまきりに見守られているでんでんむしを描くことで、鈴木さんの「悲哀の仕事」はおこなわれたのだ。

当日買い求めた絵本に、鈴木さんはこう記して下さった。「かなしみが心を豊かにしてくれますように」。

（＊第Ⅱ部第六章・第八章を参照のこと）

2 〈不条理〉と向き合うためのうたとかたり

今年（二〇二一年）五月、日本教育学会関西支部のシンポジウム「『教育学のパトス論的転回』を読む」において、「〈不条理〉と向き合うためのうたとかたり――子ども人類学からの問題提起」と題して話題提供をおこなった。その概要をご紹介したい。

はじめに――「憶えておくといい話」

二〇一七年三月、宮城県女川町女川小学校講堂で、地元の語り部・安倍ことみさんが全校児童約二〇〇名を前にして、次のようなお話を語られた。

［要旨］大阪出身で石巻にやってきた栄存《えいぞん》法印は、その高徳な人柄と卓越した指導力によって町の人びとからも領主の笹町但馬《ささまちたじま》からも厚い信頼を得たが、但馬の跡継ぎ息子の新左エ門はこれを快く思わず、父親が亡くなると計略によって法印を陥れ、無実の罪を着せて牡鹿半島の沖合にある江島《えのしま》へ島流しにした。江島での日々、法印は、昼間は江島の人びとに広い世の中のことを学んでほしいと読み書きを教えていたが、夜ごと両手の指に蝋燭の灯をともして岩の上に立ち、石巻の方を睨みつけていた。亡くなる前、鰹節一本を咥えたまま自分の体を逆さにして埋めるよう遺言するが、島の人びとが遠慮して逆さにしないで埋めると悪天候が続いたため、逆さにして埋め直すと嵐は収まった。

それから五〇年後、仙台・片平町の武家屋敷前で子守娘がその家の奥方の子どもを守りしていると見知らぬ僧侶が現われ、その子が誰の子であるのかを尋ねた。そしてその母親が新左エ門の娘であると聞くと「笹町の血を引く者がまだ生きていたか」と言い、地面に伏して呪文を唱えた。その途端、赤子はひきつけを起こし、子守娘があわてて屋敷の中に入ってみると奥方も倒れており母子ともに亡くなった。人びとは「栄存法印のたたり」と言い伝えたという。

「栄存法師のたたり」と呼ばれるこの伝説の前置きとして、ことみさんは「江島に伝わる三〇〇年ほど前の話で、こわい話ですが、皆さんも憶えておくといい話だと思うので話します」とおっしゃった。そして、ことみさんが語り終えた後、司会を務めておられた先生が、「皆さんも江島の人々のように広い世の中のことを学んでいってください」とコメントされた。

講堂の隅で参観していた私は、次のようなことを自問していた。毎週一回小学校を訪れ、一つのクラスに入って民話語りをしてこられたことみさんが、一年間の活動の最後にこの話を選んだのは何故か。「憶えておくといい話」とおっしゃった真意は何か。そして、司会の先生のコメントは、ことみさんの「憶えておくといい」という意味内容にふさわしいものだったのか。もしも自分が先生の立場だったら、どのようなコメントをしただろうか……。

あれから四年余りが経った今も、これらの問いへの答えは見出せないままでいる。無実の罪を着せられて命を落とした主人公が祟りをなして復讐するという、本話のような理不尽で不条理な物語に対して、子どもたちが向き合う機会を回避するよう、教師は配慮し、もしくは取り繕ってきたのではないか。それは学校教育の本質的な属性と言うべきものであり、教育学における〈パトス（受動性・感情・情熱・受苦

etc.)〉の問題を考える上での重要な論点ともなるのではなかろうか。

物語の起源としての「不条理甘受説」――人類学的物語論

人はなぜ物語を生み出し、語り継いできたのかという、物語の起源論については諸説あるが、その一つに「不条理甘受説」とでも呼ぶべき系譜がある。

一八世紀英国の哲学者デイビッド・ヒュームは次のように言う。生老病死や天変地異をはじめ、因果律によっては決して解き明かし得ない〈不条理〉な事態に遭遇した時、その〈恐怖〉から逃れるために、また一縷の希望を与えてくれることを願って、人は〈神〉を誕生させ、そして〈神〉に祈った――。

一方、一九世紀後半、ドイツのマックス・ミュラーや英国のジョージ・コックスといった比較神話学者たちは、「古代人」の太陽や月や星の運行や気象など大自然に対する〈驚異〉や〈畏怖の念〉が神話を創造させたと説いた。これを批判的に継承したエドワード・タイラー、アンドリュー・ラング、ジェームズ・フレイザーなど英国の人類学者たちは、こうした「古代人」の発想を、人類の進化における「未開」の段階にある人びとが共有する世界観であると捉え、森羅万象に共通する霊性（アニマ）を見出そうとする「未開人」の観念を「アニミズム」と呼んだ。つまり「未開人」のアニミズム的世界観が、自分たちを取り巻く大自然の諸現象や生老病死という生命にかかわる諸現象に対する〈驚異〉や〈畏怖の念〉と結びつくことによって、神々の物語すなわち「神話」が生まれ、そこから昔話や伝説などの民間説話が派生していったと見たのである。

二〇世紀ドイツの哲学者ハンス・ブルーメンベルクは『神話の変奏』において、「現実によって論破されなかった物語が何千年も語り継がれてきたのは、圧倒的な現実に抗して生き抜くためだったに違いない」と主張した。すなわち、現実による絶対支配に対して、恐ろしいものに対抗するイメージを創り出すこと、つまり未知の対象に対抗する主体を想像力によって確保しようと試みて物語を創出し、これによって、現実による絶対支配を解体しようとしたと指摘する。すなわち、現実の〈不条理〉な事態において立ち現れる〈不可視のもの〉や〈不可知のもの〉、あるいは〈漠然たるもの〉に対する〈恐怖〉もしくは〈驚愕〉を払拭するために、人はこれらに名前を与え、この名前を使って物語を語ろうと試みてきた。そこに物語の根源的な意味を見たのである。

このように、〈不条理〉に向き合うため、もしくはこれに立ち向かうために、人は〈神〉を生み出し、神話をはじめとする物語を語るようになったとする〈ホモ・ナランス（語るヒト）〉としての人間存在論が展開されてきた。

日本の民間説話の中に刻まれた〈不条理〉

古来より、地震・津波、洪水、旱魃、飢饉、パンデミック、戦争等、〈不条理〉と呼ぶべき様々な災厄に人びとは翻弄されてきた。そしてその出来事を、うたやかたりの中に刻み込んできた。日本の民間説話の中にも〈不条理〉を刻んだものが数多くある。例えば、宮城県気仙沼市には「みちびき地蔵」と呼ばれる地蔵にまつわる伝説がある。

昔、気仙沼の大島にあったこと。若いおかみさんがねえ、小さい男の子連れて働きにいったんだねえ。そすてほの、一生懸命働いて、夕焼け空もすみかけの頃ねえ、ひと暗がりになっとこ、そのお地蔵さんのある山を越えてねえ、帰ってきたんだと。

そすたらその地蔵さまの近くへきたら、なんだか、がやがや、がやがや、人が大勢でねえ、その地蔵さまを拝んでたって。あらぁ、見たらばどこそれのおばあさんもいれば、どこそこのこうゆう人もいれば、あら、こういうおんちゃんもいるってねえ、不思議で、子どもの口もふさいで黙って見てたんだと。近所の人もくれば、知っている人がぞろぞろきて、その地蔵さんのとこさ拝んで、そすてほの人が飛ぶようにすていくと、別の人がまたきて、牛と馬も四頭もきたってねえ。で、みんな飛ぶようにいなくなってすまったんだと。

おっかなくておっかなくて、ほて（＝そして）うちさきてから、父っさんに話したんだってねえ。いやいや不思議なこと、でもめったなこと語られねえから人には語んなよってねえ、ゆってたら、二日、三日たったらねえ、大津波がきたんだってねえ。

そすてねえ、津波きてみんな逃げたんだけっども、逃げ遅れた人がひき波でみなさらわれて、そこでねえ、がやがや、がやがや、大勢きて拝んでいた人たちが、全部死んだんだと。牛と馬も四頭、みんないねくなって、それからみちびき地蔵と名前つけられたんだと。ほれ、死ぬ人をみんなみちびくって。

（松谷みよ子編著『女川・雄勝の民話　岩崎としゑの語り』国土社、一九八七年、一六八―一六九頁）

みちびき地蔵は宮城県気仙沼市大島の田中浜に実在し、気仙沼出身の民俗学者・川島秀一によれば、いつごろから「みちびき地蔵」と呼ばれたかは不明だが、一七七〇年代に祀られた記録があり、昭和の時代にお堂が建て替えられたという。

二〇一一年三月の大震災による津波で地蔵堂は全壊し、地蔵も石仏六体と共に流失したが、地元住民と支援者たちの力により、新しいみちびき地蔵三体と石仏六体が制作され、二〇一二年一〇月、地蔵堂も再建された。二〇一三年七月、流失していた石仏三体が発見され、現在地蔵堂には、三体のみちびき地蔵と、発見されたものを含めて九体の石仏が祀られている。石仏を発見した地元の女性は「みちびき地蔵は霊を導き、石仏は地域を見守ってきた。がれきの中から出てきてくれたのは、島の復興を見守るためだろうか。みんなで末永く大切にしたい」と話したという。

また前述の川島は、「昔、大きな地震があったとき、逃げ惑う人々に指示を出した人がいました。この人の後を付いていって助かった人々が、お礼をしようと思って探しましたが、結局見つからず『あの人はお地蔵様だったんだ』と言われたそうです」という別の話があるとも語っている。

地蔵が津波や洪水を予告したり、その災厄を回避させてくれたりする話や、地蔵の予告を無視したために災厄に遭うという話は全国各地に伝わる。それは地蔵の功徳を説く「仏教唱導」の物語と解釈することもできるが、突然わが身に降りかかった〈不条理〉に対して、これを〈合理化〉し、自身を納得させることで〈不条理〉を甘受しようとしたものと見ることもできるのではなかろうか。

日英のわらべうたの中に刻まれた〈不条理〉

英国の手つなぎ輪遊びに歌われるわらべうた「ばらの花輪（Ring-a-ring O' Roses)」は、一七世紀のペスト大流行（パンデミック）を歌ったものとの説がある。

Ring-a-Ring O' Roses,
A pocket full of posies,
A tishoo! A tishoo!

We all fall down.

バラの花輪だ　手をつなごうよ、
ポケットに　花束さして、
ハックション！　ハックション！
みいんな　ころぼ。

「バラ」はペストの症状の赤い発疹、「花束」はペストを防ぐための薬草の束、くしゃみは病気の末期症状、そして最後にみんな死んでしまうと解釈されるのだという。この詞章が文献に登場するのは一九世紀末（一八八一年）のことであり、学術的には疑わしいとされるが、英国ではよく知られた逸話である。

一方、岩手県遠野のお手玉唄「おっつうおひとつ」は、江戸時代宝暦・天明の飢饉による集団入水自殺を歌ったものとされる。

おっつう　おひとつ　おひとつ　おひとつ
おふたつ　おふたつ　おみっつ
：
五朝《いっあさ》　五朝限り　五朝一緒に　たんたん滝水《たきみず》
明日は蓮華の花盛り　友来い　ただ道来い
：

最後の二連は、朝一回のほんの少しの食事も五日限りで尽きてしまう、その時には「早池峰《はやちね》の御山の神様が迎えてくださるからみんなで行こう。滝へ入れば明日は極楽浄土だ」とうたったものだという。

（阿部ヤエ『人を育てる唄――遠野のわらべ唄の語り伝え』エイデル研究所、一九九八年、二二九頁）

以上のような〈不条理〉な災厄の記憶を刻み込んだうたやかたりは、これを聴く子どもに対して、「生きるということは〈不条理〉と向き合うことだ」という人生観を伝達する機能を担っていたように思われる。だが学校教育において、そうした人生観は極力遠ざけられてきた。また教育学の主題となることも回避されてきたのではあるまいか。けれども、東日本大震災をはじめ相次ぐ自然災害を体験し、今また新型コロナウィルス感染症という新たな災厄を体験している子どもたちにとって、〈不条理〉と向き合うことの意義はきわめて大きいと思われる。

ただし、そうした〈不条理〉によって不安や恐怖を募らせ、悲嘆や絶望に苛まれる事態へと子どもたちを陥らせてはならない。「それでも上を向いて」、彼らが一歩前に踏み出していこうとするための手立てを、同時に私たちは用意しておく必要があるだろう。

おわりに――教育学のパトス論的転回に向けて

とはいえ、私自身、確信を持って提示できる「手立て」があるわけではない。今ここで言えるのは、〈不条理〉な唄や物語を子どもたちに（追）体験させているその間、子どもたちの傍に佇み、共に悩み苦しみつつ、彼らが〈狭き門をくぐる〉姿を見守ること、そして安直に答えを出さない／求めないことが肝心だと思われる、それだけだ。

いつか彼らが「人生の踏絵」（遠藤周作の言葉）に直面した時、〈不条理〉なうたやかたりを思い出すことがあるかもしれない。その時、こうしたうたやかたりは、「頑張ろう！」よりも「絆を大切に！」よりもっと深い拠り所として、子どもたちの人生を支えてくれるはずだ。ことみさんが「憶えておくといい」とおっしゃった真意とは、そういうことなのではないだろうか。

前にも紹介したが、作家の上橋菜穂子さんが、ある講演会で次のように語っていたのが思い出される。——自分は子どもの時、祖母から恐ろしい話や残酷な話をいっぱい聞いたが、祖母の膝の上で聞いていたので、怖かったけれど安心だった。以前、講演の後で、「読み聞かせの中で、残酷な話を読んでいいと思いますか」という質問を受けたことがある。その時自分は、「それはその本の内容の問題ではなくて、誰が読むかが問題だと思います」と答えた。子どもにとって、母親や祖母の膝の上で、あるいは家族みんながいるところで、怖い話を聞いたり読んだりする時には、たとえその内容が引きつけを起こして泣く程怖いものであったとしても、それによってトラウマになったり心が歪んだりすることはない——。

作家・森崎和江さんの、四歳の娘との以下のような逸話も印象深い。

「あのね、ママ、死ぬのこわくない？」そうささやきました。泣きじゃくりながら。私はどきりとしました。……ちいさな子の魂が、大人とすこしもちがわない大きさでそこにあるように思われて、私は息をのみました。……「あのね、みんな、こわいのよ。……でもね、元気よく生きるの。ママもずっとひびきといっしょにいるから。……ごめんね」。いいたいことは胸いっぱいにあるけれど、四歳の子に伝えることばも力も持っていないのです。……そのうち、子どもの方が先に落ち着いてきました。私の背へ、短い腕をのばして、なでながらいいました。「泣かないでね。もうこわいこと言わないから。大丈夫だから……」。

（森崎和江『大人の童話・死の話』弘文堂、一九八九年、四六－四七頁）

〈不条理〉な世界に立ち向かう子どもたちの傍に佇み、時に涙を流し、時にオロオロ歩きながらそっと見守る〈デクノボー〉であろうとすること、そこに教育（学）の原点がある、そんな気がしている。

（＊第Ⅱ部第五章を参照のこと）

3　庄司アイさんと「民話の力」

今年（二〇二二年）一〇月二四日、宮城県山元町の民話の語り部、庄司アイさんが亡くなられた。一〇月上旬に予定していた宮城県多賀城市での「東日本・家族応援プロジェクト」の一環として、「やまもと民話の会」の皆さんにお話を伺いたいと思い、七～八月、電話とハガキで何度かやりとりをしたばかりだった。二回目の電話の中で、会の皆さんにお声がけくださったものの、コロナをはじめ様々な事情により集まっていただけそうにないこと、アイさん自身もご高齢のためこの六月に運転免許証を返納し外出することが少なくなったことなどを理由に、丁重なお断りの言葉をいただいた。電話の声に、いつものような張りがないのが少し気にはなっていたが、こんなに早くお別れの時が来るとは思ってもみなかった。本節では、遺された言葉を紹介しながら、庄司アイさんの「三・一一」から今日までの足跡をたどることを通して、「民話の力」について考えてみたい。

「三・一一」まで

庄司アイさんは一九三四（昭和九）年、福島県相馬市に生まれ、話し好きの母親から民話を聞いて育ち、一九歳で辰男さんと結婚、宮城県亘理郡山元町に嫁ぎ、同町の保育所に定年まで勤める。一九九五年に退職後、自宅に家庭文庫「たんぽぽの家」を開く。九八年に結成された「やまもと民話の会」の中心メンバーとして活躍。「みやぎ民話の会」にも参加。地元の語り手の民話集を編集・出版。二〇〇七年、「やまもと民話の会（山元町）」「丸森ざっと昔の会（丸森町）」「新地語ってみっ会（新地町）」で「トライアングルの会」を発足させ、合同研修会を年一回、持ち回りでおこなう。

二〇一一年三月一一日、自宅で津波に遭い、家ごと漂流。自宅と多くの友人・知人を失う（第七回みやぎ民話の学校実行委員会編『2011.3.11 大地震大津波を語り継ぐために』みやぎ民話の会、二〇一二年（以下『語り継ぐために』）六七－六八頁他を参照）。

「三・一一」の体験

アイさんはお連れ合いと、当時中学二年生の孫娘との三人、自宅で被災した。津波が来た時の様子を、五か月後の二〇一一年八月下旬に開かれた「第七回みやぎ民話の学校」では次のように語っている。

…うちの孫娘、ずうっと庭出て、家の定口《じょうぐち》（家の門口）長いもんだから、そこで荒家の方たち送ったときに、だっこしていたその犬が、キャンキャンって、ゆったんだそうです。そして、「ばあちゃん、津波ぃーー。はやく、はやく、二階に上がれ。はやく、はやく、はやく」って言《ゆ》って、駆け込む、一生懸命もう。

…わだし、〈へっ〉と思って、後ろ振り返ったのね、玄関のところにいて。そしたら、一キログらい南の方に、常磐自動車学校っていう自動車学校があって、その西のところに、もくもくもくっていうのが、瞬間見ぃたんです、黒いものが。んでもう、急いで夫を促してね。「はやく、はやく、はやく」って私が言うんでねぇ、孫が騒ぐからね。「なにぃ」って、うちのじいちゃん、夫がね、「なにぃ」って言って、それも、そんなに急いだふうもなく、二階に上がった。二階に上がって、振り返ったんだそうです。「ああ、あ…もう、二階まで、水来た」ってなったんですね。そんで、わだしら、その二階に入って。
孫娘は、すぐにこう、窓から隣の方向を見たらしいのね。で、隣に横山さんていう家あるんだけど、その家族四人と犬が、いま車に乗って出かけた。それに波がかぶった。そんで、まぁ、うちの孫娘は、「ああぁ、ばあちゃぁん」って言ってね、「もう、横山さん家《ち》は、だめだぁ」って。もう、ほぉんとに、仲良くしていた、その犬まで仲良くしていたのにね。それでずいぶん、うちの孫は、心痛めました。いまでも、まだ、その状況から抜け出せないでいます……。

（七二－七三頁）

『語りつぐ　巨大津波』の発行

被災から五〇日くらい経ったある日、やまもと民話の会のメンバーがアイさんの避難先に集まって今後の活動を相談し、証言集の作成を決断。「テープレコーダーも何にもないけれども、私らは新聞に挟まってくる広告の裏紙と鉛筆一本を持って、そっちこっちの友だちやら昔の隣やらの話を記録」し、八月、冊子『小さな町を呑みこんだ巨大津波』第一集を発行。一二月に第二集、二〇一二年四月に第三集を発行し、二〇一三年三月にはそれらを合冊・編集した『語りつぐ　小さな町を呑みこんだ巨大津波』（小学館）を刊行した。

私たちの仲間の大事な一人が津波の犠牲になりました。髪かきむしって、泣き叫びたいおもいでおりました。五月になって、避難生活の私の小さい部屋に集いました。その時、二人の方が退会となりました。十数年、小さな力をあわせてやってきたのに、続行があやぶまれました。やっと、持ち話もいくつかあって、これからと思った矢先のことでした。残った六人、顔を寄せて、今回の震災体験を語りあった時、私たち自身にも悲壮なパノラマを見るごとく、ドラマがありました。「語りつごう」をあいことばに民話をやってきたこと、……この震災を語りつがなければ、の使命と責任を感じました。

テープレコーダーもないパソコンもない向かう机もない今だからこそ、真実を伝えられるのでは……と。

（『巨大津波』二〇－二一頁）

「語りつぐ」なんて、声をあげて、私達の会員の皆で、耳をそばだてて、行動しましたが自責の思いで苦しくなることもしばしばです。まだ、まだ、思い出したくない、語りたくない、語れない人が大勢おりました。「がんばれ」「心を一つに」なんて、私自身も、まだまだ、まぶしいんです。

振り向いて、海を見ました。洋々とやさしい、おだやかな、海です。私を抱擁してくれています。海は見たくないという日も続きましたが、今は向き合うことができます。海と約束します。寄り添って寄り添うて生きていくことを。

（同、一一九－一二〇頁）

「民話の学校」での語り

二〇一一年八月二一－二二日、宮城県南三陸町ホテル観洋で開催された、みやぎ民話の会主催「第七回みやぎ民話の学校」で、アイさんは自らの被災体験を語った。その全てが翻字されて前述の記録集『語り継ぐために』に収められている。この記録集を通覧して気づくのは、「（会場笑い）」と記されている箇所が何度も出てくることである。例えば以下の通り。

……わだしと夫は、それぞれにテレビ押さえて。ていうのは、テレビ、買ったばっかりだったんです、三台もね（会場笑い）。で、わだしは、テレビさわんなくても、犬の方が大事と思ったんだけど、夫の方がね、「ちゃんとつかんでろよぉ」っていうんです。……あの地震や津波よりも、テレビが大事だったんだと思うのねぇ（会場笑い）。

（『語り継ぐために』七〇－七一頁）

……でも、思い当たるのは、孟宗竹の竹藪が見えたのね。わだし、いつも、そご通勤に通ってたのね、そこの山の裾ね。そうすっと、筍の季節になるとね、〈あーあぁ、こぉごの山の筍、おいしいべなぁ〉って思ってね。んでも、よその家の筍だからねぇ、どうにもなんないんだけど（会場笑い）。〈こぉごの筍、うまそうだなぁ〉なんて思いながら、走ってたんだけどね。その山があって、〈あ、やっぱりこごは、戸花山だ〉っていうこと、わかったのね。……グウゥッと引き波だったんでしょうね。すごいスピードで、東の方に流れたんです。ぐらぐらですからねぇ、もう家は。でも…かなりの距離を流されて、そのまま、家の形があるのね。〈もしかして、「ノアの方舟」?〉って、わだしは思ったんですね（会場笑い）……。

（七四－七五頁）

そこで起きている出来事の深刻さとは裏腹に、五か月後に少し距離を置いて振り返った時に沸き起こった「笑い」の感情をそのまま、相馬の土地言葉でカラッと語っている。シリアスな内容の合間に「笑い」を交え、張り詰めた会場の空気を和ませることで、聴き手たちをより一層深く物語世界へと引き込んでいく。これは、「むかーし昔、あるところに」で始まる昔語りの代表的な技法（レトリック）であり、アイさんが卓越した語り手であったことの証左だが、相馬言葉で語られることによって、なお一層の味わいが醸し出されていることを補足しておきたい。

DVD『3.11を語り継ぐ』

二〇一二年二月、前年八月に「みやぎ民話の学校」で被災体験を語った六人の語り手が同じ内容の話をスタジオで語り、二〇一二年五月、DVD『3.11を語り継ぐ』としてKHB東日本放送から発売された。

アイさんの語りは、vol.2「孫のひとことで二階へ」と題して収録されているが、半年前に「民話の学校」で二〇〇人余りの聴き手を前にして語られ、活字になって『語り継ぐために』に収められたものと、内容がほとんど同じであることに驚かされる。まるで民話を語るかのように、時系列に沿って主人公の目線に合わせて出来事が展開する。「キャンキャン」「もくもくもく」「グウゥッ」といったオノマトペまで同じである。

一方で、決定的な違いも見て取れる。「みやぎ民話の学校」での語りにあった「(会場笑い)」の部分、みんなで一緒にこの悲しみを笑い飛ばして進んでいこうという高揚感がここにはない。スタジオでの語りであり、目の前に相槌を打ってくれる聴き手がいないこともその理由だろうが、おそらくはその後の半年の歳月によるものだろう。

DVDの制作に協力した「みやぎ民話の会」顧問の小野和子さんは、DVDのライナーノーツに次のように記しているが、その言葉は、アイさんのその後の一〇年の歩みを予見していたかのようでもある。

……一人の語り手がいわれました。「去年の八月の自分と、いまの自分は違っている」と。ごく当然ともいえるこの言葉が含む意味には深いものがあります。つまり、昨年の八月時点では、まだ夢中で興奮状態ですらあったものが、時が流れるにつれ、喪失感と寂寞感の果てしなさに、われを失うことがあるのだというのです。このことばを裏付けるように、語りがある変化をもたらしていました。その変化のなかに、被災された語り手のみなさんの、これからはじまる本当の苦労を垣間見る思いがします。

「やまもと民話の会」二〇周年記念の会

二〇一四年八月、山元町の西隣に位置する丸森町で開かれた「第八回みやぎ民話の学校」に参加した私は、そこではじめてアイさんにお目にかかった。バスツアーで、アイさんたちが中心となって建立した戸花慈母観音や、津波で二階天井までつかりながらも教師たちの的確な判断で屋上の屋根裏倉庫に子どもたちを避難させて無事だった旧中浜小学校跡などを訪れた際、マイクを握りしめて熱心に説明してくださるアイさんの鋭い眼差しが目に焼き付いている。

二〇一七年三月、東京学芸大学の石井正己さんが「復興を支える民話の力」をテーマに講演とシンポジウムをおこなった。そして翌一八年三月には、やまもと民話の会発足二〇周年を記念する「大震災をのりこえ、民話を語りつぐ」会が、石井さん、小野和子さん、野村敬子さんを発起人として開かれた。私もこの会に参加し、アイさんの語りも聴かせていただいた。この会の翻字記録集から引用する。

去年の四月一日から山元町は、仮設住宅は切り上げて、それぞれ自宅を建設されたり、公営住宅に入ったりと復興が大きく進みました。私も被災者として、また家がすっかり流された者として、一番の目的が自分の家へ入ることだったんです。私も山の方を買って開墾して、そこに小さな家を建ててこじんまりと今暮らしておる所です。本当に山元町の方たちも、このお家《うち》に入れたという大きな壁を乗り越えてとても安心して、「ああ、よかった」と思っています。

ところが、被災地のね、共通の悩みでしょうか。孤独に耐えられないなあと思っている方、それから家族が分離したり家族をなくしたりした方、それから、なかなか隣近所のコミュニケーションの取れない方の心の叫びが、私の胸に突き刺さっています。おそらく、被災地どこも同じでないかなあと思うんですね。私たちは、心の復興についてはまだまだ勉強が足りませんが、今まで民話をやってきて、そっちの学校やこっちの老人会なんかに行って、昔話やわらべ歌で遊んだりしました。

それがね、思ったより反響があるんですね。わあっというまに「花いちもんめ」をやったり、そうかと思うと、そういう昔話があるのかとしくしく泣いて涙をこぼしたり、私たちの語る民話っていうのは、大事なものでないかなあって、このごろ特に思ってはおるんですけれども、実際には、語る人が少なくなったし、語りの場も少なくなって、しぼみがちなんですね。でもね、心の復興の問題がおそらく東北、この浜通りではいっぱいあると思うんですよね。そんなときにね、民話を通してみなさんに元気をおあげできればいいんじゃないかなあと思うんですね。民話には力があるんですから。

……六十代のころ、私は民話に力があるなんて思わなかったんですよ。それで、小野先生やみやぎ民話の会の皆さんのご指導を受けて、「民話の力」を私なりに受けとれたころ、この大震災に遭ったんです。私はこの震災を体験して、「民話の力」を知りました。「民話は、命を生み出すものであり、民話は、命をはぐくむものだ」ということを。私は、今日ここでみなさんと確認したいと思います。

（石井正己・やまもと民話の会編『復興と民話　ことばでつなぐ心』三弥井書店、二〇一九年、七九－八〇頁）

3.「震災一〇年、思いを刻む」

今年（二〇二一年）三月四日、京都新聞夕刊にアイさんが紹介された。「震災一〇年　思いを刻む　民話語り部＠宮城・山元」という記事は、以下のように締め括られている。

　震災の約二年後、町内陸部に転居した。大切に育てていたトクサやツワブキの根をかつての庭から掘り起こし、新居に植え直した。「夫は『雑草だ』って言うんだけどね」と冗談めかしつつ、その目は「震災の記憶もこの草同様に受け継ぐ」と語っているようだった。

今年八月二日付の、アイさんからの最期となったハガキには次のように記されていた。「…東北に寄りそっていただいていることに感謝申し上げます。…本当にたくさんのご厚情ありがとうございます」。アイさんから受け継いだ「民話の力」というバトンをしっかりと次の世代に届けていくこと、それは私の使命であり責任であると改めて感じている。アイさん、本当にお疲れ様でした。どうかゆっくりお休みください。合掌。

（＊第Ⅱ部第六章を参照のこと）

4　筒井悦子さんの「語りながら考えたこと」

昨年（二〇二〇年）九月、「現代の語り手」筒井悦子さんが享年八五歳で亡くなられた。岡山市を拠点に、四〇年以上にわたって昔話を中心とするお話を語る「ストーリーテリング」の活動をしてこられた方である。

筒井さんは二〇一九年三月、「昔話をはじめ様々な物語や詩を語りながら考えてきたことを、まわりの人たちに聞いていただきたいと、折に触れ書き留め、小冊子にしていたもの」をまとめて一冊の本として出版された。それが今回ご紹介する『昔話とその周辺　語りながら考えたこと』（みやび出版）である。癌を患い、ご自身の死期を予感されていたであろう筒井さんが病を押してまとめられた本書には、私たちへの「ラスト・メッセージ」が綴られている。

筒井悦子さんのプロフィール

本書奥付の「著者紹介」他を元に、筒井さんのプロフィールを紹介する。一九三五年、山形県生まれ。岡山大学文学部英文科卒。一九七四年より岡山にて「草の実文庫」を主宰、一九七五年、ストーリーテリングの研修を受け、一九七六年、数人の仲間と岡山ストーリーテリング研究会を作る。文庫、図書館、幼稚園、学校、地域の公民館などでお話を語り、ストーリーテリング研修会の講師も務める。

著書に『千びきおおかみ——日本のこわい話』（こぐま社）、共著に『子どもに語る日本の昔話（全三巻）』（こぐま社）、『日本昔話ハンドブック』、『世界昔話ハンドブック』（いずれも三省堂）など。「アジア民間説話学会」、「岡山昔話研究会」会員。「岡山ストーリーテリング研究会」代表。

私は、前述の「岡山昔話研究会」を通じて一九九〇年代半ばに初めてお目にかかって以来、ずっと懇意にさせていただいてきた。筒井さんの理知的かつ誠実なお人柄、凛とした清々しさを湛え、朗らかで躍動感のある「昔語り」に魅了されてきたが、特に、故稲田浩二先生のご自宅離れの丸太小屋のベランダで毎年四月に開催されたお花見会で、筒井さんが語ってくださった「花咲か爺」や「なら梨とり」、「桃太郎」などの昔語りは、満開の枝垂桜の光景や、岡山特産の「祭り寿司」の味とともに、今も鮮やかに思い出される。

「伝承の語り手」と「現代の語り手」

ところで、本節の冒頭に記した「現代の語り手」という言葉に、聞き慣れない印象を持たれた方がいらっしゃるかもしれない。筒井さんは別の本の中でこの言葉について次のように説明しておられる。

伝承の語り手が、子どものころ親やまわりの大人から語り伝えられた口承の話を聞き覚えて次の世代に語ったのと違い、現代の語り手は親から語られた話だけでなく、むしろ自分で語りたい昔話や物語などを印刷された書物の中から選び、覚えていのちを吹きこみ、それを肉声で語る。

（筒井悦子「ストーリーテリング」、稲田浩二編『日本昔話ハンドブック』三省堂、二〇〇一年、二一五頁）

筒井さんご自身は、子どもの頃にお母様からいくつかの昔話を語ってもらったが、覚えているのは

「馬方と山姥」や「ももたろう」の中の断片的な言葉だけだという（『昔話の周辺』六七頁、以下同様）。お子さんの誕生がきっかけで絵本や物語を読んでやるようになり、やがて「ストーリーテリング」に関心を持ち、研修を受けて活動するようになった。そんな筒井さんは典型的な「現代の語り手」である。

これまで昔話の研究者の多くは、一〇〇話を超えるレパートリーを持つ「伝承の語り手（語り部）」に注目し、取材を重ねて採話記録集や研究成果を発表する一方、「現代の語り手」については等閑視してきた。けれども、今日では「伝承の語り手」はほんの一握りしか存在せず、「現代の語り手」が大多数を占めている。そうした中で、「現代の語り手」自身がその活動を振り返り、今日における「語ること」の意味について問いかけた本書は、とても意義深い証言録であり、後に続く人びとへの「かけがえのない贈物」になるに違いない。

「語る」ということ

筒井さんにとって「語る」ということは何よりもまず、自分の心を解放してくれるものであった。

> 語ること、声を出すことは私の心を解放してくれる。……解放されるというのは、心が空っぽになるとかいやなことを吐き出したということではなくて、むしろ心に満ちてくるものがありながら、遥かかなたに開かれているような透明な気持ちである。一種の魔法にかかったようなといってもよい。これが言葉の魔力というものであろうか。しばらく語らないでいると、何かしら落ち着かない気分になることがある。（一五七頁）

それでは、特に「昔話を語る」ということは、筒井さんにとってどのようなものだったのだろうか。

「笠地蔵」についてのコメントの中で、筒井さんは次のように記す。

「昔話を語る」ということ

昔話を語るということは、自分がそのおはなしの心を生きることではないだろうか。私はおばあさんの「かさを持ってきたって　こん夜の　たしには　ならないもの。おじぞうさまにあげてよかったな。そだらば　つけものででも　としをとるべ」ということばを口にするとき、いつもひとりでに涙が出そうになるのだが、せめてその一瞬でもおばあさんの心をもらった気持ちになるのである。……私は現代の人間として、残念ながら親から聞いて覚えてしまって語れる話は無い。自分が好きなはなしを選んで繰り返し繰り返し語り、自分でも自分の声の中にあるものを聞き取り楽しみながら、子どもたちに語っているだけである。それでもこの話にある老夫婦の生き方を自分が生きているような気持になり、そうなりたいと思うのは不思議である。語ることを通じて奇跡はほんとうのこととなる。

（四五頁）

昔話の登場者たち、それは人間のみならず動物や植物、精霊なども含むわけだが、彼らと一心同体となること、その心をもらい、そのいのちを生きている気持ちになること、それが筒井さんにとっての「昔話を語る」ということなのだ。

「聴く」ということ

筒井さんは、自身が語っている時に一番気を配っているのは「聞くこと」だと記す。それは一体どういう意味だろうか？

聞いている子どもの目や顔や体全体の表情から私に送られてくる無言のサインを私が聞き取ることができたとき、子どもの心は解放され喜びに満ちているように思います。子どものその喜びは、語り手が語ることによってのみ感じられるものです。「語ること」は私にとっての「ききみみずきん」だったのではないかと気がつきました。（五五頁）

ここでは「語り手」と「聞き手」の立場が逆転し、「語り手」が「聞き手」となり、「聞き手」が「語り手」となる。「聞くこと」は、自分の外にある音や声をただ「聞く」ことではない。

自分の内から外に向かって、ときには自分自身の内なる心に向かって意識的に耳を傾けて「聞く」ことこそ大切なことではないかと思っています。（五九頁）

この時、「きく」を表す漢字は「聞く」よりも、「耳を傾け、心を傾けてきく」ことを意味する「聴く」の方が相応しい。

「表現すること」は「聴くこと」

先日（二〇二二年二月）、仙台市を拠点に活動しておられる映像作家・福原悠介さんの講演をリモートでお聞きする機会があった。福原さんは数年来、みやぎ民話の会の「民話」採訪の映像記録化プロジェクトに参加してこられ、二〇一九年には福島県飯舘村の避難先から帰還された村民の方々にみやぎ民話の会代表の島津信子さんがインタビューした記録映画『飯舘村に帰る』を制作された。

講演の中で福原さんは、自分にとって「聴く」という行為は、語られた声を録音するというだけでなく、その語りがおこなわれている〈場〉の「空気感」を収録し、語り手の表情やしぐさ、〈場〉のたたずまいを映像として収録することでもあり、さらには収録された音声や映像を編集し作品化して、これをさまざまな手段を用いて配信することまで、つまり自分の表現活動全体を、広い意味での「聴くこと」だと考えていると話された。

筒井さんがおっしゃる、「聞いている子どもの目や顔や体全体の表情から私に送られてくる無言のサイン」を聞き取りながら語ろうとする姿勢もまた、福原さんと同様の認識を指しているように思われる。つまり、「語る」という表現活動は、これを届けようとする相手（すなわち聞き手）の気持ち、語りの〈場〉の「空気感」、さらには語り手自身の想い（＝内なる心）等を「聴き」、これを踏まえて臨機応変におこなわれるべきである。いわば、「ライブとしての語り」を下支えするのが「聴く」という行為であり、「語る」ことは「聴く」ことそのものでもある。筒井さんはそう考えておられたのではなかろうか。

「昔話を聞く」ということ

次に、聞き手にとっての、昔話を聞くことの意味について、筒井さんは次のように記す。

昔話を聞くことは知らない森の中に分け入っているようなものだ。「むかしむかしあるところに、ひとりの若者がいました。」から始まって、その若者の運命がどうなるかは語り手の言葉を待つしかない。闇の世界を照らしてくれるのは、語り手の言葉だけである。……聞いているときそこに何人が一緒にいようとも、聞き手一人一人の心は孤独であるから、怖いことも悲しいこともすべて自分の心で耐えしのび、時には喜びにふるえるわけである。つまり、昔話を聞く体験のつみかさねは、一寸先のわからないあらゆる人生の局面で先を予測したり、主人公がやったと同じように、畏れ悲しみ喜びながら行く末を見届けることを当たり前とする心の態度を身に付けることにもなるのではないだろうか。

（一六六－一六七頁）

筒井さんのこの指摘は、大震災、豪雨災害、そしてコロナ禍と、相次ぐ災厄に直面する今日の私たちにとって、切実な響きを持って実感される。直面する困難な状況を耐えしのび、それでも生き抜いていこうとする力としての「レジリエンス（復元力）」を、「昔話を聞くこと」は養ってくれるのだ。

言葉の中の音を聞くこと

一方で、昔話を聞くことは「意味」を追い求めるだけのものではないと筒井さんは釘を刺す。特に幼い子どもにとって、音を聞く楽しさはとても大切な要素だ。

聞く言葉は音声である。意味が分からなくても面白い。……幼い子どもが、意味は分からなくとも

リズムや表情のある言葉の海のなかに身を委ねて心をたゆたわせているのは、どんなに心地よいことであろうか。（一六三頁）

……聞きやすい話、言葉にリズムがあり唱え言葉や繰り返しが楽しく、歌があるような話で、中身より聞くことそのことが楽しい経験を味合わせてあげることも必要だろう。『こすずめのぼうけん』や『せかいでいちばんきれいなこえ』などは、鳴き声がたびたび出てくることで、幼い子どもはまず聞き耳をたてる。こういう様子を見ていると、お話を聞くということはまさに、「言葉の中の音を聞くこと」だとつくづく思わされる。（二五三頁）

何よりもまず、語られるお話の音の世界を心地よく感じ、楽しむこと、それが昔話を聞くことの原点だと言うのだ。

子どもの体内時計の時間軸

お話の音の世界を楽しんでいる時、子どもは自分の体内時計の時間軸で動いていると筒井さんは指摘する。

……子どもと付き合っていて感じることは、子ども自身が一人一人体内時計を持っていてその時間軸で動いているとき、子どもは最もリラックスでき、心が開くのではないかということである。それが、機械や親の時間軸で動かされるとき、きっとストレスを感じるのだと思う。……テレビの問題点のひとつは、子どもに自分の時間軸を見失わせているということではないかと思う。つまり、小さいときから、自分が好きなように楽しんだり、笑ったり悲しむのでなく、「テレビの作り出す時間軸」で心を動かすことを強いられていて、いつの間にかそれに慣らされ当たり前になっているということである。……二度と再び訪れることのない子ども時代に、子どもの時間軸で行動し考える時間を作ってあげることは、現実を生きていく上でとても大切だ。……お話を楽しむことは、子どもに無意識のうちに自分の時間軸をとりもどし、自分らしく生きる知恵を与えてくれるように思う。

（二一九－二二一頁）

「共に生きる」という感覚

語り手と聞き手がお話の世界を共に楽しみ、時間と空間を共有する時、「共に生きる」という感覚（「共生感」）が生まれる。そしてその感覚は、語り手と聞き手との間だけでなく、そのお話を語り継いできた「過去の無数の人々のいのち」との間のものでもある。

「語ること」はすでにこの世にいない人々とも、目の前にいる人ともまた周りにいる様々なものたちとも「共に生きる」ことである」。

（一四七頁）

筒井さんはこのような「共生感」を、お話を語ることで実感するようになったという。

……お話を語るようになってみると、蛙も兎も鳥もたにしも、あぶや蚊、時には樹木さえもが自分と同じレベルで生き、しゃべっているではないか。……人間と動物・植物といった上下関係ではなく、全く同胞として生きているのである。そして、それぞれがみな自分の物語を持っている。つまりただそこに「ある」のではなく、何らかの意味を持って「存在」しているのである。……昔話を語ってみると、この世には何と不思議なことや楽しいことが満ち満ちているのかと思えて嬉しくなってくる。

（一四〇頁）

筒井悦子さんのご冥福を心からお祈りしたい。

（＊第Ⅱ部第七章を参照のこと）

第Ⅱ部　うたとかたりの人間学に向けて

第一章

浦島説話における水界イメージの精神史的考察

序

「異界」とは、小松和彦によれば『『私たちの世界』すなわち、人びとの日常世界・日常生活の外側にあると考えられている世界・領域」(小松 2006：6) とされる。間宮史子は昔話における「異界」を「地上」「地下」「水中」「天上」に大別する (間宮 2006：177)。このうち「水中」は「水界」とも呼ばれ、海や川や湖の底にある「水底の世界」と、水平線の彼方にある「水上の世界」がある。

稲田浩二 (1988)『日本昔話通観　第28巻　昔話タイプインデックス (略号IT)』の「むかし語り」全四四一話型中、二二話型に「水界」が登場する。[1] その全体的な特徴として、①場所が「水底」の場合「竜宮」と呼ばれ、「水上」の場合には「鬼ヶ島」と呼ばれることが多い、②水界を訪問するのは男、水界からの来訪者は女 (特に「乙姫」と呼ばれる) またはその化身としての水棲動物である場合が多い、③時間の流れが人間世界よりもはるかに遅い「超時間性 (超越的時間)」を持つ場合がある、[2] 等を挙げることができる。そしてこれら三つの特徴を併せ持ち、「水界」が登場する代表的な日本昔話と見なせるのが「浦島太郎」である。

「浦島太郎」における水界イメージの三つの特徴、「竜宮」「乙姫」「超時間性」は、どのような成立背景を持つのだろうか。三浦佑之が指摘するように、これまでに全国各地で収集された口承の類話はきわめて画一的であり、明治期国定教科書のテクストに近似する (三浦 1989：27)。一方、八世紀初めに遡る書承の類話 (これを「浦島説話の古典資料」と呼ぶ) における水界イメージは実に多様であり、歴史的に変化している。

本章では、時代の異なる七つの浦島説話の古典資料を取り上げ、そこに表現された「水界」イメージの様相を、①名称、②水界への案内者／水界の居住者、③時間性、という三つの指標について考察し、そこに投影された精神文化（宗教・信仰・イデオロギー・道徳観念等）の有り様と、その変遷を探っていきたい。

１　『日本書紀』

現存する最古の浦島説話の古典資料は、『日本書紀』（七二〇年）である。雄略天皇二十二年の条に以下のように記述されている。「秋七月に、丹波国《たにはの》の余社《よさ》郡の管川《つつかわ》の人、瑞江浦嶋子《みずのえのうらしまこ》、舟に乗りて釣す。遂に大亀《かめ》を得たり。便《たちまち》に女《をとめ》に化為《な》る。是に、浦嶋子、感《たけ》りて婦《め》にす。相遂《あひしたが》ひて海に入る。蓬莱山《とこよのくに》に到りて、仙衆《ひじり》を歴《めぐ》り観る。語《こと》は、別巻《ことまき》に在り」（稲田 1998：66）。冒頭文が示すように、これは「昔々あるところに」という「昔話」ではなく、丹波国（現在の京都府、七一五年に分割され「丹後国」となる）余社郡管川に実在した人物の「伝説」として記されている。主人公の浦嶋子が亀に化した女性と結婚して、蓬莱山（常世の国）に行き、神仙にめぐり合ったと述べられる

＊１　該当するＩＴ話型番号と話型名を挙げる（稲田 1988）。３「乙姫と山の神」、５１「かしき長者」、５２「金の斧」、５４「貸し椀淵」、６６「竜神の予告」、６７「人魚と津波」、７４「浦島太郎」、７５「竜宮童子」、７６「竜宮犬」、７７「竜宮壺」、７８「竜女の援助」、７９「釣り針とニラの神」、８０「玉取り姫」、９３「夢見童子」、１２７「桃太郎」、２０５Ｉ「蛇婿入り－契約型」、２１５「竜宮女房」、２１６「竜宮の婿とり」、２１８「魚女房」、２２４「蛇女房」、３０２Ｂ「水の神の文使い－授福型」、３４９「鬼ヶ島脱出」（稲田 1988）

＊２　７４「浦島太郎」、７８「竜女の援助」、３０２Ｂ「水の神の文使い－授福型」

が、その後については触れておらず、「別巻」を参照せよ、とのみ記す。

①水界の名称……「蓬萊山（とこよのくに）」。本話において「竜宮」は登場しない。「蓬萊山」とは、三舟隆之によれば「中国の遥か東方海上に存在すると言われる蓬萊・豊穣・瀛州の三神山の中で最も名高い仙境で、そこには仙人が住み不老不死の妙薬があると信じられていた」（三舟 2009：20）とされ、ここには道教に由来する神仙思想の影響が見られる。さらに三舟は、神仙思想は中国を源流として朝鮮半島を経由して伝来したもので、五世紀頃の渡来人が伝えたか、あるいは遣唐使が持ち帰った書物によるものと考えている（同 50-60）。

一方、浅見徹は、この語を「とこよのくに」と仮名読みさせていることから、水界は「神々の住む異郷、永遠の国としてのトコヨ（常世）」であるという異界観が神仙思想の流入以前から日本人の中に在った可能性も否定できない、と指摘している（浅見 2006：64）。

②水界への案内者／水界の居住者……大亀に変身する女／仙衆。今日流布しているような、亀と女（乙姫）が別々の存在ではなく、亀に変身することのできる女性すなわち女神であるとする。ここには女神信仰の影響が見られる。また「仙衆（ひじり）」は神仙思想における不老不死の仙人たちを指しているとされ、亀が女性に変身する例が中国の魏晋南北朝の志怪小説『捜神記』や『志怪』等に見られることから、中国の文化、特に神仙思想の影響が見て取れる。

③時間性……不明。但し「別巻」の中では、後述する『丹後国風土記』版のように、水界での三年が

人間界では三〇〇年に相当するといった超時間性が描かれていたのかもしれない。このような超時間性の描写は、神仙思想の影響が指摘される昔話IT87「山中の碁打ち」にも見られる。[*3] なお、この「別巻」については、次に紹介する『丹後国風土記（逸文）』や「伊預部馬養連記」を指すといった諸説がある（三舟 2009：19）。

2　『丹後国風土記』（逸文）

現存する文献資料としての『丹後国風土記』は、卜部兼方が鎌倉中期に著した『釈日本紀』に採録されているものであるが、増田早苗（2006）は、「（本説話の成立は）伊預部馬養が書いた本文に歌謡部分を加えて、七一五年頃に提出された」（増田 2006：7）と推測している。『日本書紀』版と同様、丹後国与謝郡日置里筒川村の伝説であるが、内容はかなり異なる。主人公は「嶼子《しまこ》」。

①水界の名称……「蓬山」。「蓬山」は「蓬莱山」と同じ意味で、神仙思想における想像上の霊山。海中（＝水上）にある「博大之島」であり、「その地は玉を敷けるが如し。闕台は暸映え楼堂は玲瓏けり。目に見ず、耳に聞かず」と、土地も建物も人間界では見聞きしないような輝かしい場所とされる。

＊3　IT87のモチーフ構成は次の通り。①男が山奥に迷い込み碁を打つ老人を見ていると、立てかけた男の鍬の柄が腐って折れる。②川を伝って里へ出ると数百年たっており、男はみるまに老いる（稲田 1988：269）。

②水界への案内者／水界の居住者……五色の亀に変身する女性「亀姫」／七人の童子「昴（スバル）星」、八人の童子「畢（あめふり）星」、女性の両親や兄弟姉妹。『日本書紀』の説話と同様、ここにも神仙思想の影響が色濃く見られる。また水界の支配者と思しき亀姫の両親、兄弟姉妹、星の童子たちと、明記された居住者の数が多い点は他の説話に見られない特徴と言える。神聖な存在でありつつも、人間の一般家庭と同様の営みが水界でもおこなわれているのは、神仙思想の日本的な土着化の証左かもしれない。一方、亀姫が嶋子に自身の出自を「天上の仙家のもの」と名乗っている所からは、「水界」と「天上界」が同じ異界として一続きのものと認識されていたことが伺える。さらに、本話も『日本書紀』版と同様、女神と人間の男との婚姻すなわち「異類婚姻譚」である。

③時間性……水界での三年が人間界での三〇〇年に相当。帰還した後、故郷の変わりように悲嘆した嶼子は「決して開けるな」と言われていた「玉匣（たまくしげ）」を開けると、亀姫と思われる「芳蘭しき躰」が風雲に乗って蒼天に昇っていく。嶼子は涙ながらにそれを見送るが、白髪になったり老人になったり死んでしまったりはしない。「鶴女房」（鶴の恩返し）をはじめとする日本の異類女房譚の「定石」とも言える「タブーの侵犯による妻の退去、結婚生活の破綻」のモチーフがここに見られる。

3 『万葉集』

七八三年頃までに大伴家持等により編纂された現存最古の歌集『万葉集』巻九の雑歌の部（一七四〇、一七四一）に、前述した「丹後系」とは異なる浦島説話が載せられており、作者は高橋連虫麻呂と推測される。舞台は「住吉」で摂津（現在の大阪府）の住吉大社付近と考えられる。主人公は「浦島子」。

①水界の名称……「海若《わたつみ》の神の宮」。不老不死の「常世」で、「内の重の妙なる殿」（内陣の霊妙な御殿）。同時代に編纂された『古事記』（七一二年）における「トヨタマヒメ説話」を想起させる。山幸彦ことホオリノミコトは、兄に借りていて失くした釣り針を探しに「海若の神の宮」に行き、海若の神の娘トヨタマヒメと結婚する。三年の水界滞在後、妻となったヒメと一緒に人間界に戻り、「見るな」と言われていた妻の出産の場面を覗いてしまう。本当の姿がワニ鮫であったことを知られ、妻は子を残して水界に帰って行く。この説話もまた、水界の女神もしくは水界の居住者であるワニ鮫との「異類婚姻譚」である。

②水界への案内者／水界の居住者……「海若の神の女」（女神）。亀もその他の存在も登場しない。女神との婚姻が明示される。水界の女神もしくはその化身との婚姻をモチーフとする昔話はインドネシア等にも見られ（稲田 1993：250）、柳田国男（1961）や谷川健一（2012）等が説く「日本文化の南方起源説」との関連も考えられる。

③時間性……水界で三年過ごしただけだったが、帰郷後の人間界では垣も家も里も見当たらない（具体的な年数は明示されず）。悲嘆した浦島子が「開けるな」と言われていた「玉篋（たまくしげ）」の蓋を開けると白雲がすっと常世国の方に棚引いて消え、彼の肌は皺だらけに、黒い髪は真っ白になって、死ん

でしまう。同時代に成立した前述の二つの説話と本話を比較する時、伝説の舞台や亀の不在と並ぶ大きな相違点は、主人公の男が老人になり死んでしまうという結末で、今日の昔話版と同じ形をとる。「玉篋」の中味が男自身の「年魂（としだま）」であったことを暗示させる。一方、三つの話に共通するのは、主人公の男が水界の女神もしくは神霊性を備えた女性と結婚するという「異類婚姻」のモチーフを核心としている点で、その背景には「女神信仰」や、人間以外の動植物や目に見えない存在にも魂があり心を通わせることができるとする「アニミズム」の観念が見て取れる。

4 「渋川版御伽草子」『浦島太郎』

『御伽草子』とは、広義には室町時代に成立し庶民の間に広まった短編物語を指す。狭義には、江戸時代になってこれらが木版印刷されたものを指し、特に大坂の渋川清右衛門によって享保年間（一七一六－一七三六）以前に刊行された二三編を「渋川版御伽草子」と呼ぶ。『浦島太郎』もその一つで、原本は室町時代に成立し、ある程度簡略化されたものと考えられている（三舟 2009：94-95）。主人公は、父母を養う二四、五歳の貧しい漁師「浦島太郎」。この名前の登場は、『秘蔵書』（一四三八年）が最古であり、大筋は「渋川版」と異ならない（同 95）。

①水界の名称……「竜宮城」。この名称は平安時代後期に成立の『今昔物語集』巻一六の第一五話「観音に仕ふる人、竜宮に行きて富を得たる語」に見え、三舟は「平安後期には、池などの水底に竜宮が存在し竜王とその娘がいたことが一般化していた可能性がある」（三舟 2009：95）とする。但し、竜宮城の

ある場所は海底ではなく、舟で一〇日ほど航海した先の、海上の島である。「竜」は神仙思想に類縁性を持つ陰陽五行思想において「四神」の一つ「青竜」として登場するが、浅見徹によれば、仏教においても「天人や夜叉、阿修羅などとともに、天竜八部衆の一つとして位置づけられ」ており、「インド原住民の間で行われていた蛇神崇拝が、仏教の中に採り入れられたものであろうといわれている」(浅見 2006：72)。

竜宮には、一度に一年中の四季の美しい眺めを楽しむことができる「四方四季の庭」が存在し、それを見たことが太郎に望郷の念を呼び起こさせる。林晃平は同じ「御伽草子」にある『釈迦の本地』という物語を例にとり、この庭の仏教的淵源を指摘する(林 2001：113)。

②水界への案内者／水界の居住者……亀、「女房」に変身して小舟で迎えに来る／女(＝亀)。この版では「女房」と呼ばれているが、三浦は、室町期に書写された作品に女を「をとひめ」と呼ぶものもあり、「おとひめ(乙姫)」はこの頃に登場してきたと見ている(三浦 1989：179)。「おとひめ」は「弟・姫」の意味で、妹娘のことである。亀が女の姿に変身して(もしくは女が亀に変身して)主人公の男を水界へ案内するというモチーフは前述の『日本書紀』版や『丹後国風土記』版にも見られるが、動機は語られていない。一方、この「御伽草子」版では、男が釣り上げた亀を「長寿のめでたい動物だから」と海に放してやる「放生」の行為に対する報恩譚となっており、仏教思想の影響を認めることができる。

また、明治期教科書や口承の昔話類話に見られる、子どもにいじめられる亀を買い取って助けてやり、これに対する恩返しとして竜宮へ連れて行ってもらうという形での「動物報恩」モチーフとは異なるが、動物の愛護を推奨している点では一致する。主人公の浦島太郎を貧しい家の親孝行の働き者と設定し、竜宮を去ることを決意した理由も両親のことが心配だからとしている点とも合わせて、儒教道徳的な色合いが感じられる。前述した八世紀成立の三つの説話が女神との婚姻（と離別）を主題とする「異類婚姻譚」であったのに対し、「動物報恩－善行褒賞譚」へと変化しているのである。

③時間性……水界での三年が人間界での七百年に相当。絶望した太郎は土産としてもらった「玉手箱」を開けると、前述『万葉集』版と同様、中身は太郎の「年魂」で、「二十四、五の齢も、忽ちに変り果て」七〇〇歳の老人となるが、鶴になって空へと飛んでいく。竜宮の亀も神として現われ、「夫婦の浦嶋明神」となって「めでたしめでたし」と結ぶ。

鶴と亀がめでたい動物とされるのは神仙思想の影響であるが、三浦は、この物語の結末が浦嶋明神の成立であるとすれば、これは寺社の成立を物語って説経をおこなう「本地物」という物語であると指摘し、土着の民俗信仰を取り入れながら庶民の生活の中で信仰を広めようとした、室町期における庶民的な仏教文化の投影を見ている（三浦 1989：104）。

5　『祝言浦島台』

江戸時代、幕政が安定すると経済も発展し、多様な文化が生まれた。浦島太郎の物語もさまざまなパロディ作品となって出版される。一八三一年に出版された十返舎一九の『祝言浦島台』もその一つ。主人公は丹後国の「浦島」である。

①水界の名称……竜宮城。

②水界への案内者／水界の居住者……亀／乙姫、家来の海老、女官の河豚。亀に乗って乙姫のいる竜宮城に行くが、途中、鯛に乗った恵比寿さまもいて、同行することになる。林晃平によると、浦島が亀の背中に乗ったのは『鸚鵡籠中記』の一七一二年四月二七日の記事が最古で、朝日文左衛門重章が大坂竹田のからくり見物をし、出し物の中のからくりの一つが「浦島太郎釣りをたれ亀に乗り仙界に到り（後略）」というものだという（林 2001：181）。

さて、竜宮城に到着した浦島だが、乙姫が心変わりをして貧乏な浦島よりお金持ちの恵比寿を選ぶ。そして浦島は乙姫の家来の海老から玉手箱を与えられ帰されてしまう。帰ってきた浦島が箱を開けると、中から女官の河豚が出てくる。

恵比寿（天）をはじめとする七福神の信仰は、室町時代末期に生じた庶民性に合致した民間信仰で、特に農民や漁民の信仰として成長し、現代も生き続けている。このうち恵比寿は、イザナギ・イザナミの二神の第三子と言われる、七福神中唯一の日本の神様で、左手に鯛をかかえ右手に釣竿を持った姿で描かれる漁業の神、商売繁昌の神とされ、浦島説話のパロディとして受け入れられやすかったと思われる。

③時間性……浦島は九〇〇〇歳まで長生きをする。浦島は河豚と結婚し、器量は悪くとも心優しく働き者の女房のおかげで長生きして、子孫も繁栄して幸せに暮らす。ここには中世的な宗教臭さは影を潜め、功利主義的で自由闊達な庶民の生き方が投影されている。とりわけ権威を批判し、笑い飛ばして混

ぜ返そうとする「道化精神」を旨とする大衆文化が開花した元禄以降の時代精神を反映している。

一方、石田梅岩を開祖とし、「儒学思想に立脚しながら日本古来の神道やアジア伝来の仏教の考えも大いに取り入れており、〈神・儒・仏教合学〉と言ったらもっとも分りやすい」（上 1992：9-12）と評される「心学」の思想に立脚した『雛廼宇計木』（加茂規清、一九世紀前半）にも「浦島太郎之弁」が収載されている。道化精神と心学思想、これら二つの流れが次の明治期へと受け継がれていったのである。

6 『日本昔噺』

巌谷小波の『日本昔噺』シリーズは、日清戦争が勃発した一八九四年から三年間にわたり全二四編が刊行され、「浦島太郎」は第一八編として一八九六年に刊行された。日本が最初の対外戦争・日清戦争を始めたのが一八九四年であり、国家主義や軍国主義が台頭してくる時代であった。主人公の名は「浦島太郎」で、丹後国水の江の漁師で両親と暮らしている。

①水界の名称……「竜宮城」。海の向こうの海上の島であり、水中に潜って行くわけではない。中国風の立派な門を持つ。亀が浦島太郎をここまで背中に乗せて連れて来るが、着くや否や「日本国から浦島太郎様といふ、お客様をお連れ申した」と門番のバボハゼに告げていることから、竜宮の場所は東シナ海あたりが想定されているようである。わざわざ「日本国からのお客」としている点に、国家主義的なイデオロギーを読み取ることができる。「御伽草子」版と同様、竜宮には「四方四季の庭」がある。丹後国を舞台とし、滞在時間が実は七〇〇年という点からも、小波が「御伽草子」版を参考にしたことが

伺える。

②水界への案内者／水界の居住者……亀／（主人の）乙姫、門番のダボハゼ、家来のヒラメ、鯛、カレイなど。「御伽草子」版では、亀は乙姫の化身であったが、ここでは『祝言浦島台』と同様、亀と乙姫は別の存在である。また、浜辺で子どもたちが苛めていた亀を、「情け深い男ですから、これを見て可哀さうに思ひ」、金で買い取って助ける。その翌日、実は竜宮の乙姫に仕える身であった亀を助けたお礼として、乙姫が太郎を竜宮に招く。ここには神仙思想における霊獣としての亀のイメージはない。また女神との婚姻というモチーフも見られない。代わって、動物愛護の心を説く「報恩」のモチーフが基調となる。

③時間性……超越的。竜宮での歓待に二、三日楽しく暮らすうちに両親のことを思い出した太郎は、止める乙姫を振り切って帰郷するが、七〇〇年が経過している。水界での滞在時間が短いのは、水界の女性（女神）との婚姻モチーフが削除され、ただの訪問客であることと関連があるのかもしれない。そして「御伽草子」版との一番大きな違いは、「玉手箱」の蓋を開けて白煙が立ち昇り、白髪のお爺さんになった後、鶴に変身することも亀が出現することも、両者が明神として祀られて土地の守護神となることもないまま、「めでたしめでたし」と唐突に幕引きされている点である。老人になってしまった後、鶴への変身モチーフを持たない結末は、『万葉集』版の他、江戸時代までに出されたいくつもの浦島説話においても見られるが、何がめでたいのか、「報恩譚」の結末としてつじつまが合わない。この疑問に対して、七〇〇歳の長寿を得られたことを指すという解釈も成り立つが、昔話の決まり文句（形式句）

として置いたと見なした方がいいだろう。

軽妙洒脱な文体で綴られた小波版の水界は、「御伽草子」版の持つ神仙思想や仏教的世界観を残しつつも、近世に花開いた大衆文学の道化精神と心学的道徳観を色濃く投影し、さらに近代の国家主義のイデオロギーをも反映させたものと言える。

7 第二期国定教科書『尋常小学国語読本』

第二期国定教科書『尋常小学国語読本』巻三（二年生前期用）（一九一〇年発行）に「ウラシマノハナシ」が収載され、第三期、第四期にもほぼ同じ内容で登場する。主人公の名は「ウラシマ太郎」で、年齢や職業は記されていないが、子どもたちが亀を苛めているのを見て、亀を買い取ってやる場面から、幼い子どもではないことが伺える。

①水界の名称……「竜宮」。亀の背中に乗って海中を沈んで行った所にある。小波版と異なる。

②水界への案内者／水界の居住者……亀／乙姫。小波版と同様、亀が助けてもらった御礼として竜宮へ連れて行くという「報恩」モチーフ。亀は案内者に過ぎず、乙姫との婚姻や恋愛関係はない。小波版と異なり、竜宮における魚の名前は記されない。

③時間性……超越的。滞在期間の具体的な数字は示されないが、「うまいご馳走も毎日食べ、面白い

遊びも毎日見ると、仕舞には飽きてきて、うちに帰りたくなった」と記されるところから、せいぜい一ヶ月以内と考えられる。帰ってみると両親は既に亡くなり、自分の家も消え、友だちも皆いなくなっていたので「悲しくてたまらない」浦島は、乙姫の言ったことを忘れて玉手箱の蓋を開けると、「中から白い煙が出て」「にわかにお爺さんになってしまいました」。小波版のような「めでたしめでたし」はつかない。

細部の差異や小学二年生用であるが故の簡明な文体となっている点を除けば、ほぼ全面的に小波版を踏襲している。三浦は、教科書編纂に携わった芳賀矢一と小波との交友関係などを根拠に、このテクストの執筆はほぼ間違いなく小波によるものと見ている（三浦 1989：35）。

一方、同時期の一九一一年に発行された文部省編集『尋常小学唱歌』巻二（小学二年生用）に収載の「浦島」（作詞・作曲者不詳）は今日まで歌い継がれており、昔話の語り手たちの中には「鯛《たい》や平目《ひらめ》の舞《まい》踊《おどり》」や「あけて悔しき玉手箱」といった歌詞をそのまま語りに取り込んでいる例も見られる。歌詞は次の通り。

一、昔々浦島は　助けた亀に連れられて
　　竜宮城へ来て見れば　絵にもかけない美しさ
二、乙姫様の御馳走に　鯛や平目《ひらめ》の舞《まい》踊《おどり》
　　ただ珍しく面白く　月日のたつのも夢のうち
三、遊びにあきて気がついて　お暇《いとま》乞いもそこそこに
　　帰る途中の楽しみは　土産に貰った玉手箱

四、帰って見ればこは如何に　元居た家も村も無く
　　路に行きあう人々は　顔も知らない者ばかり
五、心細さに蓋とれば　あけて悔しき玉手箱
　　中からぱっと白烟《しろけむり》　たちまち太郎はお爺さん

（堀内敬三・井上武士 1958：172-173）

ここに描かれた物語の内容は、土産の玉手箱を開けてはならぬというタブーが出てこない点を除いて、国語教科書とほぼ同じである。

おわりに

以上、昔話「浦島太郎」における水界イメージの三つの特徴、「竜宮」は平安後期、「乙姫」は室町期、「超時間性」は八世紀と、それぞれ登場の時期を異にしていること、また浦島説話の水界イメージの一二〇〇年以上にわたる歴史的変遷には様々な精神文化が投影していることが確認された。

その大きな流れとしては、「女神との婚姻」から「動物報恩－善行褒賞」への主題の変化があり、①原初的な信仰（アニミズム、蛇（竜蛇）信仰、女神信仰など）、②陰陽五行思想－神仙思想、③仏教、④修験道、⑤七福神信仰、⑥儒教、⑦道化精神、⑧心学、⑨国家主義、等が本説話に影響を与えた主な精神文化として順に挙げられるが、前者から後者へと置き換えられたのではなく、蓄積され混交し窯変する「シンクレティズム［syncretism］」の形を取っていることが特徴で、その要因の一つとして日本がユー

ラシア大陸の東端に位置する島国であるという点が考えられる（鎌田・鶴岡 2000：234-285 を参照）。
また、個々の精神文化の来歴を具体的に見れば、以下の四つに大別される。

（a）人類共通のもの……①
（b）東アジアや南方諸島など近隣諸国・諸地域から伝播したもの……①の竜蛇信仰・女神信仰、②、③、⑥
（c）日本における独自的生成を見たもの……④、⑤、⑦、⑧
（d）欧米諸国の影響を受けたもの……⑨

ここに示した「日本人の精神史の鳥瞰図」は、今後精査される必要があろう。

古来より、日本人は水の災害や事故に幾度となく見舞われてきた。そして、犠牲になった人びとの魂は人間世界の外側にある「異界」としての水界において安らかな日々を送っていると考える「魂の安住の地」としての水界イメージが、「常若の国」「補陀落浄土」「ニライカナイ」などと、時代や地域によって名前を変えながら受け継がれてきた。

二〇一一年三月一一日の東日本大震災の後、「行方不明になった家族の死亡届を出せないでいたら何年か経って夢に現れた」、「イタコ（巫女）に死者の霊を降ろす口寄せをしてもらったら『おれは今、海の底にいる。おだやかな気持ちでいるから、もう探さなくていいよ』と言うのを聞いて、ようやく気持ちの区切りがついた」といった話がいくつも報告されているという。[*4] このような話が実話として語られ、

水界への案内者	水界の居住者	時間性	異類からの贈与物	タブー	結末	投影している精神文化
大亀⇒女	女、仙衆（ひじり）	不明	不明	不明	不明	神仙思想、女神信仰、アニミズム
五色の亀⇒女（亀比売）	女、昴星、あめふり星、女の両親、兄弟姉妹	超越的（3年＝300年）	玉匣（たまくしげ）	蓋を開けるな	箱から飛び出た芳しい体が風雲に乗って天に昇っていく	神仙思想、女神信仰、アニミズム
海若の神の女	海若の神の女	超越的	玉篋（たまくしげ）	蓋を開けるな	箱から白雲が出て老人になり死ぬ	神仙思想、女神信仰、アニミズム
亀⇒女（舟で一緒に向かう）	女（＝亀）	超越的（3年＝700年）	玉手箱	蓋を開けるな	太郎は鶴になり亀とともに夫婦の明神となる	神仙思想、仏教、竜蛇崇拝、儒教
亀（鯛に乗った恵比寿も同行）	乙姫	超越的	玉手箱、中には女官の河豚	なし	働き者の河豚と結婚し九千歳まで長生き	七福神信仰、道化精神、心学
亀	乙姫、門番のダボハゼ、家来のヒラメ、カレイ、タイなど	超越的（3年＝700年）	玉手箱	蓋を開けるな	白髪の爺になる	神仙思想、仏教、道化精神、心学、国家主義
亀	乙姫	超越的	玉手箱	蓋を開けるな	爺になる	神仙思想、仏教、心学

整理番号	書名	題名、作品名	編著者	刊行年	場所	名称／特徴	主人公の人間
1	日本書紀	雄略天皇 22 年	舎人親王	720 年	海上	蓬莱山（とこよのくに）	丹波国余社郡管川の人、瑞江浦島子
2	釈日本紀（『丹後国風土記』逸文）	浦嶼子	ト部兼方	鎌倉中期（但し、成立は 715 年頃か？）	海上	蓬莱山／玉を敷けるが如し	水の江の浦嶼子
3	万葉集	水江の浦島の子を詠む一首	大伴家持／高橋虫麻呂	783 年頃？	海上	海若（わたつみ）の神の宮	住吉の浦島子
4	渋川版御伽草子	浦島太郎	渋川清右衛門	享保年間（1716-1736）以前	海上	竜宮城／四方四季の部屋	浦島太郎
5	祝言浦島台	祝言浦島台	十返舎一九	1831 年	海上または海底	竜宮城	浦島太郎
6	日本昔噺	浦島太郎	巌谷小波	1896 年	海上	竜宮城／四方四季の部屋	浦島太郎
7	尋常小学校読本　巻三（二年生前期用）	ウラシマノハナシ	巌谷小波？	1910 年	海底	竜宮城	浦島太郎

表　浦島説話の古典資料における水界イメージ

受けとめられているという事実は、「魂の安住の地としての水界」イメージが今日もなお、日本人の精神世界において確かなリアリティを持ち続けていることの証左であろう。

浦島説話は今も生きている。

引用・参考文献

・浅見徹（2006）『改稿　玉手箱と打出の小槌』和泉書院
・稲田浩二（1988）『日本昔話通観　第28巻　昔話タイプインデックス』同朋舎出版
・稲田浩二（1993）『日本昔話通観　研究篇1　日本昔話とモンゴロイド――昔話の比較記述』同朋舎出版
・稲田浩二（1998）『日本昔話通観　研究篇2　日本昔話と古典』同朋舎出版
・鎌田東二・鶴岡真弓編（2000）『ケルトと日本』角川書店
・上笙一郎（1992）『江戸期の童話研究』久山社
・小松和彦編（2006）『日本人の異界観』せりか書房
・谷川健一（2012）『日本人の魂のゆくえ』冨山房インターナショナル
・林晃平（2001）『浦島伝説の研究』おうふう
・堀内敬三・井上武士編（1958）『日本唱歌集』岩波文庫
・増田早苗（2006）『浦島伝説に見る古代日本人の信仰』知泉書館
・間宮史子（2006）「日本昔話における異界」、白百合怪異研究会編『児童文学の異界・魔界』てらいんく
・三浦佑之（1989）『浦島太郎の文学史　恋愛小説の発生』五柳書院
・三舟隆之（2009）『浦島太郎の日本史』吉川弘文館
・柳田国男（1961）『海上の道』筑摩書房

＊4　二〇一七年一一月五日、岩手県遠野市の語り部・大平悦子氏から現地において伺った。

第二章

東アジアの「天人女房」説話における〈あわい〉イメージ

――人間界と天上界をつなぎ、隔てるもの

はじめに

人間の男が天上界から降臨した女の衣服を盗み、女と結婚するが、やがて女は再び天に戻る……、このモチーフを核心とする「天人女房」は、東アジア諸国・諸地域に広く伝承される説話である。この話において表現される、人間界と天上界のあわい（狭間）にあって、二つの世界をつないだり隔てたりするものとしての〈あわい〉の空間・時間・存在のイメージには、民族的・地域的な特有性と東アジア的な共通性を見て取ることができる。本章では、日本、アイヌ、韓国、中国の類話をテクストとして〈あわい〉のイメージを抽出し、その特有性や共通性を分析するとともに、伝承してきた人々のコスモロジー（宇宙観）とその宗教的背景について考究する。

1　「天人女房」の話型とモチーフ

本題に入る前に、この説話の話型としての位置づけを各国の話型索引によって確認しておく。まず、稲田浩二（1988）『日本昔話通観　第28巻　昔話タイプインデックス（略号ＩＴ）』では、「むかし語り－婚姻－異類女房」の話型群に属する２２１「天人女房」と登録されている。そのモチーフ構成は次の通り。

①男が水浴をしている天女たちの羽衣の一つを隠すと、一人の天女が昇天できず、男の嫁になって子を生む。

②妻は子に教えられて羽衣を見つけ、瓜の種を残し、瓜の蔓を伝って天に昇ってこい、と書き残して天に帰る。
③夫が言われたとおりにして天に昇ると、嫌がった妻の親が畑仕事の難題をつぎつぎに出すが、すべて妻の助言で課題をしとげる。
④親に瓜畑の番をさせられた夫が、妻の警告にもかかわらず瓜を縦切りにして食うと、あふれ出た大水で川向こうへ流される。
⑤妻が、七日ごとに会おう、と言うが、夫はそれを七月七日と聞き違え、二人はその日しか会えなくなる。
（稲田 1988：337-338）

この話型は、東北から九州・沖縄まで日本全土に分布し、天女がわが子に教えられて羽衣を発見し天上界に戻るまでの前半部のみのものと、後に男が天上界へ追いかけていき、天女の親が出す難題を天女の援助によって克服するが、最後に男の不注意により洪水が起きて二人は再び離別し七月七日にのみ再会できるという「七夕の由来」モチーフを伴う後半部を持つものとに大別される。[*1]
一方、韓国のＫＴ[*2]では２０５「きこりと天女」として、中国のＣＴ[*3]では３４「白鳥乙女」として、そ

＊1　宮岡洋子（1977）は、後半部を持つもののうち「七夕の由来」モチーフを伴わない場合があることを勘案して、「離別型」（＝前半部のみ）「天上訪問型」「七夕結合型」の三つに分類している。
＊2　ＫＴ〔Korean Type-index〕……崔仁鶴（1976）『韓国昔話の研究　その理論とタイプインデックス』の略号。
＊3　ＣＴ〔Chinese Type-index〕……Ｗ・エーベルハルト（Wolfram Eberhard）の編さんした *Typen Chinesischer Volksmärchen.* 1937 の略号。

れぞれ登録されている。また世界的な話型索引ATU[*4]では、313「呪的逃走」や413「盗まれた服」の中に含まれるモチーフ、TMI[*5]‐D361・1・1「白鳥乙女が隠された翼を発見して、元の姿にもどる」や、K1335「水浴びをしている娘（白鳥乙女）の衣服を盗んで誘惑する」が本話型にも見られる。また、ATU465「美しい妻のために、迫害された男」の核心となるモチーフのTMI‐H974「超自然的な妻の助けを得て課題を果たす」がIT221のモチーフ③に対応する。

2　古典資料

次に、稲田（1998）『日本昔話通観　研究篇Ⅱ　日本昔話と古典』に拠って、本説話の書承資料を確認しておこう。日本の文献の古くは『袖中抄《しゅうちゅうしょう》』（一一八六‐八七年頃）16‐1「余呉の海」に、近江国余呉湖に天の羽衣をつけて天界から降りてきた織女が水浴びをしていると、男に羽衣を盗まれて戻れなくなるが、数年後にわが子から羽衣の隠し場所を教えられて天に昇る際、毎年七月七日には降りてきてこの湖水で水浴びをするから会いに来るよう子どもに言い残すという話が見られる（稲田 1998：229）。

また『元々集』（一三三七‐三八年頃）では丹後国郡家《こおりのみやけ》の「真名井」の話として、当地の老夫婦が水浴していた天女の衣裳を盗み隠して天に戻れなくし、十数年後、天女が作ったお酒で金持ちになった老夫婦は天女を追い出す。他にも『帝王編年記』（一三五二‐一三七一年）や琉球の『中山世鑑』（一六五〇年）をはじめ多くの文献に散見されるが、いずれも天女が昇天して話が終わる前半部のみで、天女の親による難題モチーフは見られない。

韓国では、『高麗史』（一五世紀前半）巻九三列伝「徐弼」に、以下のようなモチーフが見られる。高麗の名臣徐弼の父、徐神逸が狩人に射られた鹿を匿い、無事帰らせる。その後、夢に神人が現れ、自分の子である鹿を助けてくれたことを謝し、末代までの卿相を約束する。これは後述する崔仁鶴・厳容姫・樋口淳編（2013）『韓国昔話集成　二』に収載された本話型の類話「木こりと天女」の冒頭部分に対応する（崔他 2013：248-249）。

中国では東晋代に編纂の『捜神記』１４－３５４「鳥の女房」に類話が見られる。ある男が山中で毛の衣を着た六、七人の娘を見かけ、一人が脱いだ衣を隠してその娘を家に連れ帰って妻にする。三人の女児が生まれるが、妻はこの子たちを通して衣の隠し場所を知って衣を見つけ出し、これを着て飛び去る。何年か後に母親は娘たちを迎えに来て、皆一緒に飛び去るというものである。

３　〈あわい〉とは何か──空間・時間・存在

ここで、本章における考察の主題となる〈あわい〉の概念規定について、鵜野（2015）『昔話の人間学』「第９講　舌切り雀」から、少し長くなるが引用する。

……馬追い殿や牛追い殿がいた場所に注目してみたい。彼らがいたのは、爺や婆が暮らす人里と、

＊４　ＡＴＵ［Aarne, Thompson & Uther］……Uther, Hans-Jörg. *The Types of International Folktales: A Classification and Bibliography.* (3 parts) 2004, 加藤耕義訳（2016）『国際昔話話型カタログ分類と文献目録』小澤昔ばなし研究所、の略号。

＊５　ＴＭＩ［Thompson's Motif Index］……Stith Thompson, *Motif Index of Folk-Literature.* 1966 の略号。

雀が逃げ帰った林の中の竹やぶの中間点、人間界と異界との境界域である。このように属性のあいまいで過渡的な空間を、カナダの民俗学者ピーター・ナーヴェスは「リミナルな空間（liminal space）」と呼び、この空間に住まうリミナルな存在こそ「妖精（fairy）」であると規定した。英国スコットランドの民俗学者リザンヌ・ヘンダーソンとエドワード・カウワンは、ナーヴェスの学説を踏まえて、リミナルな世界を空間概念のみならず時間概念にも発展させた。この世界は昼と夜、夏と冬、生と死といった、対照的な二つの時間（帯）からなっているが、時間Aから時間Bに移行する際、あいまいで過渡的な時間（帯）を通過することになるが、これを「リミナルな時間」と呼ぶことができる。具体的には夕暮れ時や夜明け前、春や秋（お彼岸）、胎児・乳幼児期（子ども期）や死亡前後（老年期）である。そして「リミナルな時空間」において、妖精をはじめとする超自然的な力を持つ不思議な存在が活躍すると彼らは見た。

この「リミナル」に対応する日本語として筆者は「あわい」という言葉を用いる。本話「舌切り雀」において爺や婆が馬追い殿や牛追い殿と出会った場所は「あわいの世界」であり、馬追い殿や牛追い殿こそ「あわいの存在」であると見なせる。本話の他にも、異界訪問譚や異類来訪譚には必ずと言っていいほど、「あわいの世界」やそこに登場する「あわいの存在」が重要な役割を果たす。

（鵜野 2015：133-134）

本章でも、以上のような意味で〈あわい〉の空間・時間をとらえるが、〈あわい〉の存在については、二つの世界の〈あわい〉に住まうもののみならず、両方の世界を往還するものも含めて、また植物や器物などにも霊魂が宿っているとする観念が見られるため、人間や動物や神霊的存在だけでなくこれらも含めて考えたい。

4　日本の類話における〈あわい〉のイメージ

それでは、日本の「天人女房」説話において〈あわい〉の空間・時間・存在はどのように描かれているだろうか。『日本昔話通観』資料篇2〜26を用いて、各地域の「天人女房」類話における〈あわい〉のイメージの様相を、以下の五点について確認してみたい。

A．天女が天上界から人間界に来た季節や時間、空間、用具［降臨の時間・空間・用具］
B．天女を人間界に留まるように仕向けたもの［人間界のくびき］
C．天女が天上界に帰る手助けをしたもの［天女帰還のための援助者］
D．人間の男が天上界へ行く手助けをしたもの［人間昇天のための援助者］
E．人間の男が天上界へ行く際に回路となったものや用具［昇天の回路・用具］

A．降臨の時間・空間・用具……降臨する時間（帯）については、特定されないことが多いが、屋外で水浴することを考えると、夏場の日中と推定される。場所は、池・湖・川・海などの水辺が圧倒的に多いが、「せんじゃこうの香りが漂い、美しい音色がするけしの花畑」（岩手）もある。天女が降臨のために用いるのは「羽衣」と呼ばれる衣服であることが多いが、鹿児島や沖縄では「飛び着《ぎん》」「飛び衣《じん》」などと呼ばれる。一方、岩手の類話では、蓮の花茎で糸を紡いで作った「綾衣」とされる。また、夜中、祠の中に天女たちがふろしきをかぶって現れ、爺にこのふろしきを隠されて帰れなくなるという秋田の類話もある。

B．人間界のくびき……人間の男に羽衣を隠されることが天女を天上界へ戻れなくさせる「くびき（軛）」であるが、その前段として、「鹿」（広島、香川）や「狐」（高知）が、男に助けてもらったお礼として天女と結婚させるために羽衣を隠すようアドバイスするというモチーフが付くことがある。「鹿」は、前述した韓国の類話を想起させる。

C．天女帰還のための援助者……天女と人間の男との間に生まれた子どもが羽衣の隠し場所を天女に教えるというパターンが多い。子どもの人数については一人から三人まであり、性別はまちまちで、特に性別を語らない場合も多い。年齢についても語られない場合が多いが、七歳の兄が三歳の弟に子守唄を歌うのを母親の天女が聞くと特定している類話もある（鹿児島）。「七五三」の生育儀礼にも関係するように、これらの年齢が成長段階の節目つまり〈あわい〉の時間と見なされていたことを示唆している。

羽衣の隠し場所としては、自在鉤（島根）、棟木（岡山）、柱の穴（高知）、行李（香川）、松の木の根元（青森）、土に埋めた箱（長野）、藪の中の石の櫃（熊本）など様々だが、特に、高倉（愛媛）、米倉（沖縄）、稲藁（鹿児島）といった米に関係する空間がしばしば見られ、米（稲）が聖なる〈あわい〉性を帯びていることが窺える。

また、隠し場所の教え方としては、ＩＴ２２１のモチーフ構成のように「子守唄を歌うのを聞いて」というものが多い。兄や姉が弟や妹に歌うという場合の他、父親（秋田）、子守り（滋賀）や婆（熊本）が子どもに歌うという場合や、父親から聞いた唄を子どもが母親に聞かせる場合もある（岡山）。一方、唄ではなく、父親から聞いたことや父親がしていたことを子どもが母親に話す（福島、新潟他）、子どもが羽衣を見つけて母親に手渡す（長野、島根）、母親が自分で探し出す（鳥取、岡山他）、もう大丈夫だろうと父親（夫）が取り出して手渡す（新潟、愛知他）という類話もある。なお、天女が帰還する時に「七日七日に会おうぞやあ」と言って上がったのを、男が七月七日と聞き間違えたとする兵庫の類話もある（『通観16』250）。

D．人間昇天のための援助者……男が天上界へ昇る際、その方法を教えてくれる人間として、隣の婆（青森、秋田）・物知り婆（岡山）・隣の爺（熊本）・占い師（山形）・易者（広島）、坊さん（沖縄）などが登場する。いずれも聖性を帯びた〈あわい〉の存在のイメージがある。また、男の飼っていた犬（福島、鳥取、熊本他）や天上界の犬（宮城、秋田）が天上界に到達する時に助けてくれる。「犬」は、「桃太郎」や「花咲か爺」をはじめ日本の昔話における代表的な「援助者」となる動物だが、天上界を含む異界と人間界を越境・往還できる〈あわい〉の存在として位置づけることも可能である。

一方、黄牛を九九九頭殺して土に埋めた上に南瓜の種を蒔くと蔓が天まで伸びる（長崎）という類話もある。「牛」については、次の「昇天の回路・用具」のところにもその死体や糞の持つ呪力が描かれており、後述する中国の類話における主人公の人間の男が「牛飼い」であることとの関連が窺え、注目される。ちなみに、主人公の男が「犬飼」や「犬飼いさん」などと呼ばれる類話も見られる（徳島、熊本）。

E．昇天の回路・用具……南瓜（山形、長野他）、胡瓜（秋田、新潟他）、瓜（宮城、熊本他）、エンドウ豆（山口）、豆（青森、岡山他）、夕顔（福島、長野他）、朝顔（富山）、かずら（秋田、鳥取）といった蔓性植物の他、竹（山形、鹿児島）、朴の木（島根）、柿の木（秋田）等が天上界へ達するまで伸びていき、これを伝って昇天する。

こうした植物の超自然的な成長を可能にするのは、特別な肥やしである。前述した「黄牛を九九九頭殺して土に埋め」るというモチーフの他、馬糞千俵（秋田）、牛二五〇頭分の肥やし（山形）、厩肥（長野）、一晩に肥やしを九九回かける（山形）・九九九回かける（福島）、蚤や虱の皮（鳥取）、虱と蚤と蚊の糞（高知）、草履を一〇〇足作って燃やしてできた灰（島根）、灰俵（宮城）、六斗の上酒（島根）、着物を肥やしにする（岡山）等である。牛の死体、牛馬や蚤・虱・蚊の糞、灰、酒等が持つ呪的な力への信仰が窺える。

一方、一〇〇〇足の草履やわらじを作るよう言われて、一足分足りないのに見切り発車したために、もう一歩届かないところを、天上界の犬の尻尾や天女の機織り道具につかまって引き上げられるというモチーフを持つ場合も多い（長野、広島他）。また、天上界から降ろしてもらった釣瓶（青森、香川）、綱（山形）、縄（沖縄）、銀の糸と籠（埼玉）、金の担桶（広島）、紫雲（香川）・黒雲（徳島）、等に乗ったり伝っていったりして昇る場合もある。

なお、鳥取の類話では、母親の天女に取り残された姉妹が母を呼び戻そうと笛や鼓を奏でるモチーフが見られるが、その楽音は二つの世界をつなぐ回路としての〈あわい〉性を持つと見なすことも可能だろう。

5 〈あわい〉の存在としての「子ども」

以上のような、日本の「天人女房」説話における〈あわい〉性を帯びた様々な存在の中で、特に注目されるのが「子ども」である。鵜野（2009）『伝承児童文学と子どものコスモロジー』でも論じたが（鵜野 2009：142-143）、子どもが〈あわい〉性を帯びる要因を考える上で、坪井洋文（1970）の「霊魂不安定期としての子ども期」説が手がかりとなる。坪井によれば、子ども期とは成人になり結婚し一人前の人間になるまでの「成人化過程」であり、「幽界」（あの世）から「顕界」（この世）に送り出されたばかりの霊魂が、ともすると幽界に戻ろうとする「霊魂不安定期」にあたるとされる。つまり、子どもという存在は、霊魂がこの世に現われる前の「祖霊期」から「成人期」までの「過渡期」にあり、「幽界」と「顕界」の間を容易に越境・往来できる〈あわい〉の存在と見なされるのである（坪井 1970：20）。

また、「天人女房」説話の場合、もうひとつの要因が挙げられる。本説話における子どもはほとんどの場合、天上界の女と人間界の男との間に生まれた「混血児」である（＊ただし、天女が天上界から自身の子どもを連れて人間界に降臨する島根の類話もある）。したがって、天女が天上界へ戻りたいという気持ちも分かるが、その一方で父親と一緒に人間界に留まっていてほしいとも願うし、天女を追いかけて天上界に昇ってきた父親が、あと一息、天上に手が届かないのを見て、手を貸して引っ張り上げもする。つまり、この子どもの立ち位置は、「幽界」と「顕界」との〈あわい〉にあると同時に、「人間界」と「天上界」との〈あわい〉にもある。

さらに、自ら意図せず母親に羽衣の隠し場所を教えてしまい、母親もしくは父親との離別を招いてしまうという無邪気で無分別（イノセント）な言動もまた、人間界における社会的な分別（センス）や常識

〈コモンセンス〉を充分に身に付けていないという意味において、子どもの〈あわい〉性の特徴と見なすことができる。

そしてこの時、しばしば用いられるのが「子守唄」であることも興味深い。子守唄の本来的な歌唱目的は、目が覚めている「こちらの世界」から眠っている「あちらの世界」へといざなうことにある。また子守唄は、歌い手が意識するとしないとに関わらず、諷喩や呪文としての意味を込めて歌われ、直接的な聞き手である子どものみならず、歌い手自身や周りにいる人間、さらには神霊的存在や死者の霊魂に向けてもメッセージを届けようとする「魂呼《たま よ》ばい」の機能を持つことがある（鵜野 2009：171-192 参照）。つまり、子どもを媒介として、現実の人間世界から、目に見えない超越的な世界に向けてメッセージを届けようとする行為が子守唄の本質的な属性としてあり、子守唄にもまた〈あわい〉性を認めることができるのである。

以上、日本の「天人女房」説話において、子どもの持つ〈あわい〉性が重層的な形で表現されていることが明らかになった。

6　アイヌの類話における〈あわい〉のイメージ

次に、アイヌ民族の類話を見ていきたい。分析の資料として稲田浩二・小澤俊夫編（1989）『日本昔話通観　第1巻　北海道（アイヌ民族）』を用いる。54A「天人女房－難題型」には一話の日本語訳全文と類話五つが、また54B「天人女房－水浴型」には一話の日本語訳全文と類話五つが収められているが、このうち、本章の冒頭に紹介した「人間の男が天上界から降臨した女の衣服を盗み、女と結婚するが、やがて女は再び天に戻る」というモチーフを含むものは、54Bの類話4と類話5である。これら二つの類話について、日本の場合と同様に五つの視点から〈あわい〉のイメージを確認してみたい。

A．降臨の時間（季節）・空間・用具……類話5では「初夏」とされる。類話4でも湖で水浴びをしているという場面から「夏」であることが推測される。一日のうちの時間帯については不明である。また、類話4において天女は湖で水浴びをし、類話5では川原で水浴びをしている。また、降臨の用具は、類話4においては「薄衣」、類話5においては「着物」である。

B．人間界のくびき……二つの類話に特徴的なのは、衣服を盗まれたからではなく、裸の姿を見られたから、これを見た人間の男と結婚しなければならないと天女が言っている点である。ここにはアイヌの女性の「貞操」観を見て取ることができるかもしれない。

C．天女帰還のための援助者……類話4の場合には援助者は誰もおらず、妻の天女自身が衣を探し出して失踪する。人間の男との間には子どもも生まれているが、特に子どもが手助けをするわけではない。一方、類話5の場合は、結婚することを条件に着物を返すよう迫られた男が、その要求を受け入れる。つまり男自身が天女の帰還のための援助者となる。また、女は着物を返すことを要求する際に、自身が「天の国のチピヤクカムイ（おおじしぎの神）」であると名乗り、帰還の時にはおおじしぎの姿になって飛翔する。

D．人間昇天のための援助者、E．昇天の回路・用具……類話4においては、男は昇天しないので該当しない。一方、類話5においては、男が飼っていた犬が天女から天上界へ昇る道筋を教えられ、男に尻尾をつかませて、大エゾ松に上り、そのてっぺんに着くと、木が揺れる勢いで一緒に天上界へはね飛ばされる、という形をとる。天上界で天女の二人の兄たちから「炎の馬」と「氷の馬」を乗りこなすよう難題を出されるが、天女の援助により克服し、結婚の儀式を挙げて、女と犬と一緒に人間界の自分の家に舞い戻る。そして二人の子どもも生まれるが、やがて妻の天女は一人で「おおじしぎ」の姿になって昇天する。

以上より、犬が人間の男を天上界へ連れて行く援助者として登場するという点が日本の類話と共通する一方で、二人の間の子どもが特に〈あわい〉の存在としての役割を果たさないことや、天女の衣服は飛ぶための道具としてではなく肌を隠すためのものとしてあり、天女は鳥の姿に変身して昇天するといった点にアイヌの類話の特有性を見ることができる。

7　韓国の類話における〈あわい〉のイメージ

韓国の類話として、本章では前掲『韓国昔話集成2』に収載の「木こりと天女」を分析テクストに用いる（以下『集成』版）。また、稲田浩二編（1993）『日本昔話通観　研究篇I　日本昔話とモンゴロイド』（以下『研究篇I』）に収載された八つの類話（A「昇天」パターン　類話2～8およびB「援助」パターン　類話2）を確認する他、前掲『韓国昔話の研究』（KT）の205「きこりと天女」の項も参照する。

A．降臨の時間・空間・用具……『集成』版において、天女たちが降臨するのは夜で、夜明けになり天に戻ろうとするが末娘の天女だけは木の枝にかけておいた羽衣が見つからないために戻れない。天女たちが降り立ち、水浴びをするのは、人里離れた山の中の小さな湖である。そして「羽衣」が降臨し昇天するための用具である。また、『研究篇Ⅰ』B－2では天女たちが虹を渡って降りてくる。

B．人間界のくびき……『集成』版において、天女の羽衣を隠すよう木こりに教えるのは、狩人に追われていたのを木こりによって薪叢《まきむら》に隠してもらい命を救われた鹿である。このモチーフは前述した通り、『高麗史』（一五世紀前半）に見える。KTによれば、鹿が「私はこの山の山神霊である」と名乗る類例もある。

一方、『研究篇Ⅰ』A－2、5、6では「獐《のろ》（鹿の一種）」、A－4では「猿」である。また、KTによれば「兎」の場合もある。『集成』版において、木こりは天女に自分が羽衣を隠したことは秘密にして結婚し、三人の子どもの父親になる。一方、A－2における子どもの数は二人である。

C．天女帰還のための援助者……『集成』版において、天女に羽衣の隠し場所を教え、結果的に帰還のための援助者となったのは、子どもではなく夫（父親）の木こりである。天女は羽衣を着ると、二人の子を両脇に抱え、もう一人は背中に背負って天上界に帰還する。

『研究篇Ⅰ』B－2でも男が衣を返すが、その引き換え条件として、病気の父のために仙桃をくれるよう頼む。天女は男の孝心をあわれみ、仙桃を三つ与え、衣を着て帰還する。KTによれば、五月節句の日に天女が子を従えて帰還するという類話がある。

D．人間昇天のための援助者……『集成』版において、木こりの昇天を援助したのも鹿であり、その方法を教える。

E．昇天の回路・用具……『集成』版において、天から湖の水を汲み上げるために降ろされた釣瓶《つるべ》に乗って木こりは昇天する。

『集成』版では、天上界で妻の天女や子どもたちと再会して木こりは幸せに暮らすが、以下のような後日譚が付く。下界に残してきた母親のことが気になり、妻にそのことを話すと、足を地上に着けないことを条件に、「龍馬」に乗って降臨することが許される。母親（『研究篇Ⅰ』A－では友）に作ってもらった南瓜の粥を馬上で食べようとした瞬間、粥のあまりの熱さに馬の背中の上にこぼしてしまい、驚いた馬が跳ね上がった拍子に木こりは地面に落ち、馬はそれきり昇天する。木こりは死に、天を眺めながら鳴く雄鶏になる。日本の「浦島太郎」や、アイルランドの「オシーン」を想起させるモチーフだが、この中で「龍馬」や「南瓜の粥」もまた、二つの世界をつなぎ、隔てる〈あわい〉の存在と見なせる。

韓国の類話の〈あわい〉イメージの特徴として、命を助けてもらったお礼として男に天女との結婚をもたらし、またいったん離別した二人を再会させる「鹿」（または「獐」「猿」「兎」）の存在が挙げられる。ただし、前述したように「鹿」の類例は日本の広島や香川でも採集されている。また、男の昇天のための回路・用具が、天から降ろされた釣瓶であること（これも類例が日本の青森や香川にある）、再会を果たした二人の間をもう一度隔てることになったのが「龍馬」に乗っての人間界への帰還や、母親への孝心であること、さらに天上界との「つながり」を求めて鳴く、死んだ男の霊魂の化身としての雄鶏も注目される。

8　中国の類話における〈あわい〉のイメージ

中国における「天人女房」説話の分析テクストとして、拙著『日中韓の昔話　共通話型三〇選』所収の「乞巧節《きっこうせつ》」（以下『三〇選』版）と、出版文化産業振興財団編『日本・中国・韓国の昔話集1』所収の「牽牛星と織女星」（以下『昔話集』版）、飯倉照平編訳『中国民話集』所収の「牛飼いと織姫」（以下『民話集』版）の三話、『研究篇Ⅰ』収載の221「天人女房」類話のうち、本章の冒頭に述べた「人間の男が天上界から降臨した女の衣服を盗み、女と結婚するが、やがて女は再び天に戻る」というモチーフを含む三つの類話A－10～12（いずれも少数民族の伝承話）を用いる。

A．降臨の時間・空間・用具……『三〇選』版では、夜、月が昇る頃に「仙女」（天女）が降臨し、川で水浴する。季節は特定されないが、夜間に野外で水浴するのだから、夏の頃だろう。天女たちの着ていたのは「桃色の服」である。

『昔話集』版では、正午に七人の娘（天女）が川で水浴する。天女たちが着ていたのは「うす緑の衣」とされる。

『民話集』版では、夏のこと、草原に深い霧が立ち込めており、「宝の衣」を脱いで「仙女」が川で水浴している。

『研究篇I』A‐10（タイ族）では、湖に降臨した七人の孔雀姫が羽衣を脱いで水浴びをする。同A‐11（チワン族）では、七人の仙女が田に降臨し、翼を外して稲刈りを手伝う。同A‐12（ミャオ族）では、七人の天女が羽を外して池で水浴する。

B．人間界のくびき……『三〇選』版では、主人公の牛飼いの男は、飼っていた牛の助言により、いったんは天女の服を隠して天上界へ帰れなくするが、女に「私の服を返して下さい」と求められると、あっさりと返す。だが、「織姫」と呼ばれる天女は、男が勤勉で善良で正直者だと知って、天に帰るのをやめて男と一緒に暮らすことに決める。
『昔話集』版でも、飼い牛の助言により「織女」と呼ばれる天女の衣を盗む。その夜、娘が牛飼いの家に入ってきて、「あなたが衣を取ったのですから一緒に暮らしましょう」と言い、結婚する。

『民話集』版でも飼い牛の助言によって牛飼いが衣を盗む。

『研究篇I』A‐10（タイ族）では、老狩人、行者、かわうそ、水の神が、主人公の王子が孔雀姫の羽衣を隠す手助けをする。同A‐1（チワン族）では、地主の山の獣を殺して山に追いやられ半人半獣になった父親が、主人公の男に、仙女と結婚するための方法を教える。一方、同A‐12（ミャオ族）では、そうした援助者は登場しない。

C．天女帰還のための援助者……『三〇選』版では、天女の天上界への帰還は、天の兵士を引き連れた王母によって強制的におこなわれる。二人の間には男女二人の子どももいたが、帰還に際して特段の役割を果たすわけではない。

『昔話集』版では、三年目の七月七日、天の神が太鼓の音とともに大きな声で「戻ってこい」と何度もどなりつけ、天女はやむなく帰還する。

『民話集』版では、二人の子どもが生まれた後、牛飼いが衣の隠し場所を教えると、「仙女」はこれを着て一人で空に舞い上がる。

『研究篇Ⅰ』A－10（タイ族）では、王子の国の大臣が王子を戦争に行かせ、「娘は魔女だ」と言って処刑しようとすると、娘は孔雀になって天に還る。同A－11（チワン族）では、地主が美しい妻のことを知って連れてくるよう命じると、妻は翼を返してもらって天に還る。また、同A－12（ミャオ族）では日本の場合と同様に、子どもに教えられて天女は羽を見つけると天に還る。

D．人間昇天のための援助者……『三〇選』版では、男が飼っていた牛が死ぬ際、自分の皮を剥いでとっておき、何か起こったらそれを羽織るよう遺言する。天女が王母によって強制的に帰還せられると、牛の遺言通りに、牛の皮を羽織り、二つの籠に子どもを一人ずつ入れて天秤棒で担ぐと、天女の後を追いかけて昇天する。
『昔話集』版でも、飼い牛の遺言に従い、牛の皮を羽織り、牛の角に足を入れると角は二艘の小舟になり、子どもたちを二つの籠に入れて天秤棒で担ぐと、舟は天に昇る。

『民話集』版でも、飼い牛の遺言通り、牛の皮の包みの呪力で親子三人空に舞い上がり、母親の天女の後を追う。

『研究篇Ⅰ』A－10（タイ族）では、行者、猿、人食鳥、蛍が次々と登場し、王子と天女との再会の手助けをする。同A－11（チワン族）では、天女が糸を垂らして男を引き上げる。同A－12（ミャオ族）では、母親の天女に取り残された二人の子どもが、成長した後に旅立ち、母親の残した二本の羽、途中で出会った老人、祈祷師、鷲鳥、雲の上の馬の援助によって天上界の母親と再会する。

E．昇天の回路・用具……『三〇選』版では、前述の通り、亡き牛の皮が昇天の用具の役割を果たし、人間界と天上界、二つの世界をつなぐ〈あわい〉の存在となる。一方、王母が髪に挿していた碧玉のかんざしを抜き、自分の後ろに線を引くと、大川（天の川）になる。かんざしと川（水）が、二つの世界を隔てる〈あわい〉の存在となる。

『昔話集』版では西王母がかんざしを抜く。また二つの世界をつなぐ〈あわい〉の存在としてカササギも登場する。七月七日に群れをなして天の川に橋を架け、二人がこの川を渡れるようにするとされる。『民話集』版では、前述のように牛の皮が昇天の用具となるが、かんざしを抜いて線を引き、大川を発生させるのは、天女自身である。また、天女が身につけていた機織りの梭を追いかけてくる夫の牛飼いに向かって投げつける。これも、二つの世界を隔てる〈あわい〉の存在と言えるだろう。

『研究篇Ⅰ』A－10（タイ族）では、一度王子と離ればなれになった天女が残した腕輪が目印となって、二人を再会させる。同A－11（チワン族）では、天女が天上界から垂らした糸が男の昇天の用具となる。同A－12（ミャオ族）では、母親のつけていた二本の羽や、雲の上を走る馬が、二つの世界をつなぐ回路・用具となる。

9　比較考察

以上を踏まえて、日本・アイヌ・韓国・中国の「天人女房」説話における〈あわい〉のイメージの比較考察をおこないたい。

(1) 特有性

・日本……①天女と人間の男との間に生まれた子どもが、天上界と人間界を隔てもし、つなぎもする存在となる（ただし、中国・ミャオ族の類話でも、子どもが羽の隠し場所を天女に教える）。②子守唄が天女を天上界へ帰還させるきっかけとなる。③南瓜・瓜・胡瓜・豆類・朝顔などの蔓性植物とこれを成長させる特別な肥やしが二つの世界をつなぐ回路となる。

・アイヌ……①天女が二つの世界を行き来する用具（手段）が「羽衣」に限定されず、天女自身が鳥（シギ）に変身することによっても可能となる。

・韓国……①男が羽衣の隠し場所を教える。②男の孝心が天女との間を引き裂くきっかけとなる。③猿や兎が男への報恩として天女の天上界への帰還を妨げる。④オンドリの鳴き声が二つの世界をつなぐ。

・中国……①天上界の王や王母（西王母）が、天女と人間の男との間を引き裂く（漢族）。②カササギが二つの世界をつなぐ架け橋となる（漢族）。③かんざしで線を引くことで二つの世界が隔てられる（漢族）。④男が天女と一緒になるために、また再会するために、さまざまな人間や動物が次々と援助者になる（タイ族、ミャオ族）。

（2）共通性

・日本とアイヌ……①犬（男の飼い犬や天上界の犬）が天女と人間の男をつなぐ存在となる。

・日本と韓国……①鹿が男への報恩として天女の天上界への帰還を妨げる。②天から降ろされた釣瓶に乗って男が昇天する。

・アイヌと韓国……①天上界の馬を乗りこなすことが人間の男の試練となる。

・日本と中国（漢族）……①七月七日の七夕行事の由来譚となる。②川が天女と人間の男との間を隔てる障碍となる。③牛が二つの世界をつなぐ存在となる。④天女が機織りをする。

・日本と韓国と中国……①天女は「羽衣」を身にまとわないと飛ぶことができない。

・四地域とも……①天上界があり、そこから羽衣をまとって天女が降臨する。②川・池・湖などの水辺が人間界における天女の安息場所となる。

結びに代えて――東アジアの人々のコスモロジーと宗教的背景

東アジアの「天人女房」説話に共通して見られる、天上界を設定し、そこから羽衣をまとって天女が地上界に舞い降りてくるという発想は、宇宙は人間世界（現実的世界）と異世界（超越的世界）との二重構造によって成り立ち、二つの世界の中間領域を媒介し往還する存在があるとするコスモロジーを基盤としていると言える。これは岩田慶治が『カミと神――アニミズム宇宙の旅』（1984）において提示した「現世と他界のかかわり方」をめぐるコスモロジーの五類型における「（3－4）平地の水田稲作民族」

の場合に合致するものと思われ（岩田 1984：200）、東アジアの人々のコスモロジーとしての妥当性を有する。[*6]

旱魃、酷暑、水害、冷害、地震、津波、火山の噴火……、モンスーン型温帯気候に位置する東アジアにおいて農業や林業、漁労、狩猟を生業とする人々にとって、自然は四季折々の大いなる恵みを与えてくれる一方で、無慈悲なまでの災厄をもたらす脅威でもあった。不条理で理不尽な事態に直面した時、人々は天空を見上げ、自分や自分の家族や地域の人々に対してかくも大きな試練を与え、時にまたそうした自然災害の脅威から守り支えてくれる存在の住まう世界が、この天空の彼方にあると信じたのではなかろうか。

「天人女房」説話を通してイメージされる「水田稲作民族」のコスモロジーの特徴をいくつか挙げてみよう。天上界は決して仏教的な極楽浄土やキリスト教的な天国のようなユートピア世界ではなく、人間界と同様に家族や社会の営みがあり、争いや揉め事が起こる、ある意味で「人間臭い」日常的世界である。天上界にはまた、死者や動物の霊魂も地上におけると同様の身体を与えられて住まうことができる。それから、天上界の存在はいつも人間界を見下ろしているのみならず、時には人間界に降り立ち、場合に応じて人間に禍いや幸いを与える。また逆に人間界から天上界に昇天し、自分たちの願いを届けようとする存在もある。

さらに、天上界のみならず人間界もまた、人間・動植物・無生物、世界に存在する全てのものには霊

＊6　岩田は二つの世界の媒介者、すなわち本章における〈あわい〉の存在に相当するものの具体例として、柳田国男の「先祖」、折口信夫の「マレビト」を挙げている。

魂（アニマ）が宿っており、それ故に意思の疎通ができるという、いわゆるアニミズム的世界である。そしてまた、ここでは全ての霊魂が必ずしも対等であるわけではなく、力関係において不均衡であり、特に秀でた力を持つ特定の動物との間に親和的な関係を持つという、いわゆるトーテミズム的観念も見られ、「天人女房」を例に取れば、日本やアイヌの「犬」、日本や韓国の「鹿」、日本（九州）や中国（漢族）の「牛」がトーテムと見なし得る。さらには、天上界の存在や出来事を人間に告げ知らせるシャーマン的な存在も現れる。日本の類話に登場する「易者・占い師・爺・婆」などである。

以上のように、岩田の言う「水田稲作民族」のコスモロジーは、E・タイラーが『原始文化』（1871）において提唱した文化進化論における原初的段階としての「アニミズム」および「トーテミズム」「シャーマニズム」などの宗教的特質を持つことが、「天人女房」説話の〈あわい〉イメージを分析することによって確認される。その成立年代を特定することは難しいが、仏教やユダヤ教（およびその後裔としてのキリスト教やイスラム教）が誕生する以前の原初的な宗教的世界に遡るものと思われる。

そしてこのようなコスモロジーを基盤として、中国において道教や陰陽五行思想が生まれ、神仙世界に住まう「仙女」としての天女や、天女が身にまとう羽衣のイメージが形象化されて、やがて朝鮮半島や日本（本土）へと広まっていった。日本では、前述した原初的な宗教的世界は八百万《やおよろず》の神々を崇拝する「かんながらのみち＝神道」と呼ばれてきたが、この「神道」が中国伝来の道教や仏教と結びついて生まれたのが修験道であり、「天人女房」の伝播においても、修験道の山伏たちが一定の貢献をしている可能性が考えられる。

一方、アイヌの類話において、天女がシギ（鳥）に変身して昇天するのは、アイヌの精神世界において特にアニミズムやトーテミズムの力が強いことを意味していようか。但し、日本の類話にも、例えば鹿児島県喜界島の類話に、子どもを置いて天上界に戻った天女が、残した子どもがかわいいので時々団子を作って、それを「白ン鳥」の首にかけて子どもの所に届けるというモチーフが見られる（『通観25』125）。その他、IT229「鶴女房」やIT230「鳥女房」などの話型からも、人間界と天上界（異界）との〈あわい〉の存在としての鳥のイメージが日本人にも共有されていたことが窺え、アイヌと日本のコスモロジーに共通のアニミズムやトーテミズムの宗教的背景を見て取ることができる。

次に、韓国の類話の後日譚において、人間界に残してきた母親に対する「孝心」が強調されているのは、韓国における儒教的倫理観の影響と見ることができる。但しこれも韓国に固有というわけではないことは、日本の「浦島太郎」説話の後半部に同様のモチーフが見られることからも明らかである。また沖縄を中心に伝承されているIT222「星女房」は、孝行息子への同情心による天女降臨がモチーフとなっており、ここに琉球文化と韓国朝鮮文化のコスモロジカルな同質性を指摘することも可能だろう。

さらにもう一点、今回は十分な数の資料にあたることができず仮説としての説得力も弱いが、中国の少数民族と、日本やアイヌの類話に見られる類似性や共通性の高さは、東アジアの文化圏における周縁性（マージナルな場所にあること）に求められるのではないか。つまり、仏教や道教や儒教という「象徴の体系としての宗教」（ギアーツ 1973/1987：150）が政治や経済と結びつく形で東アジア全体に浸透していったが、原初的もしくは「宗教」以前の精神世界はそれらの影響を受け変容を遂げつつも生き延びており、そうした精神世界を反映する物語がこれら文化的周縁地域に残存しているとの解釈が、本章に紹介した類話によって確認されたと思われるのである。より多くの類話に当たることでこの仮説を検証する作業が今後の課題となる。*7

最後に、英国スコットランドやアイルランドの「アザラシ女房」説話と東アジアの「天人女房」説話との類似性は、「水田稲作民族」のコスモロジー説に修正・変更を迫るとともに、二重構造的宇宙モデルの全人類的な普遍性を展望することになると思われるが、他日を期することにしたい。

引用・参考文献

・飯倉照平編訳（1993）『中国民話集』岩波文庫
・稲田浩二他編（1977）『日本昔話事典』弘文堂
・稲田浩二（1988）『日本昔話通観　第28巻　昔話タイプインデックス』同朋舎出版
・稲田浩二・小澤俊夫編（1989）『日本昔話通観　第1巻　北海道（アイヌ民族）』同朋舎出版
・稲田浩二（1993）『日本昔話通観　研究篇Ⅰ　日本昔話とモンゴロイド』同朋舎出版
・稲田浩二（1997）「『天人女房』タイプの生成」、『昔話の源流』三弥井書店所収
・稲田浩二（1998）『日本昔話通観　研究篇Ⅱ　日本昔話と古典』同朋舎出版
・岩田慶治（1984）『カミと神――アニミズム宇宙の旅』講談社
・鵜野祐介（2009）『伝承児童文学と子どものコスモロジー　〈あわい〉との出会いと別れ』昭和堂
・鵜野祐介（2015）『昔話の人間学　いのちとたましいの伝え方』ナカニシヤ出版
・鵜野祐介（2016）『日中韓の昔話　共通話型三〇選』みやび出版
・斧原孝守（2022）『猿蟹合戦の源流　桃太郎の真実』三弥井書店
・ギアーツ、クリフォード（1973/1987）吉田禎吾他訳『文化の解釈学』全2巻、岩波書店
・君島久子（1984）「中国の羽衣説話――その分布と系譜」、『日本昔話研究集成』第二巻、名著出版所収
・出版文化産業振興財団編（2004）『日本・中国・韓国の昔話集1』国立オリンピック記念青少年総合センター
・タイラー、エドワード・B（1871/1962）比屋根安定訳『原始文化』誠信書房
・崔仁鶴（1976）『韓国昔話の研究　その理論とタイプインデックス』弘文堂
・崔仁鶴・厳容姫・樋口淳編（2013）『韓国昔話集成二』悠書館

・坪井洋文（1970）「日本人の死生観」、論文集刊行委員会編『民族学からみた日本』河出書房新社
・宮岡洋子（1977）「天人女房」、稲田浩二他編『日本昔話事典』弘文堂所収

＊7　同様の見解は、斧原孝守（2022）によっても提示されている。

第三章

マンローのアイヌ研究の思想史的淵源としてのタイラーとワーズワス

——〈アニマ〉から〈ラマッ〉へ

1　問題提起――マンローをアイヌ研究に導いたもの

スコットランド人医師ニール・ゴードン・マンロー（Neil Gordon Munro, 1863-1942）は一八九〇年に来日し、二〇世紀初め頃よりアイヌ文化の研究を手がけ、一九三二年からは北海道二風谷のアイヌ集落に移住して無償での医療活動の傍ら調査研究をおこない、一〇年後にこの地で没した。明治以来、アイヌの調査研究をした外国人は数多くいるが、長期間にわたって現地の人びとと共に暮らしながら彼らの生活実態の把握や記録をおこなったのはマンローただ一人とされる（マンロー 1962/2002：254-255）。

マンローはなぜアイヌ研究に取り組んだのか。より正確に問うなら、来日直後より考古学や人類学の手法を用いて古代日本の研究をおこなっていたマンローが、アイヌの研究へとシフトし、アイヌ社会に身を投じてその文化の本質に迫ろうとしたのはなぜなのか。

その理由に言及した先行研究をまとめてみると、①物質（有形）文化から精神（無形）文化へと関心が移行もしくは展開したため（出利葉 2002：12）、②日本人起源問題や先住民族論の研究が天皇制のタブーを犯すことにつながることを危惧したため（桑原 1983：123、手塚 2002a：22）、③アイヌの人びとが置かれている劣悪な生活環境を知り、彼ら固有の文化が高い価値を持っていることを世界や日本の人びとに知ってもらう必要を痛感したため（マンロー 1962/2002：15）、④「スコットランドの歴史と風土の中で育ち、虐げられたケルト民族やスコットランド高地人（ハイランダー）の精神性を受け継ぐひとりの人間が、アイヌに重ね合わせたに相違ない想い」のため（手塚 2002b：102）、⑤「アイヌの日常生活に接するうちにその世界観や宗教的信条に心を引かれるようになった」ため（同 102）などに大別される。

これらのうち、④の見解に基づいて企画されたと思われるのが、アイヌ文化の保存と継承に大きな功績を残しアイヌ民族初の国会議員も務めた萱野茂（一九二六－二〇〇六）がスコットランドを旅するドキュメンタリー番組「世界わが心の旅　スコットランド　響き合うアイヌの心」（二〇〇一年一〇月二八日、NHK総合）である。番組では、マンローのアイヌに対する献身的姿勢の背景には、幼少期を過ごした一九世紀後半スコットランドのゲール語社会の人びとが被った文化抑圧政策があったとの推測の下に、現在スコットランド北部の町エヴァントンに暮らすマンロー一族の直系当主や、スカイ島でゲール語伝承文化の復興活動に取り組むジョージ・マクファーソンとの出会いを通して萱野が、民族的マイノリティのスコットランド人マンローが同じくマイノリティである自分たちアイヌに、民族としての誇りと自信を持って、自らの文化の保存と継承に努めて生きるよう励ましてくれたのだと受けとめる様子を紹介する。*1

それでは、マンローが心引かれるようになった「アイヌ固有の精神（無形）文化」「世界観や宗教的信条」とは具体的にどのようなものであったのだろうか。それを知る手がかりとなるのが、N・G・マンロー（B・Z・セリグマン編、小松哲郎訳）『アイヌの信仰とその儀式』（原典 *Ainu Creed and Cult*. 1962.）である。本書刊行のいきさつは後述することにして、その第一章冒頭において、アイヌの精神文化の特徴を表す三つのアイヌ語、〈ラマッ〉〈カムイ〉〈イナウ〉が挙げられている。三者のうち〈カムイ〉と〈イナウ〉

＊1　息子の萱野志朗氏によれば、二〇〇一年四～六月の間の約四週間、父・茂は現地に滞在したという。私からのメールでの問い合わせに対する二〇一七年五月一二日の志朗氏の回答より。

は、アイヌの宇宙観（コスモロジー）や宗教・精神文化が語られる時、必ず登場する言葉であるのに対して、「魂」「精神」「霊魂」に類する意味を持つ〈ラマッ〉はあまり取り上げられることのない言葉で、いわばマンローの独創的な着眼と言えるものである。[*2]

そして彼は、〈ラマッ〉〈カムイ〉〈イナウ〉の三者によって特徴づけられるアイヌの精神文化（宗教）を、エドワード・タイラー（Edward Tylor）に由来する「アニミスティックな信条（animistic belief）」と規定する一方、〈ラマッ〉の本質を具体的に表現したものとして、ウィリアム・ワーズワス（William Wordsworth）の次の詞章に優るものはないと述べている。

A motion and a spirit, that impels
All thinking things, all objects of all thought,
And rolls through all things.
　動き移ろう魂は
物思うもの　物思わぬものを　なべて駆り立て
かくて万物の中に　宿らんとする

（Munro 1962/2011：8, マンロー 1962/2002：16）[*3]

つまりマンローは、アイヌの精神文化の根幹のひとつと見なされる〈ラマッ〉に、タイラーのアニミズム思想や、後述するようにワーズワスの詞章の思想的背景とされる「汎神論思想」と呼ばれる霊魂イメージとの類似性を見出していたことが分かる。

注目すべきは、こうしたアニミズムや汎神論の思想は、一八五三年に生まれ一八七〇年代終わりから八〇年代にかけてエディンバラで青年期を過ごしたマンローにとっていずれも馴染み深いものだったと思われる点である。一八八八年に大学を卒業し、インド航路の船医となって以来ずっと異国での生活を送り、一九〇八年の約半年間の滞在を除いて祖国の地を踏むことはなく、「スコットランド人特有の放浪癖ゆえに外国遍歴を重ねた」（手塚 2002a：19）とも言われるマンローであったが、一九世紀後半のスコットランドにおける思想的潮流としてのアニミズムや汎神論が、彼をアイヌ文化の研究へと導く淵源となり、これらの影響の下に彼は〈ラマッ〉〈カムイ〉〈イナウ〉を基底に据えたアイヌの精神文化の構造的把握を試みた、そう考えることも可能だろう。

この仮説を検証するために、本章ではマンローの生涯を概観した後、『アイヌの信仰とその儀式』における〈ラマッ〉の概念規定や特質を確認し、次にタイラーのアニミズム論、続いてワーズワスの詞章に見られる汎神論思想、さらに一九一〇年前後に相次いで発表されたマンローの初期論考における霊魂イメージを、〈ラマッ〉と対比させながら検討する。以上の考察を通して、マンローがタイラーやワーズワスの思想を基に、自らの研究を古代日本の文化からアイヌ文化へ、さらに〈ラマッ〉等を基底とするアイヌの精神文化の探究へと展開もしくは深化させていったことを確認するとともに、その意義について考究する。

＊2　山田孝子（1994）は『アイヌの世界観』において、マンローの言説を基に〈ラマッ〉がクローズアップされ、アイヌの霊魂観が上代日本を含む周辺諸民族のそれと異なると指摘している（山田 1994：60-61）。

＊3　『抒情歌謡集』（*Lyrical Ballads.* 1798）所収の「ティンターン修道院」（Tintern Abbey, 正式名称は「ティンターン修道院上流数マイルの地で――一七九八年七月一三日、ワイ河畔再訪に際し創作」）からの一節。

2　マンローの生涯

ニール・ゴードン・マンローは、一八六三年六月一六日、スコットランド中部の都市ダンディーで、外科医のロバート・マンロー（Robert Munro）の長男として生まれる。三歳のとき、一家はキンロスに移住。当時、医者の息子は大抵私立学校に通ったが、父親の方針により地元の公立小・中学校で学ぶ。[*4] 一八七九年、エディンバラ大学医学部に入学し卒業までこの地で過ごす。その間、一八八三年頃より考古学・人類学・民族学・地質学に興味を持ち、テムズ川段丘から旧石器のハンドアックス（握斧）を発掘する。

一八八八年にエディンバラ大学を卒業後、インド航路の船医として勤務する傍ら、インド各地で発掘調査をおこなっていたが、一八九〇年、暑さのため体調を崩し、来日して横浜ゼネラルホスピタルで療養する。そのまま当地に滞在し、一八九三年、同院の院長に就任。以後、横浜や軽井沢で暮らし、晩年の一〇年間は看護師の妻・千代とともに北海道二風谷で過ごす。[*5] 医療活動の傍ら、全国各地で考古学・人類学的調査をおこない、二風谷移住以降はアイヌ文化の研究とアイヌ住民への無償での医療活動や衛生向上活動に尽力する。一九二三年と一九三二年の二度にわたり自宅が火災に遭い、日本とイギリスの関係が悪化していった一九三〇年代後半以降はスパイとの疑惑も受けて当局の監視下に置かれるなど様々な困難に直面しながらも、最期まで二風谷の地に留まって医療活動とアイヌ文化の研究に情熱を注ぎ、一九四二年四月一一日、癌性腸閉塞により七九年の生涯を閉じる。[*6]

3　『アイヌの信仰とその儀礼』における〈ラマッ〉

『アイヌの信仰とその儀礼』は、マンローが一九三八年頃にロンドン大学人類学教授で英国王立科学振興協会会員でもあったチャーリー・セリグマン（C. G. Seligman）に送った原稿を元に、夫の死後、セリグマン夫人（B. Z. Seligman）が編集し、渡辺仁の校閲および序論と脚注の付記により一九六二年にロンドンで出版された。二〇〇二年には小松哲郎による邦訳版が出版されている。

セリグマンは一九二九年に来日した際、マンローから一九二三年の関東大震災による横浜の自宅焼失などにより研究資金が逼迫し苦境にあることを聞かされて、ロックフェロー財団からの二度にわたる研究助成を斡旋するとともに、研究の方向性についても「アイヌの過去と現在」に関する論考の執筆を勧めるなど、マンローにとっての財政的・学術的支援者であった。『アイヌの信仰とその儀礼』に収載された原稿は、一九三二年暮れの火災で蔵書や研究資料の大半を失ったことから考えて、一九三三年以降の五年間に執筆された可能性が高い。第一章の冒頭において、過去そして現在もなおアイヌ民族の保持している宗教観が、前述したとおり「アニミスティックな信条」（animistic beliefs）であることが、以下のように言明される。

＊4　この時期に庶民の子どもたちと触れ合う機会を持ったことが、後のアイヌ集落への移住や無償での医療活動に繋がったと、前述のテレビ番組では説明している。

＊5　マンローは生涯に四人の女性と結婚している。最初はドイツ人、二人目は日本人、三人目はスイス人、そして四人目が日本人看護師・千代であった。

＊6　マンローの略歴については菅原（1982）、財団法人アイヌ文化振興・研究推進機構（2002）、出村（2011）を参照。

アイヌの生活の様相を述べるためには、人々が行う儀式的行事を除いて語ることは出来ません。アイヌは昔も今も、自然物にはすべて霊魂が宿るというアニミスティックな信条を心の中に深く抱いています。この信条があるからこそ人々は極めて多くの場合に儀式・儀礼の行事を行うので、人々の霊の世界との繋がりを理解するためには、人々の日常生活の有様を適切に説明することを欠かすことは出来ません。……アイヌにとっては、生活そのものが確固とした信仰を基礎としており、その信仰というのは大抵の場合自分たちが信じている霊の力に願いすがることに関わっています。

（マンロー 1962/2002：15）

そして前述したように、アイヌの宗教の特徴を表す三つのアイヌ語〈ラマッ〉〈カムイ〉〈イナウ〉が紹介され、そのうち〈ラマッ〉については次のように規定される。

〈ラマッ〉（言葉の内容としては「心」、「気持ち」、「心情」を表現している）という言葉は英語に翻訳することは不可能で、その概念を文字で表現するのも難しい言葉です。これに一番近い訳語は、「魂」または「精神」、「霊魂」となるでしょう。

（同前 16）[*7]

次に、何人かのエカシ（長老）の証言に基づいて、〈ラマッ〉の特徴や属性が列挙される。①この世には〈ラマッ〉を持っていないものは存在しない、②〈ラマッ〉は至る所に存在していて、無くなることのない不滅のものである、③それぞれの〈ラマッ〉には、その量の程度や集団化の状態に極めて大きな差があり、例えば植物の種子の〈ラマッ〉は人間の〈ラマッ〉とは異なっている、④〈ラマッ〉はあちこちと移動する傾向が強いが、動き回っている間にそれが小さくなったり消えてしまったりすることはない。

それから、前述したワーズワスの詞章が紹介された後、さらに〈ラマッ〉の特徴が具体的に列挙される。⑤ものが燃やされたり壊されたりすると〈ラマッ〉はそこから抜け出していく、⑥人間のみならずあらゆる動物や植物が死ぬと〈ラマッ〉はそこから離れて他の場所に行くが、決して消滅はしない、⑦死者が愛用していた弓矢や道具類を壊してから死者と一緒に埋めるのは、その用具の〈ラマッ〉が死者から離れていかないようにするためである。

それでは、次節以下において、タイラーやワーズワスの言説の中に、マンローが指摘した〈ラマッ〉の特徴との異同性を探りたい。

4　タイラーのアニミズム論と〈ラマッ〉の位相

「イギリス人類学の父」と称されるタイラーの主著『原始文化（*Primitive Culture*）』（一八七一年）は、「世界各地の未開民族の資料を使用して、初期人類から現代の人類にいたる文化（文明）の発達・進化を明

＊7　アイヌ民族の言語学者・知里真志保の『分類アイヌ語辞典』（人間編）には、「たましい…霊魂」の項目に「（1）ramat」が挙げられており、［ram（心、心臓）＋ at（紐）］と記述されている（知里 1954/1975：243）。

らかにしようとした大作」（綾部 1994：12-13）であるが、本書はその一二年前に刊行されたチャールズ・ダーウィン（Charles Darwin）の『種の起源（*On the Origin of Species*）』（一八五九年）の影響を強く受けているとされる。ダーウィンが生物学的な意味での〈ヒト〉の起源を生物の進化の系譜上に位置づけたのを踏まえて、タイラーは文化を創造しこれを発達・進化させた存在としての〈人間〉に焦点化した。そして「野蛮」から「文明」へと至る文化の進化論の基点に据えられたのが「霊的存在への信仰」（the belief in the Spiritual Beings）としての「アニミズム」（animism）である。

この語は「気息・霊魂・生命」を意味するラテン語の〈アニマ anima〉に由来し、生物のみならず無生物や天体・気象などの自然の事物・現象も含めた森羅万象の中に、「霊的存在」（Spiritual Beings）すなわち〈アニマ〉を見出そうとする観念である。吉田禎吾（1987）によれば、タイラーの「霊的存在」とは「霊魂、死霊、精霊、悪鬼、神性、神々を含」む概念であり、「原始人の宗教的な思想は、徐々に進化して、死霊崇拝や呪物崇拝、自然の精霊の信仰から多神教に発展し、やがて一神教が生まれた」と考えるものであり、タイラーはこのような「文化進化主義」を主張したとされる（吉田 1987：15-16）。

それでは、『原始文化』において言及されているアニミズムの様相をいくつか具体的に見ていこう。第一に、アニミズムは一見すると原始的生活を送る「未開人」のみに保持されていると思われがちだが、現代の「文明人」まで途切れることなくずっと保持されているという（Tylor 1871：I-426）。

第二に、アニミズム的世界観は自然現象を人格化した「自然神話」の中に端的に示されるという。「未開人」（primitive man）は、太陽や月や星や風に宿る〈アニマ〉の存在を、これら天体気象の諸事象を人格化させた神々の物語すなわち「自然神話」として表現したと見るのである（ibid. I-287）。これは後述するように、ワーズワスが緑の丘や湖水のほとりを逍遥する中で感得した、日光や風や雨の中に宿る

〈宇宙の活動原理としての魂〉の存在を、詩によって表現したことに対応する発想である。

第三に、死後や寝ている時の〈アニマ〉の所在について言及し、死を迎えると〈アニマ〉は身体から離脱し、同様に睡眠中も〈アニマ〉はしばしば身体から離脱するという（ibid. I- 428-430）。

以上の指摘を基に、マンローによるアイヌの〈ラマッ〉と、タイラーの〈アニマ〉の異同性について検討してみたい。両者はともに、物体や現象の中に内在する目に見えない存在として、人間のみならずあらゆる動植物や自然の物象の中にあるものとされている。そして、身体（物体）が死滅したり破壊されたりした場合、そこから離脱するが、消滅することは決してない、と捉えられている点も共通する。

一方、〈アニマ〉が「霊魂」以外に「悪鬼」「神性」「神々」等をも包括する概念とされるのに対して、〈ラマッ〉は「悪鬼」「神性」「神々」等を含まず、これらは〈カムイ〉と呼ばれている。この点が大きく異なる。つまり「霊的存在」として概括される〈アニマ〉が、アイヌの宗教観においては〈ラマッ〉と〈カムイ〉に分化しているとマンローは解釈している。タイラーの「文化進化主義」に倣って言えば、アイヌの宗教観は「霊的存在」全般を未分化の状態で認識する段階から一歩進化した段階である、とマンローは捉えていたとの解釈も可能であろう。

5　マンローがワーズワスに見出した汎神論思想と〈ラマッ〉

次に、マンローがワーズワスに見出した汎神論思想について検討を加える。マンローがアイヌの〈ラマッ〉の観念を最も的確に表現するものとして例示したワーズワスの詩「ティンターン修道院」が創作されたのは、一七九八年のことである。原田俊孝（1997）によれば、ワーズワスは生涯にわたって「自然神秘思想」（nature-mysticism）を抱いていたとされ、それは初期の汎神論思想（1770-1804）、中期の禁欲思想（1805-1820）、後期の宗教思想（1821-1850）に分けられる（原田 1997：目次および 28-38）。「汎神論」（pantheism）について、『オクスフォード英語辞典 *Oxford English Dictionary.*』は以下のように規定している。

1. The religious belief or philosophical theory that God and the universe are identical (implying a denial of the personality and transcendence of God); the doctrine that God is everything and everything is God. 2. The heathen worship of all the gods.

1．神と宇宙は同一であるとする宗教的もしくは哲学的な理論（神の人格や超絶性の否定を含む）。神は万物であり、万物は神であるとする教説。2．全ての神々に対する異教徒の崇拝。（拙訳）

では、ワーズワスの場合はどうであろうか。原田（1997）は、ワーズワスが幼少時代に、「花や木に生命が宿っていると感じるいわゆる『アニミズム』を幼いなりに体験」しており、そして「成人して何かのはずみに子供の頃に実体験した出来事を回想した時、突然その現象の深い意味を悟り、内的啓示に気づく」ことになったとする（原田 1997：22-23）。こうした自然との交歓から受ける精神的感化、自然の「不可思議な訓練」（a strange discipline）により生ずる、「万物すべては私たちの中に生き、私たちは周りのすべての中に生きる（All things shall live in us and we shall live/In all things that surround us）」という、自然に内在する根源的な生命力の感得、「無限なもの、ただそこだけ」（*The Prelude*, VI, 539）に向かって上昇していく

「合一への魂の上昇過程」（原田 1997：24）に、「アニミズム」から発展した彼の「汎神論」を見ることができると原田は言う。

　そしてその帰結とも言えるのが、前述した「ティンターン修道院」からの一節である。その直前の箇所も含めて今一度引用しておこう（尚、日本語訳は原田（1997）を用いる）。

　　　　　　　　　　.... I have felt
A presence that disturbs me with the joy
Of elevated thoughts; a sense sublime
Of something far more deeply interfused,
Whose dwelling is the light of setting suns,
And the round ocean and the living air,
And the blue sky, and in the mind of man:
A motion and a spirit, that impels
All thinking things, all objects of all thought,
And rolls through all things. ....

　……高められた思想の喜びで私の心を動かす一つの存在を感じた。それははるかにもっと深く溶け合った何ものかが存在するという崇高感である、その住み家は沈みゆく夕陽の光りであり、円やかな大海原であり、生ける大気であり、青空であり、人間の心の内にある。それはあらゆる思惟するもの、あらゆる思惟のあらゆる対象を駆りたて、万物の中を流れる一つの動き、一つの魂である。……（原田 1997：24）

ここに示された〝a motion and a spirit（一つの動き、一つの魂）〟とは、宇宙に宿る「一つの生命」とも言い替えられるものであり、「彼は外なる自然を通して内なる自然の一つの内的神観、すなわち宇宙の一つの生命と一体になろうと努めている。これが彼の汎神論思想であり、初期の自然神秘思想の特徴である」（原田 1997：25）と原田は指摘する。

また、宇宙に宿る「一つの生命」としての〈霊〉（spirit）とはさらに宇宙の「活動原理」（An active Principle）とも呼びうるものであり、この原理は「あらゆる事物、あらゆる自然物の中に、つまり、紺碧の空の星、はかない雲、花や木、小川を敷きつめている小石、動かない岩、流れる水、目に見えない空気の中に存在する」（*The Excursion*, IX, 6-11, 原田 1997：41）とワーズワスは見ていた。

このようなワーズワスの詞章に見出せる汎神論思想を、前述したアイヌにおける〈ラマッ〉と比較してみると、〈ラマッ〉の特徴のうちの①「この世には〈ラマッ〉を持っていないものは存在しない」や、②「〈ラマッ〉は至る所に存在していて、無くなることのない不滅のものである」に対応することが分かる。一方、〈ラマッ〉の場合、特徴③が示すように、その個別性や多様性が強調されているのに対して、汎神論においては「一つの」という合一性や根源性が強調される。その限りにおいては、〈ラマッ〉は汎神論的というよりもむしろ多神教的と言えるかもしれない。ただし、『アイヌの信仰とその儀礼』の中には、〈ラマッ〉に関する以下のような記述も散見される。

〈ラマッ〉(魂・霊魂)とは、意志を伴う力、またなんらかの目的を叶え得る能力を持ったものと考えられています。〈ラマッ〉の力が活発なものであるか、それとも穏やかなものとして見るべきか、また〈ラマッ〉の力は個々の霊魂の特性によって異なると見なすべきか、いずれにせよ、どんな〈ラマッ〉にもなんらかの「意志・意欲」が備わっているものと考えられています。

(マンロー 1962/2002：40)

〈イナウ〉の力をかりることで、凝縮された〈ラマッ〉(魂・霊力)が多少を問わず〈イナウ〉の中に保たれ、それが人びとを悪霊から護る力になると見なされています。

(同 76)

誰かが死亡するとすぐに食べ物の準備が始められます。その死者は、病気で寝ている間にはほとんど食事も出来なかったことでもあり、それ故に死後の霊魂には活力を与えてやらねばならないと考えられているからです。この活力は、食べ物の中に含まれている〈ラマッ〉(魂)によって与えられます。

(同 185)

これらに示された「意志・意欲」「力」「凝縮」「活力(の源泉)」といった〈ラマッ〉の属性から伺えるのは、マンローがこの概念を「根源的な生命力」の意味合いを持つものとして捉えようとしていたことである。つまりマンローは、〈ラマッ〉を個別的でバラバラなものとしてではなく、万物に意志や活力を与え、生へと駆り立てると共に、万物を繋ぎ合わせる「根源的な生命力」として見ていた。そのことを、汎神論思想を表現するワーズワスの詞章によって示そうとしたのではないかと考えられる。

6 マンローの初期論考における霊魂イメージ

緑の丘や湖水のほとりを逍遥する中で感得された、日光や風や雨の中に宿る〈宇宙の活動原理としての魂〉の存在を詩によって表現したワーズワスや、神話をはじめとする文化的諸事物の中に「未開人」から「文明人」に至るまで通底して見られる〈アニマ〉の痕跡を探し求めようとしたタイラーの発想は、一九世紀後半のスコットランドにおける思想史的潮流でもあったと考えられる。そしてこれらの思潮は、マンローより五年早くグラスゴーに生まれ、グラスゴー大学で学んだジェームズ・フレイザー（James Frazer, 1854-1941）や、一八四四年にセルカークで生まれ、エディンバラ・アカデミーやセント・アンドリュー大学で学んだアンドリュー・ラング（Andrew Lang, 1844-1912）を始めとする民俗学者・人類学者たちに引き継がれる一方、考古学者たちにも、先史時代の石器の形、土器に描かれた紋様や図像、遺物の配置や構図などに、動植物や天体気象のイメージを重ね合わせようとする発想をもって受け継がれた。マンローもまたこの後継者の一人だった。

本節では、一九一〇年前後に執筆された考古学者・人類学者マンローの古代日本（Prehistoric Japan）研究に取り上げられたアイヌ民族の〈霊魂〉のイメージについて考察し、これを一九三〇年代の執筆と考えられる『アイヌの信仰とその儀礼』と比較してみたい。テクストには、①マンローの日本文化およびアイヌ文化に関する最初の論考と目される「日本における古代文化（Primitive Culture in Japan）」（1906）、②この論文に大幅な改訂をおこなって自費出版した『古代日本 *Prehistoric Japan*』（1908）、③「一九〇八年の一時帰国における見聞とヨーロッパ関係文献を駆使」して「欧米の遺物と日本の遺物を対比して、その起源や共通点を述べた」（出村 2006：71）とされる「いくつかの起源と残存（Some Origins and

Survivals)」(1911)の三編(以下「初期論考」と概括)を用いる。

マンローによれば、「未開人」(primitive man)は自然界のあらゆるものに「気息」(breath)もしくは「霊性」(spirit)、「幽霊」(ghost)が宿っていると考えていた。これは目に見えないものであるが、その器となる個体から自由に出入りし、また他の個体に宿っている「気息」と密接に繫がっている。また、〈死〉は「気息」が肉体から離脱することを意味するに過ぎず、夢を見ることや霊能者の行為によっても、同様の離脱が起きる。そして、こうした「未開人」における「気息」のイメージは、程度の差はあれ、現代の「文明人」にも共有されているとされる(Munro 1908 : 616)。

ところで、一九世紀末から二〇世紀初頭の考古学・人類学において、日本列島の先住民をめぐって「コロポックル」説と「アイヌ」説との間で一大論争が展開されていたが、これに対してマンローは、自身の考古学的発掘調査や人骨に関する形質人類学の先行研究に基づいて「アイヌ」説の立場を取る(ibid. 661-680)。そしてアイヌの祭具や民具、そして衣裳に描かれた紋様と、貝塚から出土された縄文時代の土器や土偶などに描かれた紋様に共通する特徴に、アイヌや日本列島の先住民である「縄文人」の世界観や宗教観の残存を発見しようとした。

共通する図像的特徴のひとつは、太陽・月・星、光、水、波、風、火などの自然や天体・気象に関するさまざまな表象の紋様である。特にマンローが注目したのは「勾玉」「三つ巴」「卍(マンジ)」などの様式化された紋様で、これらは英国の旧石器時代の遺跡からも発見されており、いずれも太陽崇拝に基づく日光の形象化と考えられるという(Munro 1911 : 73-74)。つまりアイヌの人びとや「縄文人」、そして英国の「旧石器人」はいずれも太陽に内在する「気息」を形象化し、その図像を配した道具を用いることで、その力を自分の中へ取り込もうとしたと見なせる。
また、魚や貝や葉っぱの形をした木製や石製の道具にも注目し、これらを用いることで動植物の「気息」の力を借りて、より多くの収穫を得ようとアイヌの人びとや「縄文人」は考えたのではないかとマンローは推測する。さらに、魚の彫像を配したアイヌの煙管ケース（pipe holder）について、大海の上に背中を浮かべている巨大な魚の、この背中こそ自分たちアイヌの住む島（＝北海道）であり、この魚が尾びれを揺らす時、地震が発生するという神話に由来するものとマンローは見る（Munro 1906：119-120）。
さらにマンローは、縄文時代の遺跡から発掘された「遮光器土偶」と呼ばれる土偶の目の周りのゴーグル状の縁取り紋様と、アイヌの成人女性が口の周りや肩や腕に施した入れ墨やアイヌの衣裳に施された紋様には、共通の意味があったのではないかと指摘する（ibid. 254-260）。その意味について初期論考の段階では、身体を装飾することによって「気息」の器となっている個体を別のものに取り換えたと見なす、「仮面」を被ることと同様の「変身願望」を意味すると考えていたようである。主体としての「気息」は、器としての「身体」の定期的な交換や更新を求めており、顔や手足、衣服への紋様の描き込みによって別の「身体」へと変身することができると考えたのではないかというのである。[*8]
ちなみに『アイヌの信仰とその儀礼』では、アイヌ女性の入れ墨は「自分の身を美しくするというだけではなく、そうすることで自分たちの連帯意識を固め、さらには自分たちの尊い祖先の女神である〈カムイ　フチ〉との霊的なつながりを強固にするためのものと考えられていた……。従ってこの火の女神から得た煤《すす》で染めた入れ墨が、たとえ目には見えなくても絶えず身の周りにいる悪霊たちから自分たちを護ってくれると考えられていた」（マンロー 1962/2002：179-180）と解釈されている。ここに述べられた「悪霊の体内侵入を防ぐため」との意味は、衣服に施された紋様にも同様に適用される。[*9]

なお、初期論考においても〈カムイ〉や〈イナオ《（ママ）》〉の語が散見されるが（Munro 1908：634, 653他）、これらはアイヌ文化と古代日本文化との共通性や連続性を例証するために用いられており、アイヌの独自的な精神世界を表現するものとしてではない。そして〈ラマッ〉の語はまだ登場しない。

以上より、マンローは初期論考において「気息」（breath）すなわち〈アニマ〉を基底とするアニミズム的世界を、英国旧石器時代人、「縄文人」、アイヌ民族の三者に共通する宗教観もしくは精神世界と考えていたことが伺える。そして、初期論考の段階ではタイラーのアニミズム論に依拠して〈アニマ〉と捉えていたアイヌの宗教の基底となる概念を、現地調査やアイヌの人びととの交流を通じて〈ラマッ〉〈カムイ〉〈イナウ〉に分類もしくは構造化して把握するようになり、『アイヌの信仰とその儀礼』ではワーズワスの詞章を用いてこれを明示しようとした。つまりマンローは、タイラーのアニミズム論を基点としながら、現地調査や交流を通じてアイヌの精神世界の独自性に気づき、その核心となる概念〈ラマッ〉にワーズワスの汎神論思想との類縁性を見出すことでこれを構造化して、その意義を欧米社会や日本人（和人）社会に紹介しようと努めた。そう結論づけられるのである。

＊8　マンローは明言していないが、スコットランドの「先住民Picts」がその顔面に入れ墨もしくはペインティングをしていたことから、古代ローマ人によって〝Picts = painted men〟と呼ばれたという逸話もまた彼の脳裏をよぎっていたかもしれない。

＊9　＊1で紹介した番組の中で萱野は、アイヌの衣裳に施された紋様を、邪悪な精霊（ウェンカムイ）が体内に入ってくることを防ぐためのものと解説している。

結び――〈アニマ〉から〈ラマッ〉へ

〈アニマ〉と〈ラマッ〉はいずれも、万物に宿る「霊性や魂」といった意味を持つ概念であるが、マンローにおいて両者の意味合いの違いは大きい。〈アニマ〉がその個別性や多様性に特徴づけられるのに対して、〈ラマッ〉はその器としての個体（物象）に生命の息吹を吹き込むとともに物象同士を繋ぎ合わせるという「生命力」や「磁力」にその特徴を見る。

アイヌの人びとと苦楽を共にし、彼らの生病老死と向き合う中で、マンローはアイヌの宗教観の本質を次のようなものと認めるに至ったと考えられる。人間以外の動植物や無生物（物象）の中にも人間と同じ目に見えない力もしくは生命としての〈アニマ〉が宿っており、万物はそれぞれの置かれた場でそれぞれの力を発揮して個別的かつ多様に生き、存在している。だがそれだけでなく、そこには万物を繋ぎ合わせ「生命あるものたちの世界」を全体として下支えする根源的な生命力、ワーズワスのいう「宇宙の活動原理」が働いている。アイヌの人びとはそのことに気づいており、この根源的な生命力や宇宙の活動原理をも含めた概念として〈ラマッ〉を認め、大切にしてきたのである。[*10]

それはおそらく中川裕のいうように、人も神も動植物も「持ちつ持たれつ」の補完関係を取らなければ生命をつないでいくことができなかった、厳しい自然環境の下に育まれた宗教観であり人生哲学であるに相違ない（中川 2010：36）。そしてこのような「つながり合って生きることへの指向性」は時代や社会を超えた普遍的意義を持つことを、マンローは確信したのではないか。この点に、マンローのアイヌ研究の真髄を見る思いがする。

マンローには「霊魂」「精神」「生（生存）」を主題とする一九一八年、二二年、三五年の諸論考*11がある。これらと今回の考察結果との比較検討を次の課題としたい。

引用・参考文献

・綾部恒雄編（1994）『文化人類学の名著50』平凡社
・内田順子編（2011）『国立歴史民俗博物館研究報告　第１６８集　マンロー・コレクション研究——写真・映画・文書を中心に』国立歴史民俗博物館
・内田順子編（2020）『映し出されたアイヌ文化　英国人医師マンローの伝えた映像』吉川弘文館
・財団法人アイヌ文化振興・研究推進機構（2002）『海を渡ったアイヌの工芸　英国人医師マンローのコレクションから』自費出版
・菅原千代子（1982）『わがマンロー伝　ある英人医師・アイヌ研究家の生涯』新宿書房
・Tylor, Edward B. *Primitive Culture.* 2 vols. 1871, reprinted in 1920 by London: John Murray
・タイラー、エドワード・B（1871/1962）比屋根安定訳『原始文化』誠信書房
・知里真志保（1954/1975）『分類アイヌ語辞典』、『知里真志保著作集別巻II』平凡社
・手塚薫（2002a）「縄文土器からアイヌ文化へ」、財団法人アイヌ文化振興・研究推進機構『海を渡ったアイヌの工

*10　「万物がつながり合ってこの世界を構成している」という発想はワーズワスにも見られる。ジョナサン・ベイト（1992/2002）によれば、一九世紀以降の英国社会が産業革命に伴う環境破壊や、貨幣経済の発達に伴う都市化の進行と農村社会の解体などによって人間と自然との関係を一変させ、「宇宙の活動原理としての魂」への気づきを困難にしているとワーズワスは見ており、ベイトはこうしたワーズワスの思想を「ロマン派エコロジー」と呼んでいる。マンローもまた、こうしたエコロジカルな観点から二〇世紀初頭のアイヌ社会を取りまく危機的状況を憂慮していた可能性も指摘される。

*11　*The Soul in Being.* (1918), "The Riddle of Mentality" (1922), *Life and Truth: Riddle of Existence.* (1935).

芸　英国人医師マンローのコレクションから』自費出版所収
・手塚薫（2002b）「マンローをめぐる人々」、財団法人アイヌ文化振興・研究推進機構『海を渡ったアイヌの工芸　英国人医師マンローのコレクションから』自費出版所収
・出村文理編（2006）『ニール・ゴードン・マンロー博士書誌――帰化英国人医師・人類学者』自費出版
・出村文理（2011）「アイヌ文化研究の帰化人医師ニール・ゴードン・マンロー（イギリス）」、北海道ノンフィクション集団編『異星、北天に煌めく』北海道出版企画センター所収
・出利葉浩司（2002）「人びととの出会い、コレクションの収集、そして展示へ」、財団法人アイヌ文化振興・研究推進機構『海を渡ったアイヌの工芸　英国人医師マンローのコレクションから』自費出版所収
・中川裕（2010）『語り合うことばの力　カムイたちと生きる世界』岩波書店
・バチラー、ジョン（1901/1995）安田一郎訳『アイヌの伝承と民俗』青土社
・原田俊孝（1997）『ワーズワスの自然神秘思想』南雲堂
・山内久明編（1998）『対訳　ワーズワス詩集――イギリス詩人選（3）』岩波文庫
・山田孝子（1994）『アイヌの世界観』講談社一九九四年
・ベイト、ジョナサン（1992/2002）小田友弥他訳『ロマン派のエコロジー――ワーズワスと環境保護の伝統』松柏社
・マンロー、N・G（1962/2002）小松哲郎訳『アイヌの信仰とその儀式』国書刊行会（原典：Neil Gordon Munro. *Ainu Creed and Cult.* 1962. New Edition by Routledge in 2011）
・Munro, Neil Gordon "Primitive Culture in Japan" in *Transactions of the Asiatic Society of Japan.* Vol. 34, part 2, 1906
・Munro, Neil Gordon *Prehistoric Japan.* 1908/1911. reprinted by Daiichi Shobo, 1982
・Munro, Neil Gordon "Some Origins and Survivals" in *TASJ.* Vol. 38, part3, 1911
・吉田禎吾（1987）「アニミズム」、『文化人類学事典』弘文堂所収

第四章

手話を用いた語りの研究序論

——文化的ダイバーシティ・文化的エコロジーと説話伝承

1 研究の動機

私が本研究に取り組むきっかけは二つの出会いからだった。一つ目は二〇一六年六月下旬、英国スコットランドのエディンバラで、スコティッシュ・ストーリーテリング・センター所長のドナルド・スミスに取材する中で、彼がセンターの課題として挙げた「文化的ダイバーシティ[cultural diversity]」と「文化的エコロジー[cultural ecology]」というキーワードである。

将来に向けて、センターが取り組むべき課題の一つが、マイノリティ（少数民族・社会的少数者）や移民・難民への支援です。そこで重要となる考え方が「文化的ダイバーシティ」です。スコットランドには古くから「移動生活民[traveling people]」がおり、彼らの所有する伝統文化を尊重してきた歴史があります。一方で、アングロサクソン文化によってケルト文化を駆逐しようとした負の歴史もあります。文化的ダイバーシティの精神を生かし、互いにシェアし、互いを理解しようと努めることが今後ますます求められるでしょう。また、異なる文化を持つ他の社会の人びとに敬意を払い、異なる文化とつながりあって自分たちの文化があるということを認めること、そうした考え方を「文化的エコロジー」と呼んでいますが、「文化的エコロジー」はうたや語りの文化を考える上でも重要な概念となるでしょう。

（鵜野 2016/08/02）

「多様性」を意味する「ダイバーシティ」という言葉は、当時まだ私の周りではあまり耳にする機会がなく新鮮だった。一方、「エコロジー」は一般に「生態学」と訳され、自然科学の分野で用いられる以外にも、グレゴリー・ベイトソンの『精神の生態学』をはじめ、社会科学や人文科学においても用いられてきたが、これが「語りの活動」において重要だという認識は持ち合わせておらず興味を覚えた。

もう一つの出会いはその約一週間後のことである。七月一〜三日、英国スコットランドのアバディーン大学で開催された「民俗学・民族学・民族音楽学二〇一六年度研究大会」に参加し、数日前に博士号を受理したばかりというエディンバラ大学大学院生エラ・リースの研究発表を聴く機会を得た。タイトルは「聴くことの喪失——ろう者の世界における非ろう者フィールドワーカー」で、「口承文芸」＝「音声言語によって伝達された文芸」という既成概念を打ち砕く斬新な内容と、ろう者の世界に飛び込んでフィールドワークをおこなった真摯な研究姿勢、そして身ぶり手ぶりを交えた豊かな表現力に魅了された（鵜野 2017：214）。そして彼女の研究は、一週間前に聞いたスミスの挙げた「ダイバーシティ」と「エコロジー」の課題に向き合った事例研究に他ならなかった。この時、《日本でもこうした研究はおこなわれているのだろうか。まだだとすれば、自分自身で手掛けてみたい》との衝動めいた想いが私の中に湧き起こった。[*1]

＊1　その手始めとして日本口承文芸学会『口承文芸研究』第四〇号に、二〇一六年七月の研究発表の内容だけでなくその基となったリースの博士論文「スコットランドの身体的‐口頭的伝承における、言葉を超える身体の動き——英国手話ストーリーテリングと〈聾者社会の声〉との出会い」（2016）の概要も含めて「海外における研究動向の紹介」として掲載した。

2　研究の目的と本章の位置づけ

この研究の目的は三つに要約される。第一に、日本の「ろう者」における説話伝承の歴史と現状を確認すること、第二に、「口承文芸」＝「音声言語によって伝達される文芸」という固定観念から脱却し、「音声言語」に「手指《しゅし》や顔の表情を用いた視覚的な言語」（亀井 2009：26）としての「手話（手話言語）」を加えた、「身体的－口頭的伝承［corp-oral traditions］」（鵜野 2017：216）として「口承文芸」を再措定すること、第三に、「ろう者」に対する「聴者」の意識変革をうながすと共に、「文化的ダイバーシティ」と「文化的エコロジー」を尊重する社会の実現にとって説話伝承が果たす役割を究明することである。その中で本章は、①概念規定の確認、②歴史的経緯の検証、③奈良県立ろう学校でのフィールドワークに基づく手話による説話伝承の可能性の考究、以上の三点についてまとめ、この研究の序論として位置づけられる。

はじめに、「聴者」と「ろう者」について説明を加えておこう。まず「聴者」とは「健聴者」とも言い、「耳の聞こえる人」を指す。次に「ろう者」について、『広辞苑 第六版』には「ろうしゃ［聾者］耳の聞こえない人。特に手話を日常言語として用いる人を言う」とある。一方、亀井伸孝は次のように規定する。「世界各地で、耳の聞こえない人たちの集まりが、手指や顔の表情を用いた視覚的な言語を話していることが知られている。この諸言語を『手話（手話言語）』と総称し、この人びとを『ろう者』と呼ぶ」（亀井 2009：26）。

ここで注目すべきは、「聴覚障がい者」と総称される、耳の聞こえない人や聞こえづらい人全員が「ろう者」と見なされるわけではなく、手話を用いることが要件となるという点である。亀井によれば、聴覚障がい者の中にも、補聴器を使い音声言語を話すことを選ぶ「難聴者」や、聴者として生まれ育ち、人生の途中で耳が聞こえなくなったために、急に手話という新しい言葉を話せることにはならず、引き続き音声言語を話す「中途失聴者」もいて、聴覚障がい者全体の中には、音声言語を第一言語としている彼ら「難聴者」や「中途失聴者」と、手話を第一言語とする「ろう者」との二つのグループがある(同 28-29)。さらに言えば、障がいの程度や発症の時期、家庭や地域や学校教育などの生育環境に応じて、彼らと「手話」との出会い方や向き合い方は多種多様であり、次節で述べる「ダイバーシティ」の観点に基づいた対応が求められるとされる。

3　「文化的ダイバーシティ」「文化的エコロジー」とは何か

「ダイバーシティ」という言葉は、近年、日本でも特に経営学の分野において、女性や障がい者や外国人など多様な人材の活用を推奨する言葉として耳にする機会が多くなった。教育社会学者の藤田由美子は、「ダイバーシティ」の視点について「人間社会における性別・人種・民族・宗教などの多様性を受容し、互いに認め合おうとする考え方である」と規定する(藤田・谷田川 2019 : i)。その上で、「教育原理」のテクストに取り上げるべき教育的諸課題として、①貧困家庭の子ども、②社会的養護によって育つ子ども、③外国につながる子ども、④性的マイノリティの子ども、の四者を挙げ、「ジェンダー」と「ダイバーシティ」の視点からこれらの課題について論究する。

注目されるのは、四者はいずれも「社会的少数者・弱者」と見なされる存在であり、おそらくはそれ故に、教職科目としての「教育学」や「教育原理」のテクストにおいて従来あまり多くの紙面を割いてこなかった領域であるという点だろう。「文化的ダイバーシティ」とは何かを考える上で、「社会的少数者・弱者」と見なされてきた（あるいは現在も見なされている）人びとが創造し継承してきた文化に焦点を当て、その価値や意義を認め、尊重しようとする姿勢が求められるように思われる。

そしてまた「口承文芸」の研究対象としても、貧困層・底辺社会、被差別部落、少数民族、（移民・難民を含む）外国につながる人びと、障がい者、性的マイノリティ、といった社会的少数者・弱者の集団が保持してきた独自的な口承文芸が具体的に想起される。従来、これらに関して個別の研究はおこなわれてきたが、「文化的ダイバーシティ」という視点から「インクルーシヴ（包括的）」に捉え、各自の個別性や特有性と共に、ある種の共通性や普遍性を発見しようとする試みは少なかったように思う。この点に着手しようというのが本研究の目論見の一つである。現時点では「推断」の域を出ないが、「社会的少数者・弱者」の口承文芸に共通する特性として、「社会的多数者・強者」の側からの「異人」の眼差しや、それに伴う「畏怖」と「差別」の眼差しに対する反骨心や抵抗感、批判精神などが見出せるのではなかろうか。この点については、稿を改めて詳しく論じたい。

次に「文化的エコロジー」について見ておきたい。「エコロジー」という語はドイツのヘッケル『一般形態学』（一八六六年）における［Ökologie］に由来するとされるが、一九世紀後半から二〇世紀初頭にかけて、ソローをはじめとするアメリカの環境主義者たちにより、自然環境の保護を軸とするエコロジー思想として拡がっていった（太田 1997：144-157, 169）。一方、自然界の様々な生物や無生物におけるつながりやネットワークを「観念［ideas］」または観念の集合体である「精神［mind］」の考究に適用させたのが前述したイングランド（後にアメリカ移住）の人類学者ベイトソンで、『精神の生態学』（一九七二年）には自然・人文・社会科学を縦断しての「エコロジー」という発想法の有効性が提示されている。

さらに、現代思想家ティモシー・モートンは『エコロジーの思考』(二〇一〇年)において、「エコロジーは私たちがいかにして一緒に生きていくかを想像するその方法の全てを含む」と規定し、「相互連関[interconnectedness]」と「共存[coexistence]」の概念をめぐる考察から、人やものの存在が許されている「ゆるやかさ」や「不整合の余地」が成立する条件について論じている(篠原 2016 : 139)。

以上を踏まえて「文化的エコロジー」を私なりに定義するなら、特定の社会集団によって継承されてきた特定の文化は、異なる社会集団における異なる文化との「相互連関」の中で「共存」している、とする発想を指すものであり、「文化的ダイバーシティ」の発想が内包する「他者性」が、「異人」や「異文化」に対する不信感や差別・排除へと向かっていかないための一種の安全弁、補完装置として機能する。つまり、異なる個性を持った多様な文化が、孤立し排斥し合う形ではなく、相互に連関し合い共存しているが故に尊重し合おうとすることこそ、「文化的エコロジー」の発想と言えるだろう。

4 日本における視覚的メディアを伴う語りの文化の歴史

先に、「口承文芸」＝「音声言語によって伝達される文芸」との固定観念から脱却することの必要性を説いたが、口承文芸における「音声言語」以外の伝達手段、特に視覚的メディアは、手話以外にもさまざまな形で存在していた。これらを確認しておくことは、手話という視覚的言語の、他の視覚的メディアとの異同性を比較検討する上で、重要な予備的作業となるように思われる。ここでは日本における歴史を大まかに確認しておきたい。

まず、身体表現という視覚的メディアを併用した「語り」として太古より存在していたと思われるのは「演劇」である。日本では「古事記」や「日本書紀」などの「神話」に題材を取った「神楽」の祖形が古代には誕生していたと思われ、今日においても全国各地で継承されている。中世以降、「能」や「狂言」、近世には「歌舞伎」や「人形浄瑠璃」など様々なスタイルの「演劇」が誕生し、物語を演じるという形で「語り」がおこなわれた。

一方、日本における視覚的メディアを併用した「語り」のもう一つの代表的な文化財と目される紙芝居は、一九三〇年頃に後藤時蔵等が製作・上演したのが嚆矢とされるが、上地ちづ子によれば、そのルーツは平安時代以降の「絵巻（絵物語）」や鎌倉時代以降盛んになった「絵解き」などに求められる（上地 1997：12-17）。視覚的メディアとしての「絵」もしくは「図絵」を音声言語と併用することによって、語り手が伝えたい情報をより的確に聞き手に届けることができ、聞き手の理解がより深まると考えられたのであろう。そして「絵巻」は、室町時代以降「奈良絵本」や「丹禄本」、さらには「絵草紙」としてより広く社会に普及し、江戸時代には「赤本」や「黄表紙」などの「絵入り本」が大量に出版され、「桃太郎」をはじめ数多くの昔話が書籍として固定化した形で流布していく。

「絵入り本」を用いた語りが一人もしくは比較的少人数の聞き手に対しておこなわれていたのに対して、「絵解き」の系譜を引く、大勢の聞き手を対象とする視覚的メディアとして、「のぞきからくり」「幻燈（写し絵）」「立絵（ペープサート）」などがある。これらは明治以降に盛んとなり、昭和の戦前期まで上演された。また、語り手が掛図を見せながら日本や世界の昔話や伝説（当時は「お伽噺」と呼ばれていた）、あるいは創作童話を大勢の聴衆の前で語る「口演童話」もまた、巌谷小波や久留島武彦などによって明治期後半から昭和初めにかけて朝鮮や台湾などの統治領を含む全国各地でおこなわれた。

さらに、前述したように一九三〇年には「紙芝居」が誕生して、街角では「街頭紙芝居」が、また屋内では「教育・保育紙芝居」「キリスト教紙芝居」「仏教紙芝居」が、競うように演じられた。一方で、大正期には欧米から映画が紹介され、国内でも制作されて大人も子どもも魅了された。そして一九六〇年代以降には漫画とテレビが一般家庭にも普及し、「紙芝居」をはじめとする既存の視覚的メディアを駆逐していったことは周知の通りである。しかし二一世紀を迎えた今日の家庭や幼稚園・保育所などにおいても、幼い子どもに絵本の読み語りをしたり、子どもたちと一緒に読みあいをしたりする大人たちの姿は日常的に見られ、スマホの動画アプリを乳幼児に見せてあやすという新たなスタイルも含めて、視覚的メディアを併用した語りは活況を呈していると言えるだろう。

付言すれば、「落語」のような、音声言語を主要なメディアとして聴衆を惹きつける「話芸」が上演される際にも、扇子や手拭等の「小道具」が視覚的メディアとして効果的に用いられる他、ジェスチャーや顔の向き、表情などの「身体表現」もまた視覚的メディアとして重要な役割を果たす。さらに言えば、会場の広さや雰囲気など、「語りの場」が発信する視覚的情報も大きな比重を占める。

5　手話とろう教育の歴史

次に、手話とろう教育の歴史を概観しておきたい。人類の進化の中で言語の能力が備わった時期をホモ・サピエンスが出現した約二〇万年前と仮定するならば、「その時に、耳が聞こえる人類たちはその能力で音声言語を生み、耳が聞こえない人類は同じ能力で手話を生み出した」（亀井 2009：120）と推測することも可能である。一方、最も古い文献としては紀元前四世紀のユダヤ教の文献に身ぶりで話す聞こえない人たちが登場し、また古代ギリシャの哲学書にも手で話す聞こえない人たちのことが記されているという（同 118）。

世界で最初に開かれたろう学校は、フランスのパリろうあ学院である。一七六〇年、ド・レペ神父がパリのムーラン街にある自宅を開放して、身分や家庭状況によらずさまざまなろう児を無償で教えていった。一七九一年、パリ国立ろうあ学院として認可され、以降英国イングランド、ドイツ、オーストリアなどヨーロッパ各地にろう学校が設立される。ド・レペの教育方針は、ろう者の言葉である「手話」を学びつつ、フランス語文法を習得するための「方法的手話」（音声語に対応した手話）を考案し、両者を併用して進めていくというものだった。パリ校からは何人もの優秀なろうの教員が育っていった。その一人であるローラン・クレールを招聘したアメリカのトーマス・ギャローデットは、一八一七年アメリカ初の公立ろう学校「コネティカットろうあ学院」をハートフォードに設立する。

「ろう教育の歴史について語る時、手話と口話の対立の話を避けては通れない」（レイン 2018：下 267）。口話法とは発話を中心に始まり、口の動きを読み取る方法（読話）と結びついたものである。初めてこれをろう教育に取り入れたのは一七〜八世紀のオランダ人医師ヨハン・コンラッド・アンマンとされ、一八世紀後半のフランスでも口話法を推進するヤコブ・ペレイラが手話法推進者のド・レペと論争を繰り広げたが、やがて手話法が主流となっていく。一方、ドイツとイギリスでは口話法が広がり、一九世紀後半になると、その普及にとって足かせとなる手話法を排斥しようとする口話主義として、アメリカでも大きな影響を及ぼすようになる。その指導的役割を果たしたのは、英国スコットランド出身で電話の発明者として知られるアレクサンダー・グラハム・ベルだった。

ろう者にできる限り聴者と同じような生活をさせてやりたい、そのために聴者の話す言葉を口の動きで読み取り、音声で話せるようにさせたいという口話法の発想そのものは、ろう教育の基本方針として間違っていないと思われる。だが、難聴の程度、先天性か中途失聴か、親が聴者かろう者かなど、さまざまなケースがあるにもかかわらず一括りに扱い、「手話」は口話法を習得する上での阻害要因となるものであるためその使用は全面的に禁止すべきとする「口話主義」の根底には、ろう者やろう者社会が育んできた「手話」という言語文化に対する差別意識が横たわっている。そしてその背景には、ダーウィンの進化論を人類社会に応用し「野蛮から文明へ」と進化したとする「社会進化論」、社会的強者によって社会的弱者は淘汰されていくのは自然の理とする「社会淘汰説」、優秀な血統を保持するために劣悪な血統は排除されるべきという「優性思想」といった、一九世紀後半以降における一連の社会思潮としての「強者の論理」がある。本章冒頭で触れたスコットランドにおけるアングロサクソン文化によるケルト文化の抑圧のみならず、日本政府による沖縄の人びとやアイヌ民族に対する抑圧も同時代の出来事である。口話主義の台頭もまた、強者である聴者のろう者に対する社会的抑圧として理解されるべきだろう。

一八八〇年にイタリア・ミラノにおけるろう教育者会議において、口話主義者が手話法派の反対を抑えて、音声言語の優位を称え、「手話」は締め出されるべきとする決議が採択された。その結果、「欧米のろう教育において、ろう者のさまざまな人権を踏みにじる基盤の上に口話法が君臨するようになった」(同 270)。

日本のろう学校は一八七八年、古河太四郎によって設立された京都盲唖院を嚆矢とし、二年後には東京・築地に山尾庸三によって楽善会訓盲院が設立された。これを皮切りに全国各地に盲児とろう児が一つの校舎で学ぶ形の学校が設立されていったが、やがて両者の教育法の相違は極めて大きいと認識されるようになり、一九二三年、盲ろうの分離を明記した「盲学校・聾学校令」が出された。

「大正後期から昭和初期にかけてベルの視話法や欧米のろう学校の口話法実践が続々と紹介され、わが国のろう教育は、手話中心の教育方法から、読話と発語による口話法へ傾倒していく」(同273)。一九三三年、全国盲唖学校長会議での鳩山一郎文部大臣の訓話で、政府が口話法を支持する姿勢を示し、ろう教育の方針が口話法となることが決定的となった。しかしこの会議の中で、大阪市立聾唖学校長の高橋潔は「少数者は多数者の犠牲になれというのか」と政府を批判し、手話を擁護する演説をした。その後も同校は障がいの程度や年齢段階等に応じて手話法と口話法を使い分け併用する「ＯＲＡシステム(大阪市立聾唖学校法)」と呼ばれる「適性教育」を続けていく。

潮目を変えたのは一九六〇年、アメリカのウィリアム・ストーキーによる「手話は、音声言語と同様に、機能的で独立した構文と文法を持つ言語である」と結論づけた論文である。これに続いて六〇年代、黒人の公民権運動に影響を受けながら発展したろう者たちの運動が「手話」の言語的認知を拡げていった。八〇年代には大脳生理学の分野でも「手話」が言語であることが証明された。こうした流れを受けて八〇年代後半から北欧で「手話」を第一言語とするバイリンガル教育が始まり、アメリカでもバイリンガル・バイカルチュアルろう教育の実践校が増えていった。日本においてもこの頃から「手話」を積極的に取り入れるろう学校が増え、ろう者の教員も再び採用されるようになり、二〇〇八年には「手話」を第一言語とする「明晴学園」が東京都品川区に設立された。[*2]

二〇一〇年、カナダ・バンクーバーでの第一〇回世界ろう教育会議においてミラノ決議は公式に却下される。バンクーバー声明には、「すべての言語とコミュニケーションの形態を尊重することを喚起する」と記され、口語法も手話法も含まれた。二〇一三年、鳥取県で全国初の手話言語条例が制定され、この年以降、「手話パフォーマンス甲子園」が毎年鳥取県で開催されている。但し、国の政策として手話をろう教育の「言語」として位置づけるには至っていない。ろう者の教員の割合も少なく、聴者の教員が手話を学ぶ機会も整えられていない等、解決すべき課題は多く残されており、「教育での手話の自由を求めてきたろう者たちの思いが、少しずつ実現に向かっているという現状」(亀井 2006：136) と総括される。

6　高橋潔の手話による語りの活動

高橋潔は一八九〇年、宮城県仙台市で生まれ、東北学院英文科を卒業し、一年間中学教諭を勤めた後、一九一四年に市立大阪盲唖学校に助教諭として赴任。一九二四年、大阪市立聾唖学校長に就任、一九五二年に退職、一九五八年に死去した (川渕 2000：430-435)。高橋は聴者だが、「手話否定の時代にあっても手話を守るために闘った人物として、高橋潔の名前は、ろう者たちの間で敬意とともに記憶されて」(亀井 2006：131) いる。『宗教教育について』(一九三一) の中で、もともと音楽家を志していた高橋は次のように記す。

従来の手話は、私が試みんとした感情の陶冶から始めるにはあまりにもごつごつした非音楽的なものでした。……そこで、今度は手話の芸術家という事に就いて努めました。即ち手話を手の位置、手の順序、手の勢いの三つをリズム的に動かす事を試みました。自分でもこれならば手話も綺麗だし小

＊2　明晴学園の設立経緯については、ジョンナン (2017) に詳しい。

説なども教えることができると確信して、いよいよ日本の聾唖学校に於いて初めて人情ものの小説を教えることにして、まず、私の受け持ちの高等科一年にやってみました。しかし、内心、いわば聾唖者から見れば人為的な手話が果たして聾唖者に受けいれられるだろうかと心配しましたが、結果は却って非常に受けがよく、また、談話会のときなど、そうした手話での話はあたかも夢のような美しいものとなって、話している私の手や体の動くがままに見ている生徒の体もゆらりゆらりと動くようにさえなりました。

（川渕 2010：27）

高橋は手話を用いて具体的にどのような話を、どのような形で「語って」いたのだろうか。高橋の娘・川渕依子の編著（2000、2010）や山本（1991）より、以下のように分類することができる。①素話（手話と口話で語るストーリーテリング）……「桃太郎」「カチカチ山」（「安寿と厨子王」[*3]）など。②「手話歌」……讃美歌や讃仏歌などを手話で歌う。後には手話講習会などで「新三朝小唄」を手話で歌い踊った。③「手話劇」……「ヴェニスの商人」「レ・ミゼラブル」「父帰る」など。役者は教員。口話への通訳付。一九二八年、生徒・卒業生・教師によるろう者と聴者の混成劇団「車座」を創設し、「鬼界ヶ島俊寛」「ド・レペとシカール」などを上演。なお管見の限りでは、高橋が絵本を用いた「手話語り」をおこなっていたという記録は確認できていない。[*4]

7　奈良県立ろう学校の手話を用いた絵本読み聞かせの活動

本節では、奈良県立ろう学校における活動について、私自身のフィールドワークを基に紹介していきたい。第Ⅰ部第三章「2　奈良県立ろう学校の実践」に記した内容と一部重複していることをお断りしておく。

（二）吉本努

二〇一八年七月に同校を訪れ、中学部に所属する吉本努に取材をおこなった。吉本はろう者の教師で、一九九六年に幼稚部に配属されると、担当した五歳児に手話を使って「しあわせの王子」「かぐや姫」「ブレーメンの音楽隊」などの絵本の読み聞かせを始めた。「子どもたちは競うようにして、その本を借りて帰り、家の人に読んでもらったり、絵本の内容を遊びに反映させたりするようになった。食い入るように手話を見つめ、『しあわせの王子』『ごんぎつね』の絵本を読んでもらいながら泣き出す子もいた。明らかに子どもの気持ちは絵本の内容によって動かされていた。また、読み聞かせを楽しんだあとで、二度三度と自分で繰り返して読む姿も見られた」（吉本 2002）。

吉本は、子どもにとっての絵本の意味を以下の四点にまとめている。①絵本そのものを共感しながら楽しむことで、心を安定させる。②遊びやコミュニケーションのきっかけになる。③経験したことを整理・拡張し、想像の世界を楽しむ。④知識を広げる。

その上で、手話を使った読み聞かせの留意点を次のように挙げている。①絵本を載せる台を使う。両手を充分動かせるように、絵本は譜面台などに載せて高さも調整する。②子どもたちとの距離を考える。

＊3　山本（1991）は高橋が最初におこなった手話語りが「安寿と厨子王」だったとしているが、川渕（2000）、同（2010）には触れられておらず、現状では事実関係は不明。

＊4　二〇二二年、高橋をモデルにした映画『ヒゲの校長』（谷進一監督）が制作・上映された。

近づきすぎても遠すぎても見づらいので、絵本も手話表現も見やすい距離をとる。③子どもたちが見やすい環境にする。④内容によって絵本を動かして使う。例えば「七匹の子やぎ」で、狼が子やぎを食べる寸前に絵本を動かして、狼が飛び出すような感じに見せる。また「三匹の子ぶた」で、家が飛ばされる場面は、絵本を揺り動かすとイメージしやすい。

以上のような留意点より気づくのは、手話を使った絵本読み聞かせ（読み語り）は、紙芝居の上演とよく似ていることである。①の譜面台を使うのは、紙芝居における木枠の舞台に対応するし、④は紙芝居において、画を抜く速度を変えたり揺らしたりしておこなう「抜き」の技法に対応する。一方、紙芝居と手話による絵本読み聞かせとの違いはと言えば、音声言語の有無である。紙芝居のように、声の強弱や声色の変化によって聞く者の心の集中や弛緩を導くことができないため、その部分を手話と身ぶりの表現で補っていかなければならない。吉本の報告の中の「表現を切り替えるタイミングを考える」「手話・身ぶりの位置、方向、移動をはっきりする」「視線の方向に注意する」「喜怒哀楽をはっきりと表現する」などの指示も肯ける。

吉本はさらに、「手話による読み聞かせを家で、家族と一緒に楽しみたい」という保護者の希望により、「お話ビデオ」を作成して配布した。これは家庭でのコミュニケーションのきっかけになり、保護者の手話学習にも効果的だという。「ただし、子どもと対話しながら読み進められるところが、生の読み聞かせの良さだ」と吉本は述べている。

手話を使って「子どもと対話しながら読み進める」とは一体どんな具合なのだろうか。

（二）小学部「ろう読会」

二〇一八年九月下旬の午後、再び奈良県立ろう学校を訪れた。この日は二〇〇八年に同校の保護者有志三名によって結成された「ろう読会」が月一回校内でおこなっている、手話による絵本読み聞かせの上演日だった。二〇一八年現在一〇名が会員登録し、練習と本番を月一回ずつおこなっているという。

昼食後の昼休みの時間を利用した約一五分のプログラムで、この日は小学部一年生から六年生までの約二〇名が一室に集まり、三名のメンバー（全員女性、一名がろう者、二名が聴者）が読み聞かせをおこなった。一冊目は写真絵本『すごいね！みんなの通学路』（ローズマリー・マカーニー、西村書店）、二冊目は『こんもりくん』（山西ゲンイチ作、偕成社）で、聴者のIさんとKさんがそれぞれ読んだ。そして三冊目は『狂言えほん　くさびら』（もとしたいづみ文、竹内通雅絵、講談社）で、ろう者のYさんが読んだ。筆者にとってははじめて体験する手話による絵本読み聞かせだったが、二人の聴者の方は、絵本に書かれた文章を誠実に手話に翻訳して伝えているという感じできっちりとした印象を受けた。一方、ろう者のYさんは実にダイナミックで躍動的な、翻訳ではないネイティブの「語り」だった。そしてその圧倒的な迫力に引き寄せられるように、子どもたちも明確な音声言語ではない「声」と、手話や身振りで自らの感情をエネルギッシュに表現していた。そのやりとりは、実際には音声言語ではないにもかかわらず、「語り」の場に互いの「声」が飛び交っているようだった。これが「手話で対話しながら読み進める」ということなのだと気づかされた。

この後、「ろう読会」の皆さんに少しお話をうかがった。月に一回の読み聞かせ会の対象は小学生のみだったが、昨年から幼稚部でもおこなうようになった。参加は自由で、低学年が多いという。これまでに紙芝居を上演したこともあり、また中高生を対象に手話で落語を演じたこともあるそうだ。この会を続けて来られた原動力となったのはやはり、興味深く「聞いて」くれ、「もう一回やって！」とリクエストしてくれる子どもたちの「声」だという。日本語（音声言語）に自信がないためか、ろう者の「読み手」が少ないので、今後もっと多くのろう者の保護者たちに、「読み手」として参加してもらいたいとのことだった。

（三）幼稚部「おはなしタイム」

保護者による「ろう読会」の活動の他に、同校には前述の吉本によって幼稚部で始められた、手話による絵本読み聞かせがきっかけとなった「おはなしタイム」があり、毎週水曜日午後一時から二〇～二五分、幼稚部の教師が担当している。現在この活動を中心となって進めているろう者の教師・小林由季によれば、「ろう読会」が絵本を「読む」楽しさを主眼としているのに対して、「おはなしタイム」の方は楽しさだけでなく言語指導という教育目的も併せ持った活動だという。

こちらの活動もぜひ見せていただきたいとお願いして、同年一〇月下旬、三たび同校を訪れた。午後一時に到着し幼稚部へと案内された。ちょうど昼食後の昼休みで、園児たちは外で元気に遊んでいた。人工内耳の子もいれば補聴器の子もいる。難聴のレベルはさまざまで、また他の障がいも複合的に持っている子もいるようだが、活発に遊んでいる彼らの様子や表情は聴者の幼稚園と全く変わらなかった。

やがて年長の「あお一組」の教室に幼稚部の児童一九名全員と六～七名の教師が集合し、午後一時一五分、おはなしタイムが始まった。この日のプログラムは次の通り。

①手遊び「一本指」：「一本指　一本指　鬼になっちゃった／二本指　二本指　とんぼになっちゃった

／…／五本指　五本指　おばけになっちゃった」……この後、「五本指でできるものって他に何がある？」と先生が質問すると、「クモ」「蝶々」「ペンギン」「ひょっこり覗く」「投げる」「あとで」などの答えが次々と子どもたちから発せられた。「ひょっこり覗く」や「あとで」といった答えはろう者の子どもならではだろう。

②「絵本の歌」…「えほん　えほん　ぱちぱちぱちぱち　うれしいおはなし　かなしいおはなし　しーしーしー　しずかにききましょう」。毎回はじめにこの歌を全員で歌う。

③絵本『グリム童話集より　金のがちょう』（読み…聴者のI先生）…手話と口話の両方で語られたが、がちょうに触った者の手が離れなくなり、次々とつながっていく場面は、特に大きなジェスチャーを交えて語られ、子どもたちも笑い転げながら「聞いて」いた。読み終えるとI先生は子どもたちに感想を求めた。皆の前に進み出て一人ずつ発言する。「行列が長くなったところが面白かった」「金のがちょう、大きくなったなあ」等。口話が聞き取りにくい子は先生が補助を務め、ほぼ全員が手話や口話で発言した。

この日の帰り、二〇一八年度四月～一二月におこなう二〇回のおはなしタイムで読む絵本リストをいただいた。全一五冊中、日本の昔話が六冊、ヨーロッパの昔話が八冊あった。[*5] その後、小林にメールで質問し、次のような回答を得た。

＊5　日本の昔話は「猿地蔵」「一寸法師」「舌切り雀」「浦島太郎」「おむすびころりん」「かもとりごんべえ」の計六話、ヨーロッパの話は「赤ずきん」「うさぎとかめ」「金のがちょう」「大きなかぶ」「狼と七匹の子やぎ」「ブレーメンの音楽隊」「小人と靴屋」「白雪姫」の計八話である。

Q．昔話を積極的に選んでいる理由は？

A．昔話に親しんで欲しい、知っていて欲しいという教師側の意図によるものです。例えば、聞こえない子どもたちが大人になった時に「桃太郎がね～」という話題になった時に、話題を共有できるようになって欲しいという理由からです。また、書店には最近の絵本が出ていることが多く、保護者の方もそれを選ぶ傾向があるので、学校ではそうでないものを意図的に読もうということもあります。

Q．おはなしタイムの活動をしてきてよかったと思うことは？

A．絵本を楽しみにしてくれる子どもが増えてきて、給食の時に「今日はお話しタイムがあるね」と話しかけると、「誰が読んでくれるの？」「どんなお話？」と聞いてくれるようになりました。

以上、保護者と教師がそれぞれの立場で、手話を使った絵本の読み聞かせをおこなっていること、昔話が手話を学ぶための格好の教材となっていること、また読み手や他の聞き手と一緒に楽しむための最適の道具となることが分かってきた。

8　結びに代えて――昔話を題材に用いることの意義

研究の初期段階における中間報告として、昔話を手話による語りの題材に用いることの意義を三つ挙げて本章を結びたい。それは第一に、共通の話型やキャラクターを知識として共有することで、ろう者と聴者が「つながる」。つまり、両者の民族的・地縁的アイデンティティの共有という「文化的エコロジー」に貢献できる。第二に、現実とは異なるファンタジーの世界を語り手や他の聞き手と共有することで、「語りの場」における連帯感の創出に貢献できる。そして第三に、こうした「語りの場」を聴者とろう者が一堂に会して設けることができるならば、音声言語と手話言語それぞれの特徴と異同性を体感でき、「文化的ダイバーシティ」の発見につなげられる。

最後に、仮説の域を出ないが、身体的‐口頭的にして視覚的な言語である手話は、マックス・リュティ（1981/2017）が昔話の様式性として抽出した「一次元性」「平面性」「抽象性」「孤立性」などの諸特徴を表現するのに適した言語的特性を持っているのではないかと予感している。この仮説を言語学的・身体論的に証明していく作業が次の課題として求められることを明記して締めくくりとしたい。

引用・参考文献

・鵜野祐介（2016/08/02配信）（ウェブ通信）「うたとかたりのネットワーク通信」第七号
・鵜野祐介（2017）「スコットランドの聾者社会におけるストーリーテリングの研究」、日本口承文芸学会『口承文芸研究』第四〇号所収
・鵜野祐介（2018-2019）「うたとかたりの対人援助学」第七～一〇号、対人援助学会ウェブマガジン『対人援助学マガジン』三四～三七号所収
・太田哲男（1997）『レイチェル＝カーソン』清水書院
・上地ちづ子（1997）『紙芝居の歴史』久山社
・亀井伸孝（2009）『手話の世界を訪ねよう』岩波書店
・川渕依子（2000）『手話讃美　手話を守り抜いた高橋潔の信念』サンライズ出版
・川渕依子（2010）『高橋潔と大阪市立聾唖学校』サンライズ出版

・木村晴美・市田泰弘（1995）『はじめての手話』日本文芸社
・クァク・ジョンナン（2017）『日本手話とろう教育』生活書館
・篠原雅武（2016）『複数性のエコロジー　人間ならざるものの環境哲学』以文社
・中島隆（2017）『ろう者の祈り　心の声に気づいてほしい』朝日新聞出版
・藤田由美子・谷田川ルミ編（2018）『ダイバーシティ時代の教育の原理　多様性と新たなるつながりの地平へ』学文社
・ベイトソン、グレゴリー（1972/1990）佐藤良明訳『精神の生態学』思索社
・松岡和美（2015）『日本手話で学ぶ手話言語学の基礎』くろしお出版
・山本おさむ（1991）『わが指のオーケストラ』全四巻　秋田書店
・吉本努（2002）「絵本の読み聞かせを考える」、聾教育研究会『聴覚障害』五七－五
・リュティ、マックス（1981/2017）小澤俊夫訳『ヨーロッパの昔話　その形と本質』岩波文庫
・レイン、ハーラン（1984/2018）斉藤渡訳、前田浩解説『手話の歴史』（上・下巻）築地書館

（＊本研究の第二弾として二〇二二年に執筆した「異人としてのろう者との架け橋としての手話民話語り――ろう文化と聴文化、二文化共生社会を目指して」は、共著書として二〇二三年度中に臨川書店より刊行される予定である。）

第五章
不条理と向き合う地蔵説話の伝承
――「笠地蔵」「みちびき地蔵」「地蔵の予告」

はじめに

理不尽で不条理な物語は、昔話や伝説を始めとする民間説話の中に殊の外多い。そして日本の不条理な物語の中には地蔵がしばしば登場する。本章では、〈神〉や物語の起源を不条理と向き合うことに関連づけた理論仮説の系譜と、地蔵説話の成立や展開を通覧した後、地蔵が登場する三つの民間説話、「笠地蔵」「みちびき地蔵」「地蔵の予告」を取り上げて、そこに見られる地蔵の表象（イメージ）について「不条理と向き合う」という視点から分析していく。以上を通して物語を語り継いでいくことの根源的な意味について考えてみたい。

1　物語の起源

人はなぜ物語を語るのだろうか。片岡輝は『人はなぜ語るのか』（2016）において次のように述べている。

……私たちは、語りによってさまざまな「物語」に描かれている多様な人生を追体験することで、生きる知恵をはじめ、人生の喜怒哀楽、挫折と成功、希望と勇気、慰めと励まし等、生を豊かにするものを分かち合い、学び合うことができるのです。

もう一つ、語りには、人と人の心に橋を架けるという大きな役割があります。遠い過去に生きた人といま生きている人、離れた土地に住んでいる見知らぬ人とわたし、信仰や価値観が異なる人とひと、男と女、大人と子ども……。

（片岡 2016：34）

多様な人生の追体験を通してより豊かな生を学び取ること、人と人の心に橋を架けること、両者はともに〈語ること－聞くこと〉の意義を的確に表現していると思われる。だがその一方で、この営みにはもっと抜き差しならぬ、それなしには生きていけないというような切羽詰まった動機もあるのではないか、という思いが頭をよぎる。

二〇一一年三月一一日の東日本大震災で津波に自宅ごとさらわれ、「ノアの方舟」のように数百メートル漂流した体験を持つ、宮城県山元町の語り部・庄司アイは、震災から五か月後に開催された「第七回みやぎ民話の学校」（2011/08/21-22、宮城県南三陸町）で次のように語っている。「〈ああ、もう駄目だな。お終いだな〉っていうとき、そのとき、思い出したんですね。荒保春《あらやすはる》さんっていうおじいさんは、こうおっしゃいました。『民話の一つ一つに、根拠があるんだぞ。ただ、ぜぇーくれ（いい加減に）語ってきだ、お話ではない。民話の一つ一つに、根拠があるんだから、ようく、聞いでおけ』って言って、話されました」（第七回みやぎ民話の学校実行委員会 2012：123）。

また、この学校を企画したみやぎ民話の会顧問・小野和子は著書『あいたくて　ききたくて　旅にでる』の中で、「血の吹き上がる現実に支えられて、そこに物語は呼吸して生き続けてきたのだという実感が、わたしにはある」（小野 2019：123）と記している。人は、「血の吹き上がる現実に支えられ呼吸して生き続けてきた」物語を、「ぜぇーくれ（いい加減に）」ではなく「いのちがけ」で語り、そして聞いてきたというのだ。

この時、思い出されるのは、一八世紀英国スコットランドの哲学者デイビッド・ヒュームの〈神〉の誕生をめぐる次のような言葉である。「すべてのことは謎であり、不可解であり、解きがたい神秘である。この主題に関するわれわれの最も正確で綿密な検討の唯一の結果は、懐疑であり、不確実であり、判断の中止であるように思われる」(泉谷 1996：250)。

2 ヒュームの〈神〉概念と一九世紀神話学者・人類学者の神話発生説

泉谷周三郎はヒュームの〈神〉概念を以下のように概括する。

ヒュームによると、無知な人びとは、最初超人的な諸々の力を崇拝し、その後自然のすべての機構に秩序を与えた存在者(神)を崇拝するようになった。彼らは、自然を静観できず、目に見えない力の足跡を人生のさまざまな出来事の中でたどっていくと、いくつかの制約された不完全な神々を容認せざるを得なくなり、多神教にたどりついたのである。たとえば、嵐や暴風雨は、自然の恵みによって成長したものを破壊し、病気や疫病は、豊かな生活を営んでいた王国に襲いかかり、多くの人びとを死に追いやる。このように、人生の出来事は気まぐれで不確実である。無知な人びとは、幸福への切望、未来に困窮することの恐れ、死の恐怖、復讐への渇望などから、つまり、希望(hope)と恐怖(fear)からいろいろな神々を信じるようになったのである。(中略)

人間は、生と死、健康と病気、豊かさと欠乏とのあいだの絶えまのない浮遊状態に置かれている。これらのことは、人間が知ることのできない原因によってもたらされている。そこでこれらの未知の原因が人間の希望と恐怖の絶えざる対象となり、人間は想像力によってこれらの力に関する観念を形成するのである。その際、無知な人びとは、自然の所産を静観して、すべての原因の源となる単一の神を想定することができず、宇宙のあらゆる部分を神と化し、自然の顕著な産物のすべてのなかに神を見出すのである。そこで彼らにとっては、太陽・月・星はもちろんのこと、猿・犬・猫などの動物も、また泉や樹なども神となるのである。

(泉谷 1996：247-248)

生老病死や天変地異をはじめ、因果律によっては決して解き明かし得ない、不条理な事態に遭遇した時、その恐怖から逃れるために、また一縷の希望を与えてくれることを願って、人は〈神〉を誕生させ、そして〈神〉に祈った、こうヒュームは考えたのである。

一方、一九世紀後半、ドイツのマックス・ミュラーや英国のジョージ・コックスといった比較神話学者たちは、「古代人」の太陽や月や星の運行や気象など大自然に対する驚異や畏怖の念が神話を創造させたと説いた。「恵み豊かな、あるいは人を焼きつくす太陽について、やさしい、あるいは恐ろしい夜について、いたずらな、あるいは、怒り狂った風について、その行為を表わすために無数の辞句」(トンプソン 1946/1977：131)を用いて「古代人」たちは神話を創り出したというのである。

これを批判的に継承したエドワード・タイラー、アンドリュー・ラング、ジェームズ・フレイザーなどの英国の人類学者たちは、こうした「古代人」の発想を、人類の進化における未開の段階にある人びとが共有する世界観であると捉え、森羅万象に共通する霊性(アニマ)を見出そうとする「未開人」の観念を「アニミズム」と呼んだ。つまり「未開人」のアニミズム的世界観が、自分たちを取り巻く大自然の諸現象や生老病死という生命にかかわる諸現象に対する驚異や畏怖の念と結びつくことによって、神々の物語すなわち「神話」が生まれ、そこから昔話や伝説などの民間説話が派生していったと見たのである。

3　ブルーメンベルクにおける物語の根源的な意味

二〇世紀ドイツの哲学者ハンス・ブルーメンベルクは『神話の変奏』において、「現実によって論破されなかった物語が何千年も語り継がれてきたのは、圧倒的な現実に抗して生き抜くためだったに違いない」（ブルーメンベルク 1990/2011：7）と主張する。すなわち、〈現実による絶対支配〉に対して「恐ろしいものに対抗するイメージを創り出すこと、つまり未知の対象に対抗する主体を想像力によって確保」（同 10）しようと試みて物語を創出し、これによって〈現実による絶対支配〉を解体しようとしたと指摘する。

ブルーメンベルクによれば、「神話が〈現実による絶対支配〉を解体したやり方は、人間に敵対し超人間的である理解を絶する一塊の絶大な力を多くの力に分割して、競合させ、相殺させるというやり方であった。一つの力で他の力から身を守るだけではなかった。太古から多くの力が他の力とともに働き、絡み合っているのを見れば、その多様さを見ただけでも人間は救われた」（同 14-15）。

天変地異、戦乱、巨大事故、伝染病……、こうした理不尽で不条理な事態としての〈現実による絶対支配〉に対抗し、これを乗り越え、あるいは解体するために、超人的な力を持つ多様な神々が競い合い絡み合う物語としての「神話」を創出したというのである。その上で、人が（神話を含む）物語を語る目的についてブルーメンベルクは次のように規定する。

物語が語られるのは何かを追い払うためである。追い払われるもののなかで最も無害だが特に重要なのは時間だが、それ以外でもっと重要なものは恐怖である。恐怖には無知が潜んでいるだけではない。無知よりも根本的なものである不信感が隠れている。無知の場合に大事なのは、――知りえたはずだと後世の人々には思われるような――知識がなかったことではない。放射線、原子、ウィルス、遺伝子のような――不可視のものをどれほど知っていても、恐怖はなくならない。古代における恐怖は、未知のものについての恐怖というより、不可知のものについての恐怖であった。不可知である限りそれは名のないものであり、名のないものである限りそれは祓うことはできず、呼びかけることも呪術を使って取り組むこともできない。ドイツ語以外のほとんどの言語にこれに相当する単語はないが、ドイツ語の「驚愕（Entsetzen）」は極度の驚きであって「名づけようのないもの」である。その場合には、その漠然たるものに名前をつけることが世界と交わる最初の効果的な方法である。命名し名前を使えば、そこで初めて、漠然たるものについて物語を語ることができるようになる。（同 38-39）

現実の不条理な事態において立ち現れる「不可視のもの」や「不可知のもの」、あるいは「漠然たるもの」に対する恐怖もしくは驚愕を払拭するために、人はこれらに名前を与え、この名前を使って物語を語ろうと試みてきた。それが物語の根源的な意味、つまり「古代人」や「未開人」にとどまらない、有史以前より今日に至るまで時代を超えて、また社会を超えて「ホモ・ナランス（語るヒト）」[*1]としての人類が保持し続けてきた、物語を語ることの普遍的かつ本質的な意味とブルーメンベルクは見たのである。

以上のように、不条理に向き合いこれに抗するための術として、人類は〈神〉を生み出し、また神話をはじめとする物語を語ってきたとする学説の系譜が確認される。

4　地蔵説話の成立と展開

「不条理に向き合いこれに抗するための術として」語り継がれたと思われる日本の物語にしばしば登場するのが、「はじめに」でも述べたように、地蔵である。本節では、地蔵説話の成立と展開について、乾克己他編『日本伝奇伝説大事典』(1986)に掲載された清水宥聖「地蔵説話」を参考に通覧してみたい。

地蔵菩薩はインド古来の地神の信仰が仏教に摂取され、理想化されたものといわれ、名前の意味はサンスクリット語の「クシティ・ガルバ」の意訳で、クシティとは大地、ガルバは胎を意味し、合わせて万物を包蔵し育む大地の慈悲をあらわしている。……地蔵菩薩は釈迦が入滅して五十六億七千万年ののちに弥勒菩薩が出生するまでの間、この五濁の悪世の無仏世界において、六道の輪廻に苦しむ衆生を救済するようゆだねられた菩薩である。

日本における地蔵信仰は飛鳥時代にはまだ移入されず、奈良時代になってからである。天平年間(729~749)に地蔵関係の経典がいくつか書写されているが、これは一切経書写の一部としておこなわれたにすぎず、また地蔵造像についてみても非常に数少なく、地蔵菩薩はほとんど信仰の対象となっていなかった。地蔵信仰が盛んになるのは平安時代であり、浄土教の発達と時期を同じくしていると

いう。（清水 1986：438）

同書によれば、平安初期に成立した日本最古の説話集とされる『日本霊異記』には、地蔵菩薩は下巻第九話に出てくるのみである。しかもこの説話の主題は法華経信仰であり、地蔵信仰の説話とは言い難いものである。ところが、保安元年（一一二〇）前後に成立の『今昔物語集』になると地蔵信仰に関する説話は多くなり、巻一七の五〇話のうち、三二話が地蔵説話である。この三二話のうち二四話は、平安中期・長元年間（一〇二八〜三七）頃に成立したと見られ、今は散佚している三井寺実睿撰『地蔵菩薩霊験記』を出典としている。その内容は、（1）地蔵信仰、地蔵像造立の功徳により蘇生する話、（2）地蔵の加護、現世利益の話、（3）生身の地蔵に会う話、（4）地蔵像の霊験話、（5）死期を知り極楽往生する話、（6）夢告により地蔵に帰依する話、（7）地獄の苦を免れる話、に分類され、主人公に大寺院の高僧や貴族が少なく、その舞台もほとんど日本全土に及び、庶民的・民衆的な説話となっている点に、地蔵信仰の特徴が反映している（同 438-439）。

一方、平安後期から鎌倉期にかけて成立したとされる地蔵和讃は、地蔵の功徳を讃える和文の「うた」であるが、物語形式を取るものも多い。例えば明治の終わり頃に宮沢賢治の母イチが賢治に繰り返し歌って聞かせたとされる子守唄「道ばたの黒地蔵」もその一つで、鵜野（2009）『子守唄の原像』に記したように、起源は鎌倉期に遡るとされる（鵜野 2009：52-54）。こうした地蔵信仰の布教・唱導を目的とする仏教説話集や地蔵和讃等を基にして、民間説話としての「地蔵が登場する昔話」＝「地蔵昔話」も

＊1 「ホモ・ナランス（語るヒト）」はドイツの説話学者クルト・ラーンケの言葉とされる。

成立したと考えられる。

次に、「地蔵昔話」を概観しておく。『日本昔話通観　第28巻　昔話タイプインデックス』（略号IT）に登録された日本昔話全一二一一話型のうち、話型名に「地蔵」の語を含むものとして管見では、42「笠地蔵」、61「言うなの地蔵」、65「地蔵の予告」、81「地蔵浄土」、103「猿地蔵」の計五話がある。ただし、以上のうち「猿地蔵」には地蔵自体は登場しない。[*2]一方、話型名には出てこないが、14「大みそかの客」、172「継子の木の実拾い」、350「鬼の子片づら」等にも地蔵が登場する類話がある。[*3]

さらに、個別の地蔵菩薩像の由来に関する物語が、民間説話のもう一つのジャンルである「特定の時代に特定の場所において実際に起こったとされる出来事」すなわち「伝説」として書き留められ、また語り継がれていった。全国各地に様々な「地蔵伝説」が伝承されており、後ほど考察する「みちびき地蔵」もその一例である。

以上のように、地蔵が登場する物語のジャンルは、和讃、書承の仏教説話、口承の昔話、口承および書承の伝説など様々であるが、本章ではこれらを一括して「地蔵説話」とし、その中から三つの説話について「不条理に向き合う」という観点から考察をおこなう。

5 「笠地蔵」における地蔵の表象

「笠地蔵」は東北地方から九州・沖縄まで全国的に広く語り伝えられている他、何種類もの絵本や読み物本が出版され、さらに一九七七年より岩崎京子再話「かさこじぞう」が小学校二年国語教科書に採用されており、[*4]世代を超えて有名な昔話の一つと言える。その一方で、書承の古典資料や周辺諸民族の口承資料に明らかな類話が見出されておらず、日本民族独自の伝承と考えられるという特徴を持つ（稲田浩二・稲田和子 2001：97）。

＊2　次節以下で考察する「笠地蔵」と「地蔵の予告」以外の三つの話型のモチーフ構成をＩＴより引用する。「言うなの地蔵」……①男が地蔵の前で連れの金持ちを殺して金を盗み、地蔵に、誰にも言うな、と言うと、地蔵は、わしは言わんがお前こそ言うな、と忠告する。②のちに現場を通ったその男が連れに、この地蔵はものを言う、と過去の出来事を話すと、連れは、親の仇と知って男を殺す。
「地蔵浄土」……①爺が山へ持参した団子がころび、地蔵のもとへ、と言いながら穴へ入るので、爺も追って入りこむ。②爺が地蔵に土のつかない団子をさしあげると、地蔵は遠慮する爺を膝から方へ、肩から頭へと上げ、夜鬼が来てばくちをはじめるから鶏の鳴きまねをせよ、と教える。③爺は教えられたとおりにし、鬼が、夜明けだ、と逃げたあと残したお金を持ち帰る。④隣の婆がまねてむりに爺を山へやると、爺はわざと団子をころがし、団子について穴へ入る。⑤隣の爺が地蔵に土まみれの団子を食わせ、勝手にその頭に乗って鶏の鳴きまねをし、あわてる鬼を笑うと、鬼につかまり痛いめにあう。⑥隣の婆が屋根の上で、血だらけで帰ってくる爺を見て、赤い着物をもらった、と喜ぶ。

「猿地蔵」……①爺が山で粉まみれで昼寝していると、猿たちが爺を手車にのせ、猿のお尻濡らすとも地蔵のお尻濡らすな、と歌って川を渡る。②猿たちが爺に供物を捧げて去ると、爺はそれを持ち帰る。③隣の爺がまねて山で粉まみれで寝たふりをしていると、猿たちが爺を手車にのせ、猿のお尻濡らすとも地蔵のお尻濡らすな、と歌って川を渡る。④隣の爺がふきだすと猿たちは、にせ者だ、と爺を川へ投げこむ。

＊3　ＩＴ14については前田久子（2019）を、172および350については稲田和子（1977/1994）をそれぞれ参照した。

＊4　一九七七年は東京書籍、学校図書、教育出版、光村図書の四社が採用。以後多少の増減はあるが連続して採用されており、二〇一五年度は東京書籍、学校図書、教育出版、三省堂の四社が採用。東京書籍附設教科書図書館「東書文庫」http://www.tosho-bunko.jp/opac/TBSearch2020/03/27 検索。

ＩＴでは、「４２　笠地蔵」として登録され、「４２Ａ　笠地蔵－来訪型」と「４２Ｂ　笠地蔵－招待型」の二つのサブタイプに分けられている。[*5] 前田（2019）によれば、『日本昔話通観』資料篇に収載された類話は「来訪型」が三六一例、「招待型」が二九例と、圧倒的に前者が多く、また前者の伝承は全国的に分布しているのに対して、後者の伝承は中国・四国をはじめとする西日本に偏っている（前田 2019：81）。本話における地蔵の表象（イメージ）と、本話が伝承されてきたことの意味（機能）について、前田は以下のように結論づけている。

> そこに見られたのは、「大歳の客」にも共通する年の節目に訪れる来訪神としての姿であり、また平安期以降の衆生を救うために六道の世界を経巡る慈悲深い菩薩の姿でもあった。昔話の中に現れる「歩く」地蔵の存在は、民俗的な来訪神と仏教的な菩薩への重層的な信仰の中で、心を寄せる人々を寿ぎ豊かさをもたらし、苦しみから救うために、自ら歩んで来てくれるものとして、親しみと尊さをもって語り伝えられてきたのではなかろうか。　（同 79）

前田の解釈に対して首肯しつつも、語り手たちの中には「来訪神と地蔵菩薩への重層的信仰に基づいて語った」という括りには収まり切らない、前述したような「血の吹き上がる現実に支えられ呼吸して生き続けてきた」物語として語った方たちもいたのではないかという疑念もまた湧いてくる。具体的に言えば、昔話「笠地蔵」伝承の背景には亡くなった子どもへの鎮魂の念があるのではないか、との仮説である。

野口法蔵（2019）によれば、江戸時代、地蔵信仰は「延命地蔵、釘抜き地蔵、子安地蔵、化粧地蔵、首切り地蔵など、厄除けや健康長寿、病苦の身代わり、鎮魂といった、人びとの実感や実生活に結びついた数々の現世利益」を示すものとなる。そして「病気や不慮の事故で子どもが亡くなった場合、その魂を救済するという役割を担っているのもお地蔵さま」だという（野口 2019：94-96）。

統計的な数値を持ち出すまでもなく、近代以前の社会における子どもの死亡率は今日とは比べものにならないぐらい高かったことは疑いない。またそこには、病気や不慮の事故、飢餓など人間の力の及ばぬ所で起こる死のみならず、様々な事情により産み育てていくことを断念せざるを得なかった、「間引き」をはじめとする「子殺し」の事例も含まれていよう。

私の生地、岡山でもそうだが、子どもを供養する墓として地蔵像を造立する「地蔵墓」の習俗は全国各地に見られる。[*6] 地蔵墓は墓地内に一般の墓と並んで造立される場合や、自宅の敷地内に別個に安置される場合もあったが、自力で造ることがかなわない場合、村外れの四つ辻や共同墓地の入り口に村人が共同で造立した地蔵像を、わが子や孫の地蔵墓に見立て、折に触れてお参りし、赤子の着物を着せたり

＊5　ITのモチーフ構成は次の通り。
　42A「笠地蔵－来訪型」……①貧しい爺が大みそかに笠を売りにいくが、雪まみれの六地蔵にみなかぶせて帰り、婆と火正月をして寝る。②六地蔵が夜なかに爺を訪ね、米俵を積んで帰る。
　42B「笠地蔵－招待型」……①貧しい爺が大みそかに笠を売りにいくが、雪まみれの六地蔵にみなかぶせ、足りない一体を背負って帰り温める。②夜なかに地蔵の鼻の穴から米が出てくるが、婆が穴を広げると止まる。

＊6　岡山県真庭市の我が家の墓地の一画にも一九一〇年に当歳（0歳）で亡くなった女児・鵜野菊代の地蔵墓がある。一九八〇年代、私の父が、身内に災厄が続いたためにどこかで祈祷してもらったところ、成仏できていない女児の御霊があるとの託宣を受け、筆者の祖父（一九〇二年生まれ）に妹・菊代がいたという事実を檀那寺で確認し、この地蔵墓を立てて供養したという経緯がある。

好物を供えたりして、幼な子の御霊の供養に努めたことも多かったようだ。

「笠地蔵」の爺の姿に、そうした幼な子の御霊を供養する親や祖父母の姿を重ね合わせることは決して不自然ではない。「笠地蔵」の爺婆が子どもを喪っていたとする口承の類話は今のところ見つけられていない。ただし、松谷みよ子が再話した『かさじぞう』（黒井健絵、2006）では、「ふたりのあいだに、六人、こどもがうまれたけれど、ちゃっこいうちにみな、あのよへいってしまってねえ、ふたりぐらしだった」と記されている。

この再話が依拠した口承テクストの出典は不明だが、松谷は表紙カバー裏面見返しに次のような解説を付す。

「六人生んで六人死んだ。あと二人生んでまた二人死んだ」こう語ったのは群馬のお年寄りでした。生んでも育てることの難しい時代が、ついさきごろまであったのです。……『かさじぞう』のお話は、子育ての難しかった時代の、辛い思いを抱えて生きている、じいとばあのお話だと思います。寒かろ、と笠をかぶせる地蔵は、死んだ我が子の姿だったのでしょう。

本話は日本の昔話の王道を行く「子どものいないお爺さんとお婆さんの話」として語り出されるが、桃太郎や瓜子姫、一寸法師やかぐや姫のような「子どもたち」、あるいは「ここ掘れワンワン」の犬や、舌を切られる雀、餅を搗く鼠のような「可愛らしい動物」が出現するわけではない。その代わりとして地蔵が登場する。つまり、この話における地蔵の表象は、亡くなった子どもの身代わりの役割を担うものと考えられるのである。

6　永浦誠喜の語る「笠の観音様」

二〇一五年一二月二七日、せんだいメディアテークにおいて、民話声の図書室プロジェクト主催の「第三回民話ゆうわ座」が開催され、「笠地蔵」をテーマに活発な議論が繰り広げられた。ウェブ上に公開されている「第三回民話ゆうわ座　詳細レポート」に掲載された、永浦誠喜（宮城県登米市）の語る「笠の観音様」の翻字記録と、この話に対する前述の小野和子の解説を紹介してみたい。*7

むがし、おじんつぁんとおばんつぁん、ふたりだけで暮らしてだ家あって、そのおじんつぁんは、年中笠作って、町さ売っさいって、そいづで暮らしていだんだど。

ある年の暮れに、「歳《とし》もとんなげね。正月になっから、町さ少しぐれぇ持っていって、売ってこんべ」って行ったれば、そしてるうちに雪が降ってきた。年の暮れで笠などあってもなくてもいいのだから、全然《じぇんじぇん》売れなくて、そのまま持って帰ってきた。で、帰ってきたれば、山道の途中にお地蔵さんいて、そして、雪がもさもさ降ってきた。「かわいそうだがら、お地蔵さんさかぶせでいぐべっちゃな」って、持っていった笠あるくれぇ、お地蔵さんさかぶせで帰ってきたんだど。

家では、おばんつぁんが、「なんぼ銭《じぇに》持ってくっか、正月過ぐすくれぇの銭持ってくっぺちゃな」って待っていたれば、「さっぱり売れねがら、お地蔵さんさかぶせてきた」って、おじんつぁん、帰ってきたんだど。したっけ、おばんつぁんも、「いがった、いがった。お地蔵さんさかぶせてきたとすれ

＊7　https://www.smt.jp/projects/minwa/2016/04/post-7.html2020/03/21 検索

ば、お地蔵さんさ、雪当だんねぇばりもいがんべ」って、おばんつぁん、そういう気持ちのやさしい人だったんだど。ふたりで、漬物でお湯飲んで、はぁ、飲まず食わずで、食わねぇで寝でしまったど。

したっけ、夜中になって、遠ぐの方がら、なにかがやがやって騒ぐ音する。だんだんに家さ近づいてくるんでね、「ふしぎなごどあるな」って、おじんつぁんとおばんつぁんと聞いていだら、「笠の観音が千唐八曳《せんからやそう》の宝物を持ってきたぁ」――そういう掛け声の歌みたいなものだったと。「なんだや、ずいぶん騒ぎながら来るものいた」「なんだっけ、あいづ」っていったら、そしてるうぢにだんだんと家さ近づいてきて、家の庭まで来た音したんだど。

そして、家の庭さ来てがら、さっきよりも大《おっ》ぎな声で、「笠の観音が千唐八曳の宝物を持ってきたぁ」と、そういう歌みでぇなのといっしょに、どすーんと庭さなにが置いだような音したんだど。「ばば、起ぎてみろわ」って、おじんつぁん、言ったっけ、「だれぇ。おら、おっかねえがら、おじんつぁん、お前《めえ》、起ぎてみらいん」「おらも寒《さめ》くてやんだっちゃ。お前、起ぎて出てみろ」。だれも起ぎねぇで、夜明けてがら、戸ぉ開げて見たれば、戸の口のどこさ、米だの味噌だのいろんなものをたくさん、お金もなんぼかあったらしくて置いでいったんだど。「昨日、笠かぶせてきた地蔵さま、お礼の気持ちで持ってきてくれたんだがしねえが、ありがてぇこった。とにかく地蔵さんのどこさ行ってみんべ」って、おじんつぁんとおばんつぁんどふたりで行ってみだら、地蔵さまだぢぁにこにこって笑っていたんだど。「たしかに地蔵さまだちぁ、お礼に持ってきてくれだんだっちゃな。ありがでぇごった」。ふたりしてたいへんよろこんで、めでてぇ正月迎《むげ》ぇだんだと。

そうしてるうぢに、隣がら、ばんつぁま、火もれぇに来たんだと。「なんだがこっちで景気いぐなったこだぁ。どういうわけっしゃ」って聞いたがら、「こういうわけだ」って話したら、「ほんでぇ、おらどこのじんつぁまも、笠持たせてやんねげねぇ」って、隣の家でも、じんつぁま、笠拵えて、背負《しょ》って、町までいったんだど。そして売るってうごども語んねで帰ってきて、地蔵さまいるどこまで来たど。「なんだ、こすたな笠かぶせて。おれ、りっぱな笠かぶせていんからね。おれさも宝物持ってきてけらいんよ」って語ってきた。んでぇ、やっぱり夜中になったれば、音してきたんだど。「笠の観音が千唐八曳の厄介物《やっけえもの》持ってきたぁ」って、どさっとなにか置いでいった。「厄介物」聞こえないがら、「たしかに宝物置いでいった」って喜んでいたんだど。次の朝起ぎてみたら、いろんな臭《くせ》ぇものがらなにがら、がらくたもの、そごらじゅうに山ほどつんであったんで、それ片付けんのに大変《てえへん》なめにあったんだど。んだがら、人のまねなどするもんでねぇんだとしゃ。えんつこもんつこさけたど。*8

地蔵たちの唄の中で「笠の観音」としている点、隣の爺が真似をして失敗する「隣の爺」型を取っている点が独特だが、話の梗概はＩＴ４２Ａのモチーフ構成にほぼ一致する。

7　小野和子の解釈

永浦の語りの映像記録を参加者全員で視聴した後、小野和子は次のように解説している。

*8　「第三回民話ゆうわ座　詳細レポート」pp.25-27。段落替えや句読点などを一部変更した。

【地蔵さまはわが子の身代わり】こんなふうに地蔵さまに対して思いをかけるということ。そうすると先程もご意見がありましたけども、地蔵さまって一体何だろうかと思いますよね。大きな社殿の中、大きな建物の中に入っておられる仏像なんかと違って、地蔵さまはいつも、野原や田んぼの畦道に立っておられたりする。それだけじゃなくて、涎掛けしてもらったり、寒いときは帽子を被せてもらったり、夏の暑いときなんかは笠を被って立ってるお地蔵さんもいますよね。

まるでわが子のように扱われている、お地蔵さまの姿が宮城県にはたくさんありますよね、あちこちにね。そして田んぼへの行きかえりに拝んだり、声をかけたり、お団子を供えたり、キャラメルを一個置いてきたりして、まるで家族の一人のように地蔵さまを扱っている。信仰の対象というそういう美徳とまた一味違う、なんて言ったらいいでしょう。まるで自分の分身のように、地蔵さまを扱っている。

この頃でもですね、道路に地蔵さまが立っていて、「どうしたんですか」と聞いたら、「ここで子どもが交通事故にあったから地蔵さま供えてるんだ」って言って、地蔵さまが、その道で亡くなった子どもさんの代りに立っておられるところもありますし、私の知ってる友達は、山で子どもさんを亡くされたら、「あそこの霊園に地蔵さまを献じてきたの」って言ってくれた人もいて、地蔵さまというのは、なんか我が子の身代わりというか、子どもの神さま、子どもを見守ってくれてる仏さまという考え方もできますね。賽の河原にやられた子どもたちを助けてくれるのも地蔵さまだなんて言って。

……

【地蔵さまは家族の一人】そうすると、単なる地蔵信仰というような美しごとではなくて、底辺の暮らしの中では、地蔵というものは、家族であったというんですね。つき子さんのもうひとつの話は、畑の隅なんか掘っくり返していると、兄貴が来て「そこは掘っくり返すな。お前はさわるな」と言うんですって。「何で」って言ったら、「ここ掘ると骨が出てくるからだ」って言って、妹には掘らせないで、自分が掘って、その骨をどこかのお寺に納めたなんて話もおっしゃっておりました。
そうしますと、笠地蔵のお爺さんお婆さんが、雪かぶってる地蔵さまに、笠を被せるという行為の底には、もしかするとものすごく深い実感があって、あるいは、それが薄れてきたとしても、形としてそれが残って民話で語られているということがあるのかもしれないと思いました。*9

本稿の作成にあたり、小野に改めてこの話の解釈を求めてみたところ、以下のようなコメントが寄せられた。

かねてから、地蔵は、不条理に失くした人たちの碑であると考えています。家族にとっては、それは単なる信仰の対象ではなく、家族なのです。だから、帽子をかぶせたり、前垂れを着せたり、ちょっとしたものを絶えずそなえたり……共に生きているのでしょう。採訪の途次、大崎市升沢にて聞いたことがあります。この山あいの小さな集落には、たくさんの小さな地蔵があったので、それについて聞いた折の「答え」でした。「飢饉の折、年寄りや子どもを土に埋め、そこに地蔵を立てた」と。それから、松谷みよ子さんも言っておられますね。「戦地で子どもが戦死するたびに、地蔵を立

＊9　「第三回民話ゆうわ座　詳細レポート」pp.32-34

て、それが六つになった。」そう言われた老婆があったそうです。[*10]

以上、紹介した小野の言葉は、前述した松谷の解説とともに、私の背中を後押ししてくれるものと思われる。昔話「笠地蔵」は、来訪神と地蔵菩薩への重層的信仰に基づいて語られた物語というばかりでなく、幼な子を喪った親や祖父母たち、あるいは地域の人びとが、子どもの死という不条理な事態と向き合い、地蔵の像に死者の身代わりもしくは死者のたましいを宿すものとしての意味を付与し、これに慈愛の情を注ぐことによって、癒しと救いを得た物語としても読み解くことができるのである。

8　気仙沼大島の伝説「みちびき地蔵」

震災で亡くなった人びとと生き残った人びとのたましいをつなぐ、目に見える表象としての地蔵をめぐる物語は、東日本大震災の被災地各地で二〇一一年三月よりもずっと以前から語り継がれてきた。その一つが、宮城県気仙沼市の大島に立つ「みちびき地蔵」と呼ばれる地蔵像をめぐる伝説である。この話は、TBS系列「まんが日本昔ばなし」でも放映され（最初の放映日1977/10/29）、また気仙沼大島観光協会のHPにも紹介されているが、[*11]ここでは宮城県雄勝町（現石巻市）出身の岩崎としゑの語った話を松谷みよ子編（1987）『女川・雄勝の民話　岩崎としゑの語り』から紹介する。

昔《むかす》、気仙沼の大島にあったこと。若いおかみさんがねえ、小さい男の子連れて働きにいったんだねえ。そすてほの、一生懸命働いて、夕焼け空もすみかけの頃ねえ、ひと暗がりになっとこ、そのお地蔵さんのある山を越えてねえ、帰ってきたんだと。

そすたらその地蔵さまの近くへきたら、なんだか、がやがや、がやがや、人が大勢でねえ、その地蔵さまを拝んでたって。あらぁ、見たらばどこそれのおばあさんもいれば、どこそこのこうゆう人もいれば、あら、こういうおんちゃんもいるってねえ、不思議で、子どもの口もふさいで黙って見てたんだと。近所の人もくれば、知っている人がぞろぞろきて、その地蔵さんのとこさ拝んで、そすてほの人が飛ぶようにすていくと、別の人がまたきて、牛と馬も四頭もきたってねえ。で、みんな飛ぶようにいなくなってすまったんだと。

おっかなくておっかなくて、ほて（＝そして）うちさきてから、父っさんに話したんだってねえ。いやいや不思議なこと、でもめったなこと語られねえから人には語んなよってねえ、ゆってたら、二日、三日たったらねえ、大津波がきたんだってねえ。

そすてねえ、津波きてみんな逃げたんだけっども、逃げ遅れた人がひき波でみなさらわれて、そこでねえ、がやがや、がやがや、大勢きて拝んでいた人たちが、全部死んだんだと。牛と馬も四頭、みんないねくなって、それからみちびき地蔵と名前つけられたんだと。ほれ、死ぬ人をみんなみちびくって。

（松谷 1987：168-169）


みちびき地蔵は宮城県気仙沼市大島の田中浜に実在し、気仙沼出身の民俗学者・川島秀一によれば、

＊10　2020/03/21 筆者への私信メールより。
＊11　気仙沼大島観光協会 http://www.oshima-kanko.jp/see/michibiki.html

いつごろから「みちびき地蔵」と呼ばれたかは不明だが、一七七〇年代に祀られた記録があり、昭和の時代にお堂が建て替えられたという。[12] 二〇一一年三月の大震災による津波で地蔵堂は全壊し、地蔵も石仏六体と共に流失したが、地元住民と支援者たちの力により、新しいみちびき地蔵三体と石仏六体が制作され、二〇一二年一〇月、地蔵堂も再建された。[13] 二〇一三年七月、流失していた石仏三体が発見され、現在地蔵堂には、三体のみちびき地蔵と、発見されたものを含めて九体の石仏が祀られている。石仏を発見した地元の女性は「導き《（ママ）》地蔵は霊を導き、石仏は地域を見守ってきた。がれきの中から出てきてくれたのは、島の復興を見守るためだろうか。みんなで末永く大切にしたい」と話したという。[14]

また前述の川島は、「昔、大きな地震があったとき、逃げ惑う人々に指示を出した人がいました。この人の後を付いていって助かった人々が、お礼をしようと思って探しましたが、結局見つからず『あの人はお地蔵様だったんだ』と言われたそうです」という別の話があるとも語っている。[15]

9　「みちびき地蔵」における地蔵の表象

二〇一五年九月、私は宮城県女川町の語り部・安倍ことみからこの「みちびき地蔵」の話を聞いた。やはり「これは気仙沼の大島にあった話です」として、事実としての伝説であることがはっきり示された。[16] 一方、岩崎の語った話と同様に、いつの時代の出来事であるか安倍の話でも具体的には示されなかった。ただし、安倍は「田植えの時分の話」としている。安倍によれば、大島は不便なところなので、村の人たちは「結《ゆ》いコ」といってお互いに手伝いをし、協力して農作業をしていた。大島のある母親が五歳の息子を連れて近所の家の「結いコ」に行き、息子の手を引いて自宅へ戻る途中、みちびき地蔵の前に列をなしている「白い着物を着て、三角のやつを額さ結わえつけた」人たちに遭遇する。また、「地震もないのに津波が来た」とも語っている。

一九三一年生まれの安倍はこの話を子どもの頃に祖母から聞いたという。これらの点を勘案すると、岩崎や安倍が語った物語の骨格は、一八九六年六月一五日に発生し、気仙沼周辺では震度は小さく地震そのものによる被害はほとんどなかったとされる明治三陸大津波の後に成立したと推測される。それから四〇年余りが経って震災の記憶が風化し、安倍の祖母は、場所は特定しても時代は特定しない形で孫娘に語ったということなのではないか。一九〇七年生まれの岩崎の語りにおいてただ「昔」とされているのも同様の理由だろう。ちなみに一九三三年の昭和三陸大津波は三月三日に発生しており田植えの時期ではない。

これに関連して、安倍の語りはこう結ばれる。「それからっつうものはその地蔵さまは線香やら花が絶えることはなかったんだと」。裏を返せば、一八九六年に津波に遭うまで、みちびき地蔵の名前は「亡くなった人をあの世へ導く地蔵」として知られていたかもしれないが、実際に深く信心する者はそんなにいなかった。つまり、「みちびき地蔵」の話は、一八九六年の津波をきっかけに「血の吹き上が

＊12　J-CAST ニュース 2011/04/27「津波の恐怖伝える気仙沼の昔話「みちびき地蔵」がネットで話題」https://www.j-cast.com/2011/04/27094429.html？p=all（2020/03/22 検索）
＊13　気仙沼大島観光協会 HP http://www.oshima-kanko.jp/see/michibiki.html（2020/03/22 検索）
＊14　河北新報 2017/05/12「大島見守る石仏3体がれきの中から見つかる気仙沼」http://www.kahoku.co.jp/tohokunews/201405/20140512_15016.htm（2020/03/22 検索）
＊15　＊13に同じ。
＊16　2015/09/13 当日の映像記録より。

る現実に支えられ呼吸して生き続ける」物語として語られ始め、そして四〇年余りの間に再び「昔の話」になっていた、ということを示唆しているのではないか。

次に、「みちびき地蔵」における地蔵の表象（イメージ）とこの話の機能（社会的役割）について考えてみたい。先に見た「笠地蔵」において、地蔵は亡くなった人の身代わりのような存在、あるいはそのたましいが宿っている存在として表象化されており、この話はさまざまな事情によって子どもを喪うという不条理な事態に直面した人びとに対して、その代替物（身代わり）としての地蔵を慈しみ、喪失の悲哀を和らげようと努めることで癒しと救いが得られるというメッセージを送る物語として解釈された。

これに対して「みちびき地蔵」においては、地蔵の表象は亡くなった人の御霊をあの世（平安な世界）へと導いていく存在であり、この話は津波によって家族や知り合いを喪うという不条理な事態に直面した人びとに対して、地蔵を慈しむことが亡き御霊を平安な世界へと導いてくれることにつながるというメッセージを送る物語として理解される。

どちらの話においても地蔵は、不条理な事態に見舞われ悲嘆に暮れる人びとに寄り添い慰め支えてくれる心優しき「和み《なご》」の存在、神道の用語で言う「和魂《にぎみたま》」の表象である。米井輝圭（1999a）によれば「和魂」とは「霊魂の働き、機能による呼び方の一つ。霊魂のおだやかな働きを指」（米井 1999a：392）す。

だが、遺された者にとって、事態を呑み込み、受け容れ、諦めることは容易いことではない。特に最初にわき起こるのは、理不尽で不条理な事態に対する怒りや無念そして悲嘆の感情であろう。そんな「荒ぶる」感情の表象が「荒魂《あらみたま》」である。「荒魂」とは「和魂に対比される霊魂。霊魂《みたま》が、荒ぶるような猛々しい働きをもって現れる場合、荒魂として認識されると解釈されている。また、和魂が平常時の状態であるのに対して、荒魂は戦時や災時などにあたって現れ、祭祀を受けることによって和魂の性質に変化するとされる」（米井 1999b：378）。

日本の神仏において「荒魂」の表象として広く知られるのは「不動明王（不動尊）」や「仁王」であり、これらにまつわる説話も数多く伝承されている。*17 そして、地蔵がこのような「荒魂《あらみたま》」として登場する昔話として、次節の「地蔵の予告」が挙げられる。

10 「地蔵の予告」における地蔵の表象

太平洋に面した静岡県小笠郡大東町（現掛川市）に、次のような話が伝承されている。

［要旨］地蔵を信仰している男が「『おれの顔が赤くなったら、ここらは泥の海になるから逃げろ』と地蔵様が言った」とみなに話すと、青年たちがおもしろがって地蔵の顔に赤い絵の具を塗る。男がつぎに参りに行くと、地蔵がまっ赤な顔をしているので、その土地を立ちのく。まもなくその辺は泥の海になった。（『通観13』341）

*17 私が調査した事例として、宮城県女川町の波切不動尊がある。以前の津波（明治三陸津波か昭和三陸津波かは不明）の時、津波到達点の位置に造立されたとされ、二〇一一年の津波もここまでは達しなかった。二〇一二年八月五日に現地を訪れた際、不動明王像が描かれた石板の傍らに次のような「波切不動明王第一ばん御詠歌」が刻まれたもう一枚の石板があった。「あおやまにおもかげうつすおながたき こゝろのあかをきよめそゝがん 南無ふどうめょう 南無ふどうめょう／そのかみの女川浜の奥深く 海を守りていく百年 南無ふどうめょう 南無ふどうめょう」。鵜野（2015）「〈魂呼ばい〉の物語――津波と異類をめぐる伝承」、加藤理・鵜野祐介共編『ポスト三・一一の子どもと文化 いのち・伝承・レジリエンス』を参照のこと。

ITには65「地蔵の予告」と登録されている。[*18]『通観』資料篇には掲載話の他に、滋賀県と長崎県にのみ類話が紹介されている希少な事例であるが、ここには「笠地蔵」や「みちびき地蔵」における「和魂」としてではなく、怒りによって「泥の海」つまり洪水もしくは津波を引き起こす「荒魂」として地蔵が登場する。

この話には、神仏に対する畏敬の念を忘れた人間の傲《おご》りに対する神仏からの懲罰もしくは祟《たた》りとして災厄が起きたのだという、本来は「理不尽で不条理」なはずの洪水または津波という出来事を「合理化」しようとする心性が働いている。津波に呑まれて身内や知り合いは亡くなったが自分だけ助かったというような当事者にとって、「地蔵を信心する男をからかったから災厄に見舞われた」という論理は、「自分が自宅にいなかったから老いた母は津波にさらわれてしまった」とか「あの日の朝はイライラしていて出かける時にちゃんと挨拶してやらなかったからあの子は事故に遭ってしまった」といった論理と同じである。たとえこじつけに過ぎないと人に言われようとも、何とか理由づけをしなければ正気ではいられず、七転八倒した末に生み出した論理であり、「物語の種」となっているのである。

この話における「荒ぶる」地蔵の表象は、洪水または津波によって命を落とした人びとの怒りと無念を表現していると、生き残った当事者たちは受けとめたのではあるまいか。それはまた、生き残った当事者自身の、洪水や津波という大自然の猛威が引き起こした不条理な出来事に対する、怒りと無念を代弁するものでもあったに違いない。

一九四五年の広島原爆を素材とする創作民話、山口勇子原作・沼田曜一語り・四国五郎絵『絵本　おこりじぞう』は、「荒魂」と「和魂」両方の表象を担う地蔵説話の伝承の上にあると言えるだろう。作品の中で「ひろしまの、あるよこちょうに」立っておられた「小さなおじぞうさん」は住民たちから「わらいじぞう」と呼ばれていたが、原爆によって「仁王のかお」のような「おこりじぞう」に変わる。原爆という理不尽な出来事に対する人びとの怒りと無念を引き受けて、地蔵は「和魂」から「荒魂」へと転じたのである。*19

おわりに

台風や地震・津波をはじめとする自然災害、戦争や公害や原発事故をはじめとする人的災害、そして当今の新型コロナウィルス感染のような複合災害……、不条理な出来事は太古の昔から今日に至るまで繰り返し人類を襲ってきた。そして、この事態に向き合い、恐怖や驚愕から身を守り、少しでも負担を軽減するため、人類はこれに名前をつけ、〈神〉や物語を創出し伝承してきたのだろう。

この時、物語に登場する超自然的な存在（＝〈神〉）には、恐怖や驚愕に打ちのめされた人びとに寄り添い慰め支える「和魂」と、驕《おご》れる人びとに警鐘を鳴らし、命を絶たれてしまった人びとや遺された人

＊18 ＩＴ６５のモチーフ構成は次の通り。
①地蔵が信心深い男に、私の顔が赤らむと洪水がおこるから逃げよ、と告げると、その話を聞いた友だちがたわむれに地蔵の顔を赤く塗る。
②洪水がおき、信心深い男を除いて村人はみな流される。

＊19 小嶋雄二（1995）「〝原爆への怒り〟をぬり込めた『おこりじぞう』」を参照。

びとの怒りや絶望を代弁する「荒魂」、両方の表象が付与されているが、日本の地蔵説話にはそのいずれの姿も見て取ることができる。以上のことが今回の考察を通して明らかになった。

それでは、海外の「不条理と向き合う」説話において「和魂」と「荒魂」二つの表象を持って登場するのはどのような超自然的存在であろうか。日本における地蔵のように、同一の存在が両義的な二つの表象を併せ持つということもあるのだろうか。これらを探ることが次の課題と言えるだろう。

結びにあたり、東日本大震災を機縁に知遇を得た安倍ことみ、庄司アイ、小野和子、三者からのご教示によって本稿を仕上げることができたことを明記し、感謝の意を表したい。

最後に、安倍が語った「みちびき地蔵」の最後の部分を紹介して締めくくる。

なんでも昔の人たちのことは、ちゃあんと憶えておかないと、自分の命がなくなっから。だから、それからっつうものは、そのお地蔵さまは線香だの花が絶えることがないんだと。どーんとはれです。

引用・参考文献

・泉谷周三郎（1996）『ヒューム』研究社
・稲田和子（1977/1994）「地蔵浄土」、稲田浩二他『日本昔話事典』弘文堂
・稲田浩二・稲田和子編（2001）『日本昔話ハンドブック』三省堂
・鵜野祐介（2009）『子守唄の原像』久山社
・鵜野祐介（2015）「〈魂呼ばい〉の物語――津波と異類をめぐる伝承」、加藤理・鵜野祐介共編『ポスト三・一一の子どもと文化　いのち・伝承・レジリエンス』港の人
・小野和子（2019）『あいたくて　ききたくて　旅にでる』PUMPQUAKES

・小嶋雄二（1995）「〝原爆への怒り〟をぬり込めた『おこりじぞう』」、日本民主主義文学同盟『民主文学』一九九五年六月号（第355号）所収
・清水宥聖「地蔵説話」、乾克己他編（1986）『日本伝奇伝説大事典』角川書店所収
・第七回みやぎ民話の学校実行委員会編（2012）『2011.3.11 大地震大津波を語り継ぐために　声なきものの声を聴き形なきものの形を刻む』みやぎ民話の会
・トンプソン、スティス（1946/1977）荒木博之他訳『民間説話　理論と展開（下）』社会思想社
・野口法蔵（2012）『お地蔵さまと心の癒し――大槌町復興地蔵物語』七ツ森書館
・ブルーメンベルク、ハンス（1990/2011）青木隆嘉訳『神話の変奏』法政大学出版局
・前田久子（2019）「歩く地蔵」、梅花女子大学大学院児童文学会『梅花児童文学』第27号
・松谷みよ子編（1987）『女川・雄勝の民話　岩崎としゑの語り』国土社
・松谷みよ子再話（2006）黒井健絵『かさじぞう』童心社
・山口勇子（1979）沼田曜一語り・四国五郎絵『絵本　おこりじぞう』金の星社
・米井輝圭（1999a）「和魂」、國學院大學日本文化研究所『縮刷版　神道事典』弘文堂
・米井輝圭（1999b）「荒魂」、國學院大學日本文化研究所『縮刷版　神道事典』弘文堂

第六章

民話を〈語り‐聞く〉ことと災害・厄災レジリエンス

――あらゆる悲しみも、それを物語にするか、それについて物語を語ることで、耐えられるものとなる。*1
（ディーネセン／山名・矢野 2017：316）

はじめに

私はこれまで「人はなぜ歌を歌い、物語を語るのか」について、また特に「子どもにとっての〈歌い‐語り‐聞く〉ことの意味」について、日本各地、英国スコットランド、韓国や中国、その他の国や地域での現地取材を通して考えてきた。そして二〇一一年の東日本大震災の後、被災地を訪れ、現地の人びととの交流を通して、子どもを含む被災地の人びとが、民話を語ったり聞いたりすることで、困難を乗り越え、それでも生きていこうとする力――「レジリエンス」――を引き出していることを見出してきた（加藤・鵜野 2015 参照）。

一体なぜ、どのようにして、それは可能となったのだろうか。そしてまた、今後も起こり得るであろうさまざまな災害や厄災*2に対しても、民話を〈語り‐聞く〉ことが同様の力を発揮するためには、どのような個人の姿勢や社会環境の整備が必要となるのだろうか。

大震災から一〇年以上が経った今、こうした問いが私にとっての差し迫った課題として現前している。本章では、民話を〈語り‐聞く〉という営為が、災害や厄災のダメージやトラウマから立ち上がろうとする力――これを「災害・厄災レジリエンス」と呼ぶことにする――を引き出していく過程やそのメカニズムに関する理論仮説について、先行研究や私自身の調査研究に基づいて考究する。

なお、本章において「民話」とは、従来の民俗学における「昔話・伝説・世間話」の総体としての「民間説話」の短縮形という意味や、昭和二〇年代の民話運動において規定された「人びと(民衆)の物語」という意味に加えて、近年、説話研究者によって注目されている、自分自身が体験した戦争・事故・自然災害などの災害・厄災を回想して語る「生活譚」や「自分語り」などと呼ばれる物語、社会学や心理学の用語としての「オーラル・ヒストリー」や「オーラル・ストーリー」に類似するものも含めた概念として規定している。

＊1　山名・矢野(2017)には、このディーネセンの言葉を引用しながら物語の意味を問うたアーレント(1954/1994)の次の省察も紹介されている。

――リアリティは、事実や出来事の総体ではなく、それ以上のものである。リアリティはいかにしても確定できるものではない。「存在するものを語る(リゲイン・タ・エオンタ)」、人が語るのはつねに物語である。そしてこの物語のうちで個々の事実はその偶然性を失い、人間にとって理解可能な何らかの意味を獲得する。イサク・ディーネセンの言葉を借りれば、「あらゆる悲しみも、それを物語にするか、それについての物語を語ることで、耐えられるものとなる。」これは申し分のない真理である。彼女はわれわれの時代の偉大な物語作家のひとりであるばかりでなく、自分が何をなしているかを知ってもいた。物語るという行為が何であるかに気づいていた点で、彼女はおよそ独自(ユニーク)であった。彼女は、悲しみだけでなく喜びや至福もまた、それらについて語ることができ、物語として語ることができてはじめて、人間にとって耐えられるもの、意味あるものになると、つけ加えることもできたであろう。事実の真理を語る者が同時に物語作家でもあるかぎり、事実の真理を語る者は「現実(リアリティ)との和解」を生じさせる(アーレント 1954/1994：357、山名・矢野 2017：316)。

＊2　山名は、「厄災」という言葉には人間の意図どおりにならない負の巡り合わせへの畏怖が、人間の限界に対する憤りと諦念が、またただからこその悼みと祈りが付随しており、「厄災」というテーマは、未来への備えとしての防災・減災教育とある種の緊張関係を保ちつつ、人間の実存ともかかわるような問いへの教育を生起させるとして、「災害」と「厄災」の併記を提唱している(山名・矢野、2017：3)。本章でもこれに従った。

1　文化的多様性と語り

第I部第三章や第II部第四章において前述したように、二〇一六年六月、私は英国エディンバラのスコティッシュ・ストーリーテリング・センター所長ドナルド・スミスにインタビューをおこなった。この中で彼は、今後センターは語りの公演やワークショップを開くだけでなく、「なぜ今、語りが重要なのか」という語りの哲学もしくは理念について人びとと共に考えていくべきだと強調し、そのひとつとして「ダイバーシティ cultural diversity（文化的多様性）」を挙げた。

将来に向けて、センターが取り組むべき課題の一つが、マイノリティ（少数民族・少数社会集団）や移民・難民への支援であり、そこで重要となる考え方が「文化的多様性［cultural diversity］」です。スコットランドには古くから「移動生活民［traveling people］」がおり、彼らの所有する伝統文化を尊重してきた歴史があります。一方で、アングロサクソン文化によってケルト文化を駆逐しようとした負の歴史もあります。文化的多様性の精神を生かしながら、互いにシェアし、互いを理解しようと努めることが今後ますます求められるでしょう。（鵜野 2016：3）

近年、日本でも「ダイバーシティ」という言葉を耳にする機会が増えてきた。芹澤（2018）によれば、二〇一七年一〇月末時点で外国人労働者数は約一二八万人（厚生労働省集計「外国人雇用状況の届出状況」）、二〇一七年六月末時点での在留外国人数は約二四七万人に上る（入国管理局集計）（芹澤 2018：29-32）。野村敬子によれば、在日コリアンや華僑、東南アジア諸国出身者、ブラジルをはじめとする中南米諸国出身者などがそれぞれの居住地においてローカル・コミュニティを形成しているが、その中で母国（祖国）の民話が語られているという。*3

また、北海道では萱野茂が開設した二風谷アイヌ語教室を始めとするいくつかの講座や学校がアイヌ語の民話の継承に取り組んできた。*4 首都圏でも関東ウタリ会が中心となってアイヌ語の民話を〈語り－聞く〉学習会を開いている（北原 2013：219）。一方、沖縄や東北地方で、地元の民話を聞き取り、土地言葉で〈語り－聞く〉活動が、地域の図書館や当地で組織された「民話の会」などを中心におこなわれているが、これもまた地方・地域の「文化的多様性」を意識した活動と見なせる（齋木 2015：27-34、小野 2015：35-42）。さらに、ろう者社会では、ろう学校などにおいて手話による民話絵本の読み語りがおこなわれている。*5 これらの活動はすべて、「文化的多様性」の精神を生かした民話伝承の具体的活動と言え、今後の展開が期待されると同時に、調査研究も進められていく必要があるだろう。

ところでこの時、「文化的多様性」を成立させるための基本要件となるのが、自分の帰属している社会に固有もしくは特有の物語を〈語り－聞く〉ことによる「アイデンティティ（自己帰属性）」の確認であるとすれば、災害・厄災の当事者すなわち被災者においても、「文化的多様性」を意識することが、レジリエンスの形成にとって重要な要素となるものと推測される。

例えば、東日本大震災で被災した東北各地の「民話の会」が、震災・津波体験を聞き取り文集にまと

＊3　二〇一八年六月三〇日、東京学芸大学で開催された日本昔話学会二〇一八年度大会における野村敬子の講演より。
＊4　二風谷アイヌ語教室については、本田（1997）に詳しい。
＊5　私が二〇一八年二月よりおこなっている京都府立聾学校や奈良県立ろう学校での取材より。

める活動をおこなった背景にも、民話を語ることが「地域的アイデンティティ」の確認につながっているという要因があると考えられる。必ずしも意識していないにせよ身体感覚としてそう認識している会員たちが、地域の人びとに「生活譚」としての「民話」を語ってもらい、そうすることで彼らにも「地域的アイデンティティ」を確認してもらい、これをきっかけに「それでも生きていこう」と上を向いてもらいたいと考えたのではなかろうか。

その具体例を宮城県山元町の「やまもと民話の会」に見てみよう。

2 「やまもと民話の会」におけるレジリエンスの形成[*6]

宮城県最南端の太平洋沿岸部に位置する山元町は、東日本大震災において最大二〇メートルの大津波に襲われ、浸水域は町の総面積の六五%、人的被害は六九二名に及んだ[*7]。

「やまもと民話の会」は、一九九八年五月、「みやぎ民話の会」の小野和子のアドバイスを受けて、庄司アイを中心に一六名で結成され、町内の学校・保育所・地域老人施設などでの民話の語りの活動の他、地元に伝わる民話や暮らしぶりについて聞き取りをおこない資料集やマップを作成したり、近隣の民話の会との交流をおこなったりと、精力的な活動を続けてきた。

震災によって会員の一名が津波の犠牲となり、他の会員の多くも家族を亡くしたり家屋を流失したりするなど、被災により活動中止を余儀なくされたが、震災から二ヶ月後の五月二七日、庄司をはじめ会員六人が集まり、互いの震災体験を語る。この時、語りつぐことの大切さを確認し、町民から震災体験を聞き取り、証言集を作成する活動を開始。震災からわずか五ヶ月後の八月に証言集『語りつぐ巨大津波』第一集を、翌年四月までに第二集と第三集を発行し、二〇一三年には全集版を『―語りつぐ― 小さな町を呑みこんだ巨大津波』として小学館より刊行。また地元の災害FMラジオで震災体験や民話の語りをおこない、二〇一四年には「みやぎ民話の会」主催の「第八回みやぎ民話の学校」（丸森町）に出演協力するなど、再び力強く歩き出している。

証言集の聞き取りにあたって、庄司たちはテープレコーダーもパソコンも机すらも使える状況になかった。折込広告などの裏紙に鉛筆でメモを取りながら証言を聞き、避難所や自宅に持ち帰って、メモと記憶を頼りに文章化し、後で語り手に確認したという。[*8] そういう作業を通してはじめて伝えられる「真実」が、この証言集には刻みこまれている。

本書の中で、庄司は自身の体験を次のように証言している。

でも、命あってよかったと思ったのはつかの間。日に日に隣近所、友人知人、縁戚と、訃報のことばかり。全身の力も抜け、やり場がなく、自分はすべての物をなくした悲しみで数日がすぎました。その時、みやぎ民話の会の島津信子さんが来てくれたのです。とてもよろこんでくださったのです。抱き合って、泣いて、泣いてよろこびました。「みなさん、心配してくださっておられた」と。その

＊6　本節は、鵜野（2018）「大震災をのりこえ、民話を語りつぐ――やまもと民話の会発足二〇周年の集いに参加して」、子どもの文化研究所『子どもの文化』二〇一八年九月号所収、を一部改変の上転載した。
＊7　二〇一八年三月二四－二五日、宮城県亘理郡山元町防災拠点・山下地域交流センター「つばめの杜ひだまりホール」で開催されたイベント「つどおう、やまもと民話の会発足二〇周年」における配布資料より。
＊8　＊7と同じイベントでの庄司の発言。

時、「あっ、私には民話が残っていた」。喪失感から覚めたのです。皆さんも被災者なのに、私一人が被災者のようにお励まし頂きました。皆さんのやさしさに感激しきりでした。再起への力は、民話からもらいました。民話はやさしい。民話は熱い。民話は強い。

（やまもと民話の会 2013：42）

彼女を再起へと向かわせた「民話の力」とは何だろうか。一つには、民話を通じて築いてきた民話の会の仲間たちとの強い絆ということが挙げられるだろう。だが、それだけではあるまい。庄司は次のようにも記す。「（やまもと民話の会の）残った六人、顔を寄せて、今回の震災体験を語りあった時、私たち自身にも悲壮なパノラマを見るごとく、ドラマがありました。『語りつごう』をあいことばに民話をやってきたこと、……この震災を語りつがなければ、の使命と責任を感じました」（同 20）。庄司自身や同じ山元町の人びとが体験した「悲壮なパノラマ」のようなドラマを、「人びと（民衆）の物語」すなわち「民話」として語りつぐことへの強い使命感と責任感、これを語り手たちに呼び起こしたものこそ、「民話の力」なのではないだろうか。そしてその基底には、彼らの山元町という地域に対する帰属意識すなわち「地域的アイデンティティ」があったことは疑いない。

3　文化的多様性の承認と非当事者性の自覚

地域の民話を聞き取り、これを書きとめ、〈語る－聞く〉という営為をとおして自らのアイデンティティを確認することが、やまもと民話の会の会員たち、そして証言集の作成に協力した町民たちにレジリエンスを生起させた。それと同時に、彼らの語りに耳を傾ける町民以外の人びとに、彼らの地域的アイデンティティへの自負と誇りに対するリスペクト（敬意の念）をもたらした。そこには、互いのアイデンティティを尊重し合う、文化的多様性の承認の姿勢が見出される。

しかしながら、その姿勢とは自分と相手との違いを認めるということに他ならず、ここから、所詮「未災者」[*9]には被災者の本当の気持ちは分からないし、被災者同士でも罹災の状況は千差万別であり、相手の気持ちを一〇〇％理解することは不可能であるといった「非当事者性」の問題が否応なく現出する。この難題をいかに克服していけばよいのだろうか。

制野俊弘（2016）は、東日本大震災で被災した宮城県東松島市の中学教師として、中学生たちと生活綴方（作文）教育を通してこの「非当事者性」の問題と向き合っている。二〇一二年九月、翌二〇一三年三月での廃校が決まった中学校でおこなう最後の運動会の後、震災で母親を亡くした中三の女子生徒のまなき[*10]が書いた次の作文に制野は目を止める。

閉会式も終ろうとしている中、風船を空へ飛ばす最後の企画が始まりました。……私が想っていたことは、自分が持っている風船を飛ばしたくないということです。この風船を飛ばしたら終わってしまう気がしました。ですので、みんなが飛ばした後に遅れて風船を飛ばしました。（制野 2016：68-69）

＊9　諏訪清二（2017）は、今回は被災者ではなかったにせよ震災多発国・日本においては「未だ被災していないにすぎない存在」であるとして、「非‐被災者」ではなく「未災者」と呼ぶことを提言する（諏訪「学校で災害を語り継ぐこと――〈戸惑い〉と向き合う教育の可能性」、山名・矢野（2017）199-200、および同22も参照のこと）。

＊10　同書に記されている名前をそのまま用いる。これが実名かどうかについては同書には触れられていない。

まなきの本当の気持ちを知りたいと思った制野は、もう一度運動会の作文を書いてくれないかと頼む。三ヶ月後、彼女が差し出した紙には次のような文面が綴られていた。

あの震災から一年以上が過ぎました。今思えば震災について本気で考えたことがありません。いつもどこかに綺麗事をまじえて考えていたような気がします。私たち三年生にとっても中学校としても最後の運動会の日、最後の企画で風船を大空に飛ばしたとき、涙が溢れてきました。風船には未来の願い、辛さや悔しさ、様々な思いを込めました。風船を飛ばすことで願いが叶えばいい、辛さや悔しさが無くなればいい、そう考えていました。けれど、なかなか風船を放し空へ飛ばすことができませんでした。理由はわからなかったけれど、今考えるとわかるような気がします。私は大好きな母を忘れそうになっています。忘れたくない、そう思っているのに少しずつ消えてしまいます。震災が起きる朝に交わした言葉も、声も顔も動作も。思い出せないことが多くなっています。それがとても怖いのです。母が私の中から消えそうで怖いです。そして忘れていってしまう自分が嫌でしようがありません。風船をなかなか飛ばせなかったのも「忘れてしまう」と思ったからだと思います。（同 70-71）

この文章を読んで、制野は自分の中にある「非当事者性」を自覚し愕然とする。その時はじめて、まなきが「壮絶な記憶とのたたかいを強いられていた」、「薄らいでいく母親の記憶を何とか押し止めようと必死だった」ことに気づかされる。そして「時が癒す」というのは、あくまでも傍観者側の言葉であり、薄れゆく記憶とのたたかいが想像を絶するものであることに、これまで気づけなかった教師としての自分を制野は責める。

その上で、制野はまなきに以下の返信を綴る。

作文ありがとうございました。書くことはさぞ辛かったろうと思いますが、よく書いてくれました。先生は涙が止まりませんでした。職員室で誰にも悟られないように泣きながらパソコンにまなきの作文を打ち込みました。

実はこれまでまなきの前向きな作文を目にするたびに、先生は苦しくて教師として何もできないもどかしさに苛まれていました。「本当はもっと言いたいことがあるのではないか」と思っていました。頑張っている姿を見れば見るほど実は悲しい気持ちになっていました。自分の気持ちを周囲に察せられないように、仲間に心配をかけないように、友達に気を遣わせないようにと踏ん張っている気持ちが先生にはよくわかりました。……だから先生はせめてまなきの本当の気持ちを聞いてやりたいと思いました。他にも同じように母親を亡くした子どもがいますが、ストレートに悲しみを表現できる子どもや体の症状になって表れる子どもはいずれ立ち直れると思っています。ただまなきのように辛さやかなしさを押し込んで頑張る子どもはどこかで潰れないだろうかと心配になるのです。頑張り屋さんほど疲れることがあるのです。だからまなきには誰にでもいいから本音を吐露してほしかったのです。先生にできるのはそれだけだと思ったのです。

（同 77-78）

子どもにとっても、教師にとっても、「綴る」ことは「生きる」ことそのものだとし、子どものこの「生きる」に寄り添うために教師も「綴る」、「綴る」ことで教師も「生きる」のだと制野は言う。そして、「自分の中にある、どうしようもない『非当事者性』を携えながら、それでも『綴り続ける』のです」(同81)として、「非当事者性」を自覚した上で、生活綴方(作文)を通して生徒と関わり続けることを誓う。

そうした教師の姿勢は生徒にも影響を与える。二〇一四年に制野が担当した中三の女子生徒・菜穂はこう綴った。

やはりよく分からない。どれだけ考えても分からない。震災に限らず苦しさを味わった人を助けられないのがくやしい。同じ苦しさを知れないのがつらい。きれいごとばかり書いても意味がない。いくら話をきいても、その人の助けにはならない気がする。どれだけ自分ががんばろうと結局、他人事になってしまう。その人自身にはなれないから本当のつらさが分かってあげられない。(同161)

これを受けて制野は、「自分の中にある『非当事者性』に気づくことが、真の共感への『根』になります。このどうしようもない『非当事者性』の自覚こそが、嘘のない仲間への共感につながっていくのです」(同162)と記す。だが言うまでもなく、この自覚が他者への共感へと無条件につながっていくわけではあるまい。それを可能にするためには、何らかのメディア(回路・媒体)となるものが必要である。「綴方」を通しての対話もその一つだろう。しかし次節に見るように、民話を〈語り－聞く〉という営為もまた「非当事者性」の自覚を他者への共感へとつなげていくための有効なメディアとなるのではあるまいか。

4 『16歳の語り部』

佐藤敏郎監修（2016）『16歳の語り部』は、東日本大震災当時、宮城県東松島市立大曲小学校の小学五年生で、高校一年生となった二〇一六年一月現在、地元に限らず県外の人に向けても震災の体験と教訓を伝える「語り部」の活動をしている雁部那由多・津田穂乃果・相澤朱音の声を紹介した本である。語り部の一人、雁部は次のように記す。

語り部の活動をはじめたころは、自分の体験を「話す」だけで精一杯でした。……最初は自分のために「話す」だけだったものが、誰かに「伝える」ための言葉へと変化していくのを、感じています。

（中略）

最後にみなさん、特に同世代の方に伝えたいことがあります。それは、「一日ひとつ、何でもいいから思い出をつくってほしい」ということです。あの震災を経て僕がたどり着いた結論は、当たり前のことですが、そのときそのときを大切にしなければいけないということでした。今、ここに僕たちが生きていることは、奇跡的なことです。たとえば、家族と過ごす時間は明日にはなくなるかもしれません。昨日「さよなら」を言った友だちは、明日にはもういないかもしれない。僕たちが生きるこの世界では、そういうことが起こり得るんです。だからこそ、僕は今、一日ひとつ、思い出をつくるように心がけています。

（佐藤 2016：67-68）

このような「語り部」たちの声に対して、二〇一五年の夏休みに石巻と東松島を訪問して彼らの語りを聞いた同世代（二〇一六年一月現在、東京都立南平高校二年生）の山城未裕は次のように応答している。

……でも、実はもう一つ思っていたことがあったんです。それは、現地に行っていろんな体験をしたとして、帰ってきたとき、果たして自分はどうするんだろう、どうなるんだろう、という疑問でした。私たちがいくら現地に行って、「大変だったんだな」「勉強になったな」とその場で少しばかり思ったとしても、「ただ思っただけ」になってしまうんじゃないか？　だって、普段の私たちは震災の話なんてめったにしない。現地に行って、そこから帰ってきて、いったいそれが何につながっていくのだろう。純粋に疑問だったのです。

でも私は、行って変わりました。自分がいちばんびっくりするくらいに。西高（＝石巻西高校：筆者注）生や仮設住宅の自治会の方たちと話したこと、大川小で感じたこと、浜市小で学んだこと、それをみんなに伝えたい。この光景を、たくさんの人に実際に見てほしい。そんな気持ちが生まれたのです。（中略）

私と同じくらいの年月しか生きていない語り部の三人が、ここまでしっかりと自分が体験したことを受けとめて、それを発信していこうという覚悟を持っていることに、私は尊敬のような気持ちを抱いています。感じ方も性格も三人ともバラバラだけど、堂々と自分の体験を語っているのはすごく伝わってきました。

これからは、私たち若い世代の中にこそ、三人のような人が必要になってくるんじゃないかと思います。そして、積極的に自ら活動していく人たちがどんどん増えていけば、震災のことだって、次の世代や未来の人たちにしっかりと伝わっていくんじゃないかな、と思います。私は、彼らとは状況が違う「未災地」のひとりにすぎません。でも、感じたことや受け取ったことを咀嚼して、語り部の人たちみたいに発信していけたらいいな、と思います。（同 181-186）

こうした山城の言葉は、「未災地」のひとりとしての「非当事者性」を自覚しつつも、同世代の「語り部」たちの言葉をしっかりと受けとめ、自らも被災地を訪れて体感したことを周りの人びとに語り伝えようとする、他者（＝「語り部」たち）への共感と連帯感を表明するものと言える。[*11] 案内役の佐藤は、本書を次のように結ぶ。「あの日を、ただのつらかった過去にしてはいけない。あの日を語ることは、未来を語ることなのだ」（同 214）。

5 語りの場における悲しみの分有[*12]

大震災から五ヵ月後の二〇一一年八月二一－二二日、宮城県南三陸町で開催された「第七回みやぎ民話の学校」に参加し、六人の被災者の語りを聴いた福田雄は、次のように振り返っている。

＊11　石戸（2017）は、「歴史の当事者」という概念によって、「非当事者性」からの呪縛を無効にできると提案する。「歴史の当事者は起こった出来事と自分自身の接点を見つけ、何かを考えている人である。どんな軽薄なきっかけであれ、単純な興味であれ、偶然であれ、何かを伝える場所やものがあれば、人はそこから考えることができる。そして、未来に向けて何かしたいと思うとき、狭い意味での『当事者』か否かという線引きは無効になる。誰もが自分の歴史を語り、未来を語ることはできるのだから」（同前 267-268）。

＊12　本節と次節は、鵜野（2017b）「不条理と向き合うために――東日本大震災から六年、子どもたちに語り継ぎたいこと」（子どもの文化研究所『子どもの文化』二〇一七年六月号所収）から文章を一部改変の上転載している。

このたびの『民話の学校』における聴衆は、おそらく民話の会会員の方も相当数あったため、聴衆は比較的に中高年以上の女性が多かった。彼女らは語りのひとつひとつに頷き、ときには驚嘆の声をあげ、つらい経験には涙ぐみ、冗談に対しては声をあげて笑い、震災に遭いながらも今こうして語って下さっているひとりひとりが助かったことに胸をなで下ろす。そのような語りの場をともにつくりあげていくような協力的なオーディエンスであったように思われた。それはあらためて、語りという行為が、話者が一方的にメッセージを送るというものではなく、むしろ話者とオーディエンスとの共同の構築作業であるという側面を示すように思われる。（みやぎ民話の会 2012：215）

当日の主催団体「みやぎ民話の会」顧問の小野和子は、この時の聴衆が「お前の悲しみを半分よこしてくれ」というふうだったと話している。

自分自身の体験を語ることで、悲しみを他の人と分かち合うことは果たして可能だろうか。おそらく、語ることで悲しみ自体が減ったり消えたりすることはあるまい。また悲しみの中身を一〇〇％理解してもらえるということもないだろう。それでも、「あなたの悲しみを半分よこして」と一心に耳を傾ける聞き手たちの想いが伝わってきた時、語り手は「今、自分は生きている、生きていてよかった」と思えたのではなかろうか。

前掲の山名・矢野（2016）において岡部美香は次のように言う。「語る人と聴く人は、出来事の記憶を語ることの不可能性と困難さを共有している」（山名・矢野 2016：165）。語り手の記憶を完全な形で共有することは聴き手にはできない。けれども、語り手の記憶に付随する悲しみや心の痛みを分け持ち、「本当につらかったですねえ」と慰め、その肩を撫でさすることは可能である。

それでは、どうすれば「悲しみの分有」は可能になるのだろうか。岡部は言う。「ある体験者が有する出来事の記憶の〈物語〉を〈語り‐聴く〉なかで、語られたことの背後に潜在する言語化されないものや言語化されえないものに思いを馳せる」(同 166)、「生と死のありように戦慄し『隠れた現実』をまなざし考えるところから始めるしかないのではないか」(同 170)。語られた出来事の意味や答えをすぐに引き出そうとするのではなく、「戦慄」し、言葉にならないものに「思いを馳せる」ことではじめて、被災者／未災者を問わず、記憶とそれに付随する「悲しみの分有」は可能となると言うのである。

新美南吉が童話「でんでんむしのかなしみ」で描いたように、私たちはみなそれぞれ自分の悲しみを背負って生きていかなければならない。誰かに代わってもらうこともできない。けれど、この悲しみを背負って生きる自分のことを見守ってくれる誰かの存在を感じ、「自分はひとりぼっちではない」と気づく時、「それでも生きていこう」と再び歩き出すことができる。「人びとの物語」としての民話を〈語り‐聞く〉ということは、その物語に込められた人びとの願いや喜び悲しみを、語り手と聞き手が確かめ合いながら、それぞれの心に「いのちのともしび」を灯すこと、そう言い表せるのかもしれない。

6 理不尽さと向き合う

二〇一七年三月九日(木)午前八時、一年ぶりに女川小学校を訪問した。小学校から徒歩五分ぐらいの所にある仮設住宅に住み、震災後ずっと毎週木曜日の朝、地元に伝わる民話や自身の震災体験を子どもたちに話して来た安倍ことみの、この年度最後の「語り部の時間」を見学させてもらうためである。

いつもは学年ごとに教室で語っているが、この日は特別に全校児童と教員が講堂に集まり、皆さんの拍手を受けて安倍は入場し、語りの後には子どもたちから感謝の言葉や花束を贈られるという晴れがましい場となった。

この日、彼女が選んだ話は「栄存法印《えいぞんほういん》のたたり」という伝説だった。

［要旨］大阪出身で石巻にやってきた栄存法印は、その高徳な人柄と卓越した指導力によって町の人びとからも領主の笹町但馬《たじま》からも厚い信頼を得たが、但馬の跡継ぎ息子の新左エ門はこれを快く思わず、父親が亡くなると計略によって法印を陥れ、無実の罪を着せて牡鹿半島の沖合にある江島《えのしま》へ島流しにした。江島での日々、法印は、昼間は江島の人びとに広い世の中のことを学んでほしいと読み書きを教えていたが、夜ごと両手の指に蝋燭の灯をともして岩の上に立ち、石巻の方を睨みつけていた。亡くなる前、鰹節一本を咥えたまま自分の体を逆さにして埋めるよう遺言するが、島の人びとが遠慮して逆さにしないで埋めると悪天候が続いたため、逆さにして埋め直すと嵐は収まった。それから五〇年後、仙台・片平町の武家屋敷前で子守娘がその家の奥方の子どもを守りしていると見知らぬ僧侶が現われ、その子が誰の子であるのかを尋ねた。そしてその母親が新左エ門の娘であると聞くと「笹町の血を引く者がまだ生きていたか」と言い、地面に伏して呪文を唱えた。その途端、赤子はひきつけを起こし、子守娘があわてて屋敷の中に入ってみると奥方も倒れており母子ともに亡くなった。人びとは「栄存法印のたたり」と言い伝えたという。*[13]

安倍は、「江島に伝わる三〇〇年ほど前の話で、こわい話ですが、皆さんも憶えておくといい話だと思うので話します」と前置きした。低学年の子どもにとっては話のあらすじを把握するのも難しいと思われ、また六年生にとっては小学校で民話を聴く最後の機会となるにもかかわらず、彼女がこの「たたりの話」を選んだ理由は何だろうか。「皆さんも憶えておくといい話」とおっしゃった真意はどこにあるのだろう。「人を妬んではいけない、逆恨みしてもいけない」「栄存法印さんの教えのように、広い世の中のことを学んでほしい」、そんな安直なメッセージではあるまい。

女川小学校訪問の三日後の三月一二日、仙台メディアテークで開かれた「民話ゆうわ座」に参加した。毎回一つの民話を取り上げて、その話が語り継がれてきた意味について採訪者の視点から参加者と一緒に考えてみようという催しで、四回目を迎えた今回は「食わず女房」だった。会場には少なくとも一〇〇人を超える人たちが詰めかけ、その大半が中高年の女性だった。

［要旨］独り者のケチな男が、飯を食わない女と結婚したいと願っていると、自分は飯を食わないという女が現われ結婚する。しばらくして、そんなことが本当にできるのか不安に思った男が出かけるふりをして隠れて覗いていると、女は大釜いっぱいの米を炊いて、握り飯を作って戸板に並べ、結っていた髪をほどくと頭の上に大きな口があり、そこをめがけて握り飯をお手玉のようにポイポイと放り込む。正体を見られたことに気づいた化け物の女（鬼婆／山姥）は男を取って食おうと追いかけるが、男は菖蒲やヨモギの草むらに逃げ隠れて助かる。それで今も五月五日の端午の節句には、菖蒲

＊13　安倍の語りの録音に基づく。

やヨモギの束を軒に挿し、菖蒲湯に浸かり、ヨモギ餅を食べて厄除けをする。

この話を語り継いできた女性の多くが、姑や小姑の目が光る中で米の飯など満足に食べられなかった嫁の立場の経験者だったことや、大釜いっぱいの米を炊いて作った握り飯をポイポイと口に放り込む女の姿が痛快だったと語り手たちが話されたことを、前述の小野が採訪者の視点から紹介した。

嫁（女性）の立場の弱さや貧困の問題がこの話が語り継がれてきた背景にはある。と同時に、化け物にでもならなければ女性が米の飯を腹いっぱい食べることなどあり得ないし、また家も土地も持たない次男坊・三男坊には化け物の女ぐらいしか嫁に迎えることはできないという、人生の厳しさや不条理さ、理不尽さを物語っているとも言える。別の見方をすればこの話は、何か想定外のことや理不尽なことが我が身に起こった時、（ああ、そういえばこんな理不尽な話があったなぁ）と自分を納得させるために語り継がれた昔話でもあると言えるだろう。

講演録『人生の踏絵』（2017）の中で遠藤周作は、不条理で理不尽なことに直面した時、あるいは自分の理想や信条に反する行為を迫られた時、「人生の踏絵」を踏まなければならないことがあると語っている。

江戸時代のキリシタンの踏絵と同じで、戦争中の私たちは、やはり自分の最も美しいと思ったもの、理想とする信条、憧れる生き方、そういうものを自分の泥靴で踏みつけるようにして生きて行かなくてはなりませんでした。戦後の人たちも今の人たちでも、やっぱり多かれ少なかれ、自分の踏絵とい

うものを持って生きてきたはずです。われわれ人間は自分の踏絵を踏んでいかないと生きていけない場合があるんです。（中略）

「神の沈黙」について言えば、これは何もキリシタン時代だけの問題ではありません。現代でもそうですよね。多くの血が方々で流れ、不正が正に勝ち、何もしない小さな子どもが病院で死んでいくのを見たりすると、なぜ神は腕を拱いて黙っているのかと思いますよ。……なぜ、そういうことがこの世の中にあるのかわからない。

（遠藤 2017：12-19）

「踏絵」を踏んでしまった自分を責め、後悔の念にさいなまれ、絶望感に襲われることは、誰の人生にも一度や二度は必ず訪れると遠藤は言う。震災で家族を亡くし、自分は助かった、家族を助けてやれなかったという方もまた、そうした絶望感の極みを経験されたに違いない。そしてそれに対して、キリストの教えの中に「私を踏むがいい」という、人間の弱さを赦す「母なるもの」が存在するとして、信仰を持つという、この絶望から救われる方途を遠藤は指し示した。

では、信仰を持たない者にとって、不条理と向き合い、それでも向こうの世界に引っ張られてしまうことなく、こちらの世界に踏みとどまって生きていくためにはどうすればよいのか。その手がかりとなるものが、昔話や伝説や世間話、さらには自身の体験を振り返って語られる「生活譚」や「自分語り」と呼ばれるものも含めた、「有名無名の人びとのいのちと暮しに根ざした物語」としての「民話」の中にあると私は考えている。

日本民話の会編（2017）『東日本大震災　記憶と伝承』を繙いてみると、地震と津波そして原発事故によってもたらされたいくつもの不条理な出来事が語られている。例えば除染にまつわる次のようなエピソード。

家の壁を洗う作業（除染）はやりませんでした。というのは、お隣が除染を拒否したのです。千軒のうち、一軒だけです。それはその方が定年退職された後、自分で、家の屋根も壁も庭も、全部リフォームしたんですね。震災の後です。もう二年も経過していますからその間に自分でやってしまったんですね。それで、もう除染する必要はない。……だから我が家が除染するときも、使用する水が一滴も自分の家にかからないようにやってくれと言ったんです。……それで我が家の壁の除染はやめてもらったんです。水一滴もかからないようにって、無理でしょう。

（日本民話の会 2017：113）

こうした語り手の体験は、その不条理さが聞き手にも伝わるよう工夫して語られたはずだ。また聞き手は、語り手の表情や身ぶり手ぶりを見て、その声色を聴いて、その想いを感じ取って、といった自身の身体感覚を通して、その語りを編み直したに違いない。いわば語り手と聞き手との共同作業によって、個人的な体験は本書を手に取った第三者にとっても共感でき記憶に残る「不条理な物語」として伝えられることになったのである。

「浦島太郎」「鶴の恩返し」「こぶ取り爺」……、不条理な昔話を挙げていけばきりがない。伝説となると尚更だ。さらに戦争や災害にまつわる生活譚もまた、人生の不条理と向き合い、それでも生きていくために、語り手と聞き手がともに戦慄しながら想像力を駆使して織り上げたテクストとしての民話と言えるだろう。そしてそのテクストを語り継ぐことによる「記憶」とそれに伴う「悲しみ」の分有とは、後ほど詳述するように、こちらの側にいる人たちだけでなく、向こうの側へ行った人たちの霊魂が望んでいることでもあるまいか。

安倍が「栄存法印のたたり」を子どもたちに語った真意は分からない（ご本人に聞いてみたが口を濁された）。おそらく彼女はこれを聞いた子どもたちに何か即答できるようなメッセージを読みとることを求めてはいなかっただろう。ただずっしりと重い錨のように、子どもの心の深い水底にこの話が沈んでいけばいい。そしていつか「人生の踏絵」に直面した時、この理不尽な物語を思い出すことがあるかもしれない。それは、「頑張ろう！」よりも「絆を大切に！」よりももっと深い拠り所として、子どもたちの人生を支えてくれるのではないか。そんな願いが込められている気がする。

7　グリーフワークとしての「語り」[*14]

二〇一七年一一月、岩手県遠野市の大平悦子のご自宅にお邪魔し、民話の語りを聞かせていただいた。大平は遠野に生まれ、高校卒業後、東京の大学に進学。卒業後、神奈川県内の公立小学校教諭。在職中から、小澤俊夫主宰の「昔ばなし大学」に参加して語り手としての研鑽を積む。定年を待たずに退職し、語り部としての活動を本格的に始める。現在は首都圏と遠野を中心に全国各地さらには海外でも公演をおこなっている。

晩秋の日の午後、移築した萱葺き屋根の古民家の囲炉裏端で、燃える薪のはぜる音や薪から立ち上る

＊14　本節は、鵜野（2017a）「うたとかたりの対人援助学　第四回「『遠野物語』第九九話と「悲哀の仕事」」（『対人援助学マガジン』第三一号所収）に掲載したエッセイを一部改変して転載した。尚、このエッセイは本書第Ⅰ部第四章１に一部改変して収載している。

煙の中、大平の語りを聞いた。今回、柳田国男『遠野物語』（1910）第九九話をプログラムに入れていただくよう事前にお願いしておいた。これは明治二九年の三陸大津波にちなんだ「実話」で、東日本大震災の後、一躍注目されることになった話である。

（要旨）福二という男が遠野から沿岸部の村へ聟に行ったが、明治二九年の大津波によって妻と子どもを喪った。一年経った夏の晩、福二は離れたところにある便所へと波打ちぎわを歩いていると、霧の中から男女の二人連れが近づいて来た。見ると女は亡くなった自分の妻だった。妻の名を呼ぶと女はふり返って笑った。男のほうは同じ里の津波で死んだ人で、自分が聟に入る前、互いに深く心を通わせていたと聞いていた男だった。「今はこの人と夫婦になっています」と女が言ったので、「子どもはかわいくないのか」と責めると、女は少し顔色を変え、泣きだした。死者と話をしているようには思えず、現実のようで悲しく情けなくなり、足元に目を落としているうちに、その男女は再び足早にそこから立ちのき、山陰に見えなくなってしまった。少し追いかけてもみたが、「相手は死んだ人だ」と気づいてやめた。それでも夜明けまで道に立っていろいろと考え、朝になってからやっと家に帰った。福二はその後もしばらくの間、悩み苦しんだという。*15

大平はこの話を遠野の言葉でしみじみと語った後、ご自身の取材などによって得た興味深いエピソードを話した。福二の妻子は実際には行方不明のままであったこと、今回の津波でも福二の子孫の方がお連れ合いを失くされたこと、柳田国男に語って聞かせた佐々木喜善と、福二は親戚筋にあたること。その上で大平さんは次のように話した。

震災から半年ぐらい経ってこの話を語るようになったのですが、最初のうちは、愛する妻が死後の世界で昔の恋人と一緒にいることを知った福二のことを可哀想だと思っていました。でも、今回の震災の後、行方不明になった家族の死亡届を出せないでいたら何年か経って夢に現れたとか、イタコ（巫女）に死者の霊を降ろす口寄せをしてもらったら「おれは今、海の底にいる。おだやかな気持ちでいるから、もう探さなくていいよ」と言うのを聞いて、ようやく気持ちの区切りがついたとかいった話を聞いているうちに、もしかしたら福二も同じだったんじゃないかと思うようになりました。忘れがたい妻ではあるけれども、やっぱりどっかで気持ちに区切りをつけて、前に向いて進まなくてはいけない。そういう気持ちがこの幻を見せたんではないか。それから、もしかしたら奥様の方も、「もうあなた、頑張って前を向いて進みなさい」って、励ましの気持で、姿を見せてくれたんじゃないかなあ、なんて思ったりもしました。[*16]

愛着あるいは依存する対象を喪失することや、それによって引き起こされる、病的なものも含むさまざまな心理のことを、「対象喪失（object loss）」と呼び、G・フロイトの「悲哀とメランコリー」（1917）以来、研究が進められてきた。日本でも小此木啓吾（1979）、森省二（1995）、野田正彰（2014）といった優れた研究成果が発表されている。小此木（1979）によれば、対象を失った場合、われわれは大別して

*15　後藤総一郎監修（1992）『口語訳 遠野物語』河出書房新社より要約。
*16　当日収録した録音より翻字。

二つの心的な反応方向を辿る。

一つは、対象を失ったことが、一つの心的なストレスとなっておこる急性の情緒危機（emotional crisis）である。もう一つは、対象を失ったことに対する持続的な悲哀（mourning）の心理過程である。……この悲哀の心理過程は、半年から一年ぐらいつづくのが常であるが、そのあいだに人びとは、失った対象に対する思慕の情、くやみ、うらみ、自責、仇討ち心理をはじめ、その対象とのかかわりの中で抱いていた、さまざまな愛と憎しみのアンビバレンスを再体験する。そしてこの心の中での悲哀の心理過程を通して、その対象とのかかわりを整理し、心の中でその対象像をやすらかで穏やかな存在として受け入れるようになっていく。……フロイトはこのような悲哀の営みを「悲哀の仕事」（mourning work）と呼んだ。

（小此木 1979：44-46）

福二が実際に妻のまぼろしを見たのかどうかは分からない。ただ、福二はこの「出来事」を、誰かに語らずにはいられなかったのではないか。そして、物語ることで行方不明の妻に対する気持ちに区切りをつけ、前に進んでいこうとしたのではないだろうか。つまり、福二にとって物語ることは「悲哀の仕事」であったと考えられる。この時、佐々木喜善は福二の「物語」の大事な聴き手の一人であったに相違ない。喜善は福二の姉チエの孫にあたり、福二よりも二六歳年下で、大津波の年には一〇歳だった。いつ頃この話を聞いたかは不明だが、泉鏡花に憧れる文学青年の喜善は、福二の話にじっくりと耳を傾け、これを脳裏に刻みつけたことだろう。喜善は後に自著『縁女綺聞』（1934）にもこの話を紹介しているが、そこでは、大津波が起こったその年の七月の新盆の夜の出来事とされ、「この女房の屍は遂に見付からなかった」と記している。

二〇一一年の東日本大震災の後、みやぎ民話の会などが中心となって、被災者が震災体験を語る場が積極的に設けられてきた。*17 また、被災した子どもや若者の語りの活動もおこなわれてきた。*18 さらに、被災地での不思議な体験の語りを書き留めた記録も報告されている。*19 こうした「語る」という営みが、語り手にとっての「悲哀の仕事」として機能していることは疑いない。と同時に、その物語を聞く者にとっても、被災者への同情や憐みを超えた「悲哀の仕事」の疑似体験、「我が事」として痛みや疼きと共に受けとめるという体験が、「語りの場」においてなされているのではなかろうか。

ところで、こうした「対象喪失」の物語は、目の前に見えている「生きている存在」に向けてのみ語られるのではない。当の「対象」である、目には見えない霊的な存在（霊性）に向けてもまた語られる。今回の震災で母親を喪った民俗学者の川島秀一は、二〇一一年八月に開催された前述の「第七回みやぎ民話の学校」における基調講演の中で「語ることは供養になる」として次のように述べる。

今日、ここで津波の語りが行なわれるということは、海で亡くなった人の霊もおそらくそれを聞いて喜んでくれるだろうということと私は信じております。復興は何も美しい町を作ることが復興ではないのです。心の復興ということも、今後、我々が考えていかなければならない大きなテーマである

＊17　前述のみやぎ民話の会（2012）他。
＊18　前述の佐藤（2016）他。
＊19　奥野修司（2017）、金菱清編（2016）他。

と思います。（みやぎ民話の会 2012：41）

川島の言うとおり、「心の復興」のためには、生きて在る者だけではなく、「千の風」になった人びとのたましい（霊性）に向けて語るということが、また同時に、彼らによって伝承されてきた物語を味わうことなどを通して、霊性たちの声に耳を澄ませるということが求められる。そして、かけがえのない霊性との対話が実感される時、「それでも上を向いて生きていきなさい」と、この霊性に自分の背中を押してもらえるのだろう。そう思われてならない。

おわりに

以上、民話を〈語る－聞く〉という営為が、災害・厄災レジリエンスを引き出していく過程もしくはそのメカニズムについて、①文化的多様性の承認、②非当事者性の自覚と悲しみの分有、③理不尽さの受容、④対象喪失とグリーフワーク、⑤霊性との対話、といった観点から理論仮説を構築していくことを図ってきた。但しこれは中間報告にすぎず、「個人の葛藤や揺らぎ」（石戸 2017：270）を十分に掬い取れていないことも認めざるを得ない。

今後の課題を挙げておこう。本章の最初に紹介したスミスが挙げた「文化的多様性」と並ぶ重要な理念が、「文化的エコロジー」と「生《なま》の声 living voices」である。「文化的エコロジー」とは、異なる文化とつながり合って自分たちの文化があるということを認め、異なる文化を持つ他の社会の人びとに敬意を払うという考え方を指すものと思われ、「文化的多様性」と密接に関わる理念と言えるが、「エコロジー」とは単に人間社会における「他者」とのつながり合いだけでなく、他の生きものや大自然との、さらには死者（霊性）とのつながり合いといったレベルまで視野に入れるべきだろう。その際、生命誌研究者・中村桂子が説く「自己創出（オートポイエーシス）」の概念が、「レジリエンス」と密接に関わってくるものと思われ（中村 1993：94-100）、両者の関係性を原理的に考究していくことが求められる。

そしてまた、〈語り－聞く〉ことによって前述の三つのレベルにおける「他者とのつながり合い」が達成される上で、大きな役割を果たすのが「生《なま》の声」であろう。[*20]「生の声」によって語り手と聞き手の身体と心が共振する時、他者とのつながりが実感されるに相違ない。今後こうした「共振」のメカニズムが、音響心理学や大脳生理学などの知見も取り入れて解明されていくことが期待される。

以上の記述から明らかなように、民話研究は今、学際的アプローチを迫られている。その根幹に「語りの哲学」を据えて、志を共にする様々な分野の人びととともにこれからも歩みを進めていきたい。

引用・参考文献

・アーレント、ハンナ（1954/1994）引田隆也他訳『過去と未来の間――政治思想への8試論』みすず書房
・石戸諭（2017）『リスクと生きる、死者と生きる』亜紀書房
・鵜野祐介（2016）「うたとかたりのネットワーク（うたかたネット）通信」第七号、二〇一六年八月一日配信
・鵜野祐介（2017a）「うたとかたりの対人援助学　第四回「『遠野物語』第九九話と「悲哀の仕事」」、対人援助学会「対人援助学マガジン」第三一号所収
・鵜野祐介（2017b）「不条理と向き合うために――東日本大震災から六年、子どもたちに語り継ぎたいこと」、子ど

＊20　ここでいう「生の声」には、音声言語だけでなく手話言語も含まれる。

もの文化研究所『子どもの文化』二〇一七年六月号所収
・鵜野祐介（2018）「大震災をのりこえ、民話を語りつぐ――やまもと民話の会発足二〇周年の集いに参加して」、子どもの文化研究所『子どもの文化』二〇一八年九月号所収
・遠藤周作（2017）『人生の踏絵』新潮社
・奥野修司（2017）『魂でもいいから、そばにいて――3・11後の霊体験を聞く』新潮社
・小此木啓吾（1979）『対象喪失』中公新書
・小野和子（2015）「『語る－聞く』という営み――東日本大震災の波をくぐって」、村本邦子他共編『臨地の対人援助学――東日本大震災と復興の物語』晃洋書房所収
・加藤理・鵜野祐介編（2015）『ポスト3・11の子どもと文化　いのち・伝承・レジリエンス』港の人
・金菱清編（2016）『呼び覚まされる霊性の震災学　3・11　生と死のはざまで』新曜社
・北原きよ子（2013）『わが心のカツラの木――滅びゆくアイヌといわれて』岩波書店
・齋木喜美子（2015）「沖縄の児童文学の創作活動と民話の収集活動」、子どもの文化研究所『研究子どもの文化』第一七号所収
・佐藤敏郎監修（2016）『16歳の語り部』ポプラ社
・諏訪清二（2017）「学校で災害を語り継ぐこと――〈戸惑い〉と向き合う教育の可能性」、山名・矢野編『災害と厄災の記憶を伝える　教育学は何ができるのか』勁草書房所収
・制野俊弘（2016）『命と向きあう教室』ポプラ社
・芹澤健介（2018）『コンビニ外国人』新潮新書
・中村桂子（1993）『自己創出する生命――普遍と個の物語』哲学書房
・新美南吉（2012）鈴木靖将・絵『でんでんむしのかなしみ』新樹社
・日本民話の会編（2017）『東日本大震災　記憶と伝承』オリオン出版
・野田正彰（2014）『喪の途上にて　大事故遺族の悲哀の研究』岩波現代文庫
・本田優子（1997）『二つの風の谷　アイヌコタンでの日々』筑摩書房
・みやぎ民話の会－第七回みやぎ民話の学校実行委員会（2012）『2011.3.11 大地震大津波を語り継ぐために――声なきものの声を聴き　形なきものの形を刻む』みやぎ民話の会
・森省二（1995）『子どもの悲しみの世界　対象喪失という病理』ちくま学芸文庫

・山名淳・矢野智司編（2017）『災害と厄災の記憶を伝える　教育学は何ができるのか』勁草書房
・やまもと民話の会（2013）『―語りつぐ―　小さな町を呑みこんだ巨大津波』小学館

第七章

五十嵐七重の語りを聴く

——小野和子の民話採訪と「未来に向けた人類学」

――あらゆる研究は観察を求めるが、人類学では他者を対象化するのではなく、他者に注意を払うこと、つまり他者がすることをよく見て言うことをよく聞くことによって観察する。私たちは人々**についての**研究を生み出すというよりも、むしろ人々**ともに**研究する。このやり方を「参与観察」と呼ぶ。それがこの学の礎《いしずえ》なのである

（インゴルド 2018/2020：16-17、太字は原文のまま）

はじめに

昨年（二〇二〇年）八月、宮城県仙台市在住の小野和子から四枚組ＤＶＤ「福島県奥会津　五十嵐七重の語りを聞く」（制作：ペトラ、発行：みやぎ民話の会二〇二〇年、非売品）が届いた。Disk 1：二〇一八年八月三〇－三一日撮影・収録時間二〇六分、Disk 2：同年一一月八日撮影・一五五分、Disk 3：同年一一月八－九日撮影・一二九分、Disk 4：二〇一九年四月二〇－二一日撮影・一七九分で、四枚の合計時間は六六九分（一一時間九分）に及ぶ。その内容は、小野と五十嵐が対面して椅子に腰かけ、小野のリクエストに応える形で五十嵐が「五〇話余りの民話」と「暮らしの話」[*1]を語る映像が大半を占める。[*2]

数日間かけて通覧し、言い知れぬ感動と充実感を覚えた。あれから半年余りが過ぎた現在、あの時体感した「これが民話の語りを聴くということだ！」という心の震えの所在を言語化してみたいと思う。

民話の語りを収録したＣＤやＤＶＤは、近年いくつも公刊されているが、今回の企画のユニークさは、前述した収録時間の破格の長さと同時に、民話のタイトルが一切記されていないことにある。その理由がジャケットには次のように記される。「その題名一覧を敢えて記していないのは、一話の前と後に語

られた切実な暮らしの話が胸に響き、『語り』は『暮らし』のなかにあってこそ光り輝くことを教えられたからです。『語り』と『暮らし』を丸ごとで味わう稀有な深い世界がここに展開しています」。

このDVDの企画・制作の中心的人物である小野は、一九六九年より民話の「採訪」[*3]を始め、以来五〇年以上にわたって宮城県を中心に東北各地を訪ねて民話の語りを聞く活動を続けてきたが、彼女の活動を特徴づけるのは「聴く」ことへのこだわりであると私は考えている。本章では、小野が「協力者」として参加しNPO語りと方言の会が編集した『ふくしまの民話集　第一巻　奥会津の伝承五十嵐七重の語り』（2007、以下「奥会津の伝承2007」）と、このDVD（以下「DVD2020」）、そして小野のエッセイ『あいたくて　ききたくて　旅にでる』（2019）を手がかりにして、彼女にとっての「聴く」ことの意味を考えてみたい。そして最後に、冒頭に引用したティム・インゴルドの提唱する「未来に向けた人類学」（インゴルド2019/2020：121）と照らし合わせ、再吟味していきたい。

1　語り手・五十嵐七重のプロフィール

はじめに、五十嵐七重（いがらし・ななえ）のプロフィールを、「DVD2020」のジャケットと「奥会津

*1　DVDジャケットの解説文より引用。
*2　四枚目の最後約四〇分は五十嵐が主宰する勉強会の様子を紹介している。
*3　「この『採訪』という言葉には、『《聞く》ということは、全身で語ってくださる方のもとへ《訪《おとな》う》こと』という思いが込められています。そこで語ってくださる方と聞く者が、ときには火花を散らしながらもう一つの物語の世界へ入ってゆくことにより、深くつながってゆくのです」（小野2019、表紙カバー内側のキャプションより）。

の伝承2007」の「五十嵐七重覚え書」に基づいて紹介する。一九四六年二月二七日、福島県大沼郡金山町沼沢生まれ。七人姉妹の末娘。父・右平治と母・セツ子はともに金山町出身だが、結婚後しばらくして右平治は借金返済のため北海道・国後島の金鉱山へ出稼ぎに行き、数年後にセツ子と乳飲み子の二番目の娘を呼び寄せる。右平治は鉱山で働くことで徴兵を免れて戦時中を過ごし、セツ子は六番目までの娘を、国後島やその後に移り住み数年を過ごした岩手の鉱山で産む。その後、故郷の金山町沼沢に帰り、終戦を迎えた一年後に七重が生まれる。沼沢で右平治はヒメマスの養殖を手掛けて成功し、後年は桐の木を買って売る「山師」の仕事をする。

父母は共に話好きで、七重は幼い時から父母の昔語りを聞いて育つ。高校卒業後、福島の保育専門学院に入学。在学中の一八歳の時、父が六三歳で死去。葬儀の直後に受けた「素語り」(話を暗記して語る)の試験において、「葬式のことでまだ頭の中はいっぱいです。友達のように童話を覚えて語ることのできないから、(そうだ。毎晩寝るときに聞いた『蛇とびっきと蜂の伊勢参り』でも語るかなぁ)と思」って、共通語に少し方言を混ぜて語ったところ、先生から「君はこういう話をたくさん知ってるのかい。絵を見てるようだよ。是非、教材として語りなさい」と言われる(「奥会津の伝承2007」: 330)。これがきっかけとなって、保育士になった二〇歳の頃から幼い子どもたちに民話を語るようになる。

山や川、動物たち、季節の花や食べ物、そんなものを思い出すと、ぴょろっと話が出てくるわけです。こわいもの大好きな子ども達は顔を手で隠して指のあいだからそうっと見ています。そうすると、わたしは得意になって、ますます声を高くします。こういうとき、わたしに昔話をいっぱい聞かせてくれたとうちゃんとかあちゃんのありがたさを思います。(同330)

保育士として三七年間勤務する傍ら、隣村三島の西方へ嫁ぎ、男女一人ずつの子どもを授かる。この間も民話を語る活動はずっと続けられ、保育園だけでなく、近所の学校や婦人会、老人会、高校の表現の授業などにも広がり、また県内外からの依頼にも応えて、広く語りを実践する。「ちゃんちゃんこ」「金山昔語りの会」「こと葉の会」などを立ち上げ、故郷の民話を発掘し、それを語る活動を仲間とともに今日まで続けている。

2　聞き手・小野和子のプロフィール

次に、小野和子（おの・かずこ）のプロフィールを、小野『あいたくて　ききたくて　旅にでる』(2019) 所収の「小野和子年譜」に準拠して、また同書出版後の情報も加筆の上、紹介する。一九三四年六月一八日、岐阜県高山市に長女として生まれる。弟二人との三人姉弟。生家は父で三代目を数える店舗を経営。一九四一年、国民学校に入学。真珠湾攻撃を祝した旗行列で日の丸の旗を持ち、雪の降る中、町内をねり歩く。朝礼では、「我は陛下の赤子《せきし》なり。誓って、醜《しこ》の御楯《みたて》とならん」を毎度斉唱。一九四五年八月一五日、強制家屋疎開の対象となった生家を、土蔵二つを残して取り壊す作業を終えたところで玉音放送を聞き、第二次世界大戦の終結を知る。

一九五三年、岐阜県立斐太高等学校を卒業後、東京女子大学文学部に入学。卒論では指導教官の反対を押し切り小川未明論に取り組む。一九五八年、大学時代のサークル活動を通じて親しくなった四平と結婚、夫の暮らす仙台へ移住。二人の娘と一人の息子を授かり育てる。一九六九年、一人で民話採訪を始める。一九七五年、「みやぎ民話の会」を設立し代表を務める（設立当初の会員は五名）。

一九八二年、宮城学院女子大学日本文学科の非常勤講師として「児童文学」を担当（〜二〇〇二年）。日本児童文学者協会編『宮城県の民話』（偕成社）の現地責任編集者を務める。一九八五年、会員の採訪記録「みやぎ民話の会資料集」の作成開始。宮城県教育委員会文化財保護課の委託を受け、代表として宮城県内の民話伝承調査に従事（〜一九八八年）。同年、『原爆児童文学集23　ちちんぷいぷいとんでいけ』（汐文社）を発行。一九九一年、みやぎ民話の会叢書第一集『みやぎのわらべうた春夏秋冬　唄と語り・佐藤義子』を監修（以後、二〇一六年の第一五集『わたしたちの証言集　双葉町を襲った放射線からのがれて』まで続く）。一九九六年、「第一回みやぎ民話の学校」を中新田交流センターにて開催（以後二、三年おきに開催し、二〇一四年の第八回まで続く）。

二〇一一年三月、東日本大震災・福島原発事故発生。八月、「第七回みやぎ民話の学校」を南三陸町ホテル観洋にて開催。被災した県内の民話の語り手六名にその体験を語ってもらう。せんだいメディアテークに協力を呼びかけ、「民話の映像記録」を収録してもらう。二〇一二年、メディアテークと協働で「民話　声の図書室」プロジェクトを開始し、これまでに記録してきた民話採訪時のカセットテープのデジタル化に着手。みやぎ民話の会叢書第一三集『2011.3.11.　大地震大津波を語り継ぐために』を監修。

二〇一三年、県内の民話の語り手を映像で記録し、市民の共有財産として公開・活用する取り組みに着手。先祖がその話に語り込めたものを、民話採訪者と来場者との対話から探る「第一回民話ゆうわ座『かちかちやま』」をメディアテークと協働開催。東北記録映画三部作・第三部「うたうひと」に出演、民話の聞き手を務める。同年、宮城県芸術選奨受賞。二〇一九年一二月、『あいたくて　ききたくて旅にでる』を刊行。

3　「奥会津の伝承2007」の成立過程と「聴く」こと

「DVD2020」の考察に先立って、「奥会津の伝承2007」についてまず見ておこう。本書「あとがき」の中で、小野は成立の過程を以下のように記している。少し長くなるが、本章の主題である「聴く」ことに関わる重要な指摘がされているので確認しておきたい。

民話は、口から耳へ、耳から口へ、という道を辿って今日まで生きてきました。それは、語る口と、聞く耳があって、はじめて成り立つ物語世界であります。

二〇〇一年に開催された「うつくしま未来博」に参加して、パビリオン「からくり民話茶屋」は民話を語るという営みをとおして大きな成果を上げました。これをきっかけに、福島県のあちらこちらで「ふるさとの民話を語ろう」という動きが波のうねりのように高まり、《NPO語りと方言の会》はこのうねりのなかで誕生し、「語る」活動を支える大きな原動力になっています。

こうしたなかで、「語る」ことにたいして、「聞く」ということはいったいどんな意味を持つのか。わたしたちは語り手の民話をただ楽しんで聞いて、それを見習って語るだけでいいのだろうか。「聞く」ことをもう少し深めて考えてみたい。それが、今後わたしたちが目指す「語り」のほんとうの姿に近づく手立てになるかもしれない。こんなことを考えた有志が集まって、語る「口」を大事にすると同時に、聞く「耳」を正しく鍛えていくにはどうしたらいいかを考えてみようということになりました。そして、手初めに、民話をじっくりと聞き、その一語一語にこめられた思いを確かめながら、記録してみようということになりました。

この一冊は、このような思いのなかで記録し、生まれた民話集です。

……

本書の語り手五十嵐七重さんのもとへ、わたしたちがはじめて足を運んだのは、二〇〇六年の二月五日でした。それから四回にわたり、民話を語ってもらいました。朝から昼食をはさんで夕方まで語り、時には近くの温泉に一泊して夜を徹して語ってもらうこともありました。五十嵐さんの口をとおして出てくる先祖の言葉にうたれて、大袈裟にいえば、わたしたちはどこか命懸けになって民話を聞き、民話と対峙していました。

五十嵐さんが先祖から受け継いだ民話を全部聞きとり、それをくまなく記録したいと願いました。それと同時に、暮らしのなかでこそ生きて光を放っていた民話の姿もとらえたいと思いました。そして、最終的には七二話の民話と一二のわらべ唄を聞きました。それらを一字一句丁寧に文字に移すことからはじめ、また、語りの前後に聞いた暮らしの話も残らずテープから起こし、一話を立体的にとらえる手助けにしたいと考えました。さらに一話一話を吟味しながら文字に定着させていくのは、なかなか困難な作業でしたが、みんな果敢に挑戦し部厚な記録ができました。

ただ、この記録を一冊にまとめるには、分量や費用などのいろいろな点で無理が生じ、苦慮の末、ここには民話四五話のみを収めました。……

出来るかぎり聞いたままを記録することに努め、語り手の息遣いや間や、特長ある言い回しを生かして、一つの話が成り立っていく過程を聞き取って、辿ることに主眼を置きました。また、自分の耳で聞き取った音やリズムを大切に考えていくことにして、表記においても、おおまかな線のとり決めはしましたが、細かい点は、聞き手としてのそれぞれの個性と感性に任せました。一話のあとに記録者の氏名を記入したのは、その話を聞き手としてこう聞いたということが、各自の個性として示すことができればという願いからです。未熟な点がたくさんあると思いますが、「語り」の根底にある「聞く」営みと格闘した跡を見ていただければうれしいです。

（小野 2007：332-335、波線は筆者）

本書の制作にあたって、小野が「聞く」こと（後ほど説明するように本章の趣旨に沿った用字としては「聴く」が相応しぃと思われる）を強く意識していたことが、以上の文章から伺える。

それでは、小野の言う「『語り』の根底にある『聞く』営みと格闘した跡」を具体的に確認してみよう。以下は、小野自身が記録者となった「8．団子むかし」の冒頭部分である。

むがぁしむがぁし、じいさまとばあさま、ほれ、団子をたんがって、山さ行ぎやったそうだ。（「たんがって」＝持って運んで）

ほうして、ひとつきりよく稼《か》しぇでかぁ、ぶしかってなぁ、二人《ふたーり》っこで団子食いすんだと。（「稼しぇでかぁ」＝稼いでから。「かぁ」は「から」の意、「ぶしかって」＝座って。腰を下ろして）

そうっと、じいさま、よろこんでなぁ、

「ばあ、にしゃの作った団子は品良《しない》くて、ほんじ、うんめぇなぁ」（「にしゃ」＝おまえ）

「うんまかべよう」

「うんめぇぞ、うんめぇぞ」

なんて食ってんだけど、一つ残ったと。だっけ、じいさま、

「まぁ、にしゃ、残ったの食えやぁ」

なんつと、ばあさま、

「ええぇ、おらぁ、腹いっぺぇなった。しなだ、食いやれやぁ」（「しなだ」＝あなた）

「ええから、にしゃ、食え」

「いいから、しなだ、食いやれや」

なんつう。

「ええから、にしゃ、食いやれ」

「しなだ、食いやれ」

二人《ふたん》で何べんもゆってるうちに、ごおーっと山から風吹いてきたから、ころころーっと転んじまったど。……


（「奥会津の伝承 2007」：40-41、二重線は筆者）

声に出して繰り返し読んでみると、奥会津の土地言葉が体に馴染んでいく感じがする。また、例えば「ええから」と「いいから」の使い分けなど、細かいニュアンスまで伝わるように記述されており、記録者の小野による「聞く」営みの格闘の跡が確かに伺える。結婚後に仙台へ移住するまで東北の土地言葉とは縁のなかったはずの小野が、ここまで「聞き取る」力を持ち得るまでには相当な苦労と努力の積み重ねがあったに違いない。

一方、「語りと暮らしを丸ごとで味わう」ための工夫は、本書においても見られる。全体を四章に分け、「第一章　冬から春へ」「第二章　春から夏へ」「第三章　夏から秋へ」「第四章　秋から冬へ」と順

に読み進めていくと、奥会津の人びとの一年の暮らしの中に民話が息づいていることが自ずと分かるような構成を取っている。また各章に三つずつ、つまり月毎の年中行事がコラムとして挿入されており、「とうちゃん」や「かあちゃん」がこれらの行事をどのように執りおこなっていたかを紹介することで、その前後に置かれた両親の語ってくれた民話と、日々の暮らしが密接に結びついていることが示される。例えば、一月のコラム「お手掛けてくんつぇ」は次のように始まる。

元旦の朝は、ご年始まわりをやったの。とうちゃんは朝早くからご年始まわりに行って、わたしたちは着物着て待っちぇんの。そして、玄関の中戸を開けたところに、三方みてぇなのさ米とか昆布とかミカン、松葉など置いておくわけ。そうすると、近所のじいちゃんから若い人から、「あけましておめでとうございます」って来るの。……（同2）

このような構成は、他の一般的な民話集にはあまり見られない本書の特徴であるが、聞き手の小野たちがこの「暮らし」の部分を重視して、話題として取り上げるよう求めたからこそ五十嵐はこれを語ったに相違ない。その意味において「聴く」という行為は、「聞き出し」「聞き取ろうとする」意志をも含み持つものであると言えるだろう。

4 「DVD2020」の特徴

「奥会津の伝承 2007」の刊行から四年後の二〇一一年三月一一日、東日本大震災と福島原発事故が発生した。小野や「みやぎ民話の会」にとって、この出来事は「民話」との向き合い方における再認識もしくは転換を迫る契機となったことは疑いない。

具体的には、第一に、被災された民話の語り手たちの何人もが「民話によって救われた」「民話が生きる拠り所となった」と証言するのを聞き、さらに彼ら／彼女たちが自身や地域住民の震災体験の証言録を作成しようと奮闘する姿を目の当たりにして、民話の「底力」というものが再認識されたのではないか。

第二に、「民話」とは昔話・伝説・世間話の総体としての「民間説話」を簡略化した語彙であるとするアカデミズムの中での狭い理解ではなく、人びとの日々の暮らしの中で生まれる「物語の種」が、個人や集団（社会）の「土壌」の中で熟成された後、発芽し開花し結実する「アーカイブ（文化遺産）」として理解されるものであり、この「物語の種」を丹念に集めていく仕事が自分たちの使命であるということが改めて確認されたと思われる。

第三に、東北各地においてこの「物語の種」から開花し結実してきた「民話」という「文化遺産」を、今日や未来を生きる世代の人びとや、また東北以外の場所において生きる人びとに向けて、きちんと届け伝えていくことの重要性もまた再認識されたのではなかろうか。

そのためのツール（道具）もしくはメディア（媒体）として、デジタル技術を活用したAVデジタル・アーカイヴの作成に着手する。そしてこの作業を「三、四十代の若い表現者たち」[*4]の助けを借りて、もしくは彼ら／彼女たちを巻き込む形で進めていこうとする。せんだいメディアテークとの協働事業はこうして実現したものであり、今回の「DVD2020」もまたその一環と見なされる。

さて、このDVDについて小野は、私への私信の中で次のように説明している。

このたび、このようなＤＶＤをようやく完成させました。かねてから心惹かれておりました五十嵐七重さんの語りですが、その名前はお聞き及びのことと思います。私も二十年来のつき合いですが、彼女の語りが持つ得がたい細部、つまり暮らしの中での語りの様相を再現したくて、そこにウェイトを置いた四枚一一時間のＤＶＤです。

(2020/08/10)

小野の言う「暮らしの中での語りの様相」の再現とはどのようなものか具体的に見ていこう。[*5] Disk1の冒頭、小野が「一番心に残っている話は？」と尋ねると、七重は「夜わり（＝夜なべ）しながら父ちゃんから聞いた話」だとして「狸退治の話」[*6]を語る。これは、爺様の留守中、家で待つ婆様の前に狸が爺様の姿に化けて現れるが、くつろいで「我《わ》がの大事なところ」をいじくって拡げていく「偽の爺様」の正体を見破った婆様によって退治されるというユーモラスな話である。「むじな（＝狸）の金玉八畳敷き」という言い伝えの説明も交えたこの話の楽しい雰囲気は、その前後に語られた七重一家の暮らしぶり、つまり夜なべする父ちゃんと母ちゃんのふるまいや言葉、それを聞く七重をはじめとする娘たちの異なる反応も合わせて聞くことで、より生き生きと伝わってくる。

＊4　小野『あいたくて〜』2020「あとがき」より。

＊5　ＤＶＤを視聴しながら取ったメモに基づいて、収録された全ての「語り」や「暮らし」の題名・梗概とその収録時間の一覧表を提示することも検討したが、これから視聴される方に先入観を与える危険性を考慮して、差し控えることにした。二〇二一年四月一日現在、みやぎ民話の会の方々が文字化の作業をおこなっておられるようである（加藤恵子氏からの私信による）。

＊6　題名は筆者（鵜野）による。

また、狐や狸が人間に化けたり人間を化かしたり、逆に人間にやりこめられたりする話は、非現実的なバカバカしい話として聞き流すこともできそうだが、この話のしばらく後に、父ちゃん自身が一三歳の時、大山神社の山の神である天狗らしきモノに出会ったという話や、国後島で熊に遭ったときの対処法（動かない、目を離さない）などが実話として語られており、これらの話を聞く幼い七重にとっては、いずれの話も「あったること」として興味津々に受けとめられていたことが伝わってくる。「語り」と「暮らし」だけでなく、それぞれの「語り」がつながり合って聞き手の中に存在していることが分かるのである。

一方、「狸退治の話」に代表される、父ちゃんが語ってくれた「楽しくてあったかい」話の背景には、五歳の時に父親を亡くし、七歳の時には親戚の家に「子守っこ」に出されるなど、人一倍苦労した父ちゃんの幼少体験があったことも語られる。父ちゃんはそれを苦労話として恨みつらみを込めて語るのではなく、笑い話として面白おかしく語ろうとした。そうすることで自分も相手も温かい気持ちになれるし、またお互い優しくもなれるのだということが分かっていた。

このような父ちゃんの語りを、七人姉妹の中で一番熱心に聞いていた七重であればこそ、彼女自身の語りにもまた、父ちゃん譲りの底抜けの明るさが宿っているのだろう。そうしたことは、「狸退治の話」だけを切り取って昆虫標本のように資料にしたのではとても伝わらない。「聴く」ことが語り手を育てるのだということが、ここからも分かる。

それから、「夜わり」仕事をする父ちゃんや母ちゃんの仕草を思い出すかのように身振り手振りを交えて話したり、偽の爺様が「我がの大事なところ」をいじくる仕草をしながら語ったりする、表情豊かな五十嵐の姿は、映像でなければ伝わらない。

さらに、聞き手としての小野の役割も見逃してはならない。Disk4. の六六分過ぎから約二四分間にわたって、七重の嫁ぎ先の姑キヨエの歌う「安珍清姫の唄」をめぐるエピソードが語られる。キヨエが八〇歳を過ぎた頃、民話集の編集作業にいそしむ七重の背後でぼそぼそっと歌うのを耳に留めた七重が、「ばあちゃん、その唄聞かせてよ」とせがみ、以後一五年かけて繰り返し録音して、六一下り（＝六一連）に及ぶ長大な歌詞を再現したという。そして七重は「ばあちゃんが歌ったように歌います」と断って、収録時間にして五分一〇秒に及ぶこの唄を全編通して歌うのだが、これを聞いた小野は「七重ちゃん、これはすごいことよ」「こんなに感激したことはない」「偉いねえ」と、何度も五十嵐の行為を褒め称える。七重が長年にわたって辛い思いをさせられてきた姑の歌う唄を一五年かけて録音し、さらにこれをダビングして姑の子どもたちに手渡そうとしたことに心からの敬意を示すのだ。[*7] それに対して五十嵐は、「先生がおっしゃるように、私もこれはよく頑張ったと思う」と応じている。

一九三四年生まれの小野と一九四六年生まれの五十嵐の関係は、あたかも「民話学校」の先生と生徒のようだが、語り手としての自分を褒め、励まし、受けとめてくれる小野という得がたい聞き手の存在があればこそ、五十嵐の語りがひときわ精彩を放っていることは疑いない。なお、この収録は前述した通り、二〇一八年八月から二〇一九年四月まで、のべ六日間にわたっておこなわれたのだが、この間ずっと、対話する二人の映像を撮影する「若い表現者たち」がカメラの背後に控えて二人の会話を「聴

＊7　ところがその子どもたちは、母親の唄の話を聞いてもさして関心を示さなかったという。「聞く耳を育ててもらっていなかったからでしょう」と五十嵐と小野は推測する。

き」、おそらくは小野の助言も受けつつ彼らが中心となって編集し、全六六七分の映像記録を完成させたということも忘れてはならない。[*8]

5　小野における〈きく〉ことの意味――『あいたくて　ききたくて　旅にでる』を読む

本書の元になったのは二〇一四年六月、小野が「消えていく泡を掬うような気持で、『民話』の足もとで見え隠れしたものを記し」た、ホチキス綴じの手製本だった。[*9]自身が八〇歳になったのを記念して家族や近しい人に読んでもらえたらと、三〇代半ばから五〇代にかけて記した「民話採訪ノート」から八話をまとめ、四〇冊だけ作ったものである。そのうちの一冊を手渡された、一九八三年生まれで当時せんだいメディアテーク学芸員だった清水チナツが「この本は、もっとたくさんの人たちに届けられるべきものだ」と思い続け、五年後にその意向を小野に申し出て、さらに一〇話を加えた形で二〇一九年一二月、清水が四名の仲間とともに設立したPUMPQUAKESから発行された。[*10]出版直後から大きな反響を呼び、数多くの書評に取り上げられた他、これまでに第七回「鉄犬ヘテロトピア文学賞」（二〇二〇年）、第10回「梅棹忠夫・山と探検文学賞」（二〇二一年）等を受賞している。

本書の中から、〈きく〉ことの意味に関する小野のとらえ方が表明された文章をいくつか抜き出してみよう。

いまにして思えば、三日三晩かけて苦労話を聞きにいかなかったことが悔やまれるし、そこに昔話がころっと転がっているのを拾うような気持ちしか持ち合わせていなかったわたしをおかしく思う。

つまり、「聞く」だけの力がなかったのだ。

（小野 2019：351）

そういうときの語り手の表情に、なんとも言えない浄化されたうつくしさを感ずることがある。そこには、突然の乱入者であるにもかかわらず、「聴く耳」を信じようとする意志に支えられた驚くほど単刀直入な自己解放があるのだ。こういう意味で、語り継ぎの場は、「山を越えて」「街へ出て」語りを聞こうとする意志に支えられた聞き手と、語ろうとする語り手との、対等なぶつかり合いの場だと言ってよいのかもしれない。

（同 57）

民話といえば、「むかしむかし」と語り出される「笠地蔵」や「猿蟹合戦」や「花咲か爺」を思い起こす人が多いだろう。現にこのわたしだってそうだった。そして、陽だまりの縁側で綿入れの胴着

＊8　ＤＶＤカバージャケットには、「撮影：酒井耕、福原悠介、長崎由幹、制作進行：清水チナツ、編集：福原悠介」とクレジットされている。

＊9　小野『あいたくて～』所収の清水チナツ「はじめに」より。

＊10　「PUMPQUAKES」ＨＰには以下のように記されている。「志賀理江子（写真家）、清水チナツ（インディペンデント・キュレーター）、長崎由幹（ロックカフェピーターパン後継、タコス愛好家、映像技術者）、佐藤貴宏（音響／ヴィジュアル／映像作家）、菊池聡太朗（建築／美術作家）からなる、宮城県を拠点としたインディペンデントな個人の集まり。作品制作、編集、キュレーションなど、ときどきに協働しながら、学びと表現を息長く続けていきます。団体名である『PUMPQUAKES（パンプクエイクス）』は『PUMP（心臓・循環器・鼓動）』と『QUAKES（揺れ）』をあわせた造語。二〇一一年三月一一日の大地震をきっかけに出会った私たちは、個々の活動を持ち寄り学び合い、それらを循環させ、新たな揺れに変換していきたいと考えています」。https://www.pumpquakes.info/about（2021/04/02 検索）

を着た年寄りが孫に語って聞かせているのどかな風景を思い起こす人も多いだろう。

だが、実際にわたしが歩いて聞く「話たち」は、ほとんどまとまりがなくて、なにかの断片のようなものが多かった。いや、話というよりはつぶやきのような、ため息のような、傷口のような、そんなものばかりを、わたしは聞いてきたような気がする。

口承文芸学の専門家がよく言われるような「語り始めの句」があって、「語り納めの句」で締めくくられるまとまった定型の語りを聞くことは稀であった。たいてい、いきなり本筋から、「現在」の話として始まった。

それは、わたしの聞く力に問題があったのかもしれない。聞く方法に問題があったのかもしれない。また、いわゆる語り手という方に会うことがなかったという事情もあるだろう。だが、まとまった民話が聞けなくても、わたしにはいつもなにかを「聞いた」という思いがあった。大切なものを手渡されたという思いがあった。（同 178）

そして、語る人は相手かまわず語ることを拒む。つまり、これが「ほんとうのこと」であることを口にするのを自ら恥じらうかのようでもあり、しかし、語らずにはいられなくて語っている。心許したものにだけ語られる秘密の気配さえにじませているのを、わたしは感ずる。

調査に訪れた学者や大学生を相手にするときには、おそらく口を閉ざして出てこないのが「ほんとうのこと」なのではないかと思う。「ほんとうのこと」として語られ、信じられて、そこから生まれて、そこに生きている物語の群れを前にして、わたしはいま、言葉を失うばかりである。（同 216）

民話を語ってもらうとき、わたしはいつもその人の背後に、それを語った先祖の面影を見るし、その声を聞く。わたしのところまで、いま、語り手をとおしてきてくれている「物語」は、語る人の「単声」としては聞こえてこない。時代を経た無数の先祖の声であり、それは共同体とでも言うべきものの複数の声として聞こえるのである。

そして、語り手と聞き手のあいだには、（それが信頼しあった仲であるときはいっそう）「親和力の漲った場所」とも言うべき空気が流れるのを何度か感じてきた。ふしぎに透明で独特な空気が流れ、それにうながされて語る人と聞く者は、手を携えて自由奔放に二人の世界へ入っていくのである。

（同 261-262）

「あんたはおれの話を信ずるか。信ずるなら昔話も語るよ」漁師さんは、わたしの顔をのぞき込んで笑って言われたのだった。……

先祖からわたしたちが受け継いでいる民話の一つひとつだって、もしかしたら、のっぴきならない現実に追い込まれたときに、そこを切り抜けていくために生み出された「あり得ない」物語の群れなのではないかと、わたしは考えてきた。……

二〇一一年三月一一日が襲った癒しがたい被災の現実を目の当たりにして、老漁師さんに出会った夕暮れのことをしきりに思い出した。二〇年あまりも前のその日のことが、何度も頭をよぎった。

のっぴきならない現実を背負いながら、そして、有無を言わさずそこへと追い込まれながら、なお生き抜こうとするそのときに生まれてくる「もうひとつの世界」の夢のような物語の群れ。それを手放してはならないと、わたしは思う。

（同 314-315）

これらの文章には、手際よく内容を要約することを拒絶する力が宿っているのを感じる。丸ごと全身で受けとめるより他に術がないような力がある。それでも意を決して、私なりに全身で受けとめた、小野にとっての「民話」を〈きく〉ことの意味を言い表してみたい。

まず小野にとって「民話」とは、のっぴきならない現実に追い込まれたときに、そこを切り抜け、生き抜いていくために生み出された「あり得ない」物語の群れであり、それ故に語り手にとっての「ほんとうのこと」、真実の物語である。語り手は手渡す相手を選ぶが、その時の基準は、相手が「ほんとうのこと」として受けとめてくれるかどうかである。そして、語り手が「語らずにいられない」「ほんとうのこと」を確かに語ることができた、手渡せたと実感して終えた時、〈きく〉という行為が成立したと言える。

ただし、聞く側は心を空っぽの状態にして、何でも事実として受けいれたらいいかというと、決してそうではない。「語り継ぎの場は……語りを聞こうとする意志に支えられた聞き手と、語ろうとする語り手との、対等なぶつかり合いの場」と記されるように、それが事実であるかどうかに関係なく、あなたにとっての「ほんとうのこと」を聞かせてほしいという願いを、言葉だけでなく全身を通して語り手に伝えること、そしてその願いを受けとめた語り手が表現する、声や表情や身振り手振りのすべてからなるメッセージを全身で受けとめ、「確かに受けとめているよ」「それで次は？」という「相槌」と呼ばれるメッセージを聞き手が送り返すこと、さらに聞き手からのメッセージを受けとめた語り手が、より一層自分の心の奥底にある「ほんとうのこと」や、自分がかつて聞き手として受けとめた先人たちにとっての「ほんとうのこと」へと分け入り、これを相手に手渡そうとすること――、そうした「語り手」と「聞き手」の相互主体的で双方向的な営みの総体が〈きく〉という行為である。小野はそう認識しているのではなかろうか。

それ故に、〈きく〉ということは「聞き手」と「語り手」双方に自己変容や自己解体を迫るものとなる。「ほんとうのこと」のやりとりを通して、それまでの自分が持っていた「コスモロジー（人間観、自然観、世界観、死生観などを包含する宇宙観）」が揺さぶられ、時には崩れ落ち解体してしまう危険さえ孕んでいる。そしてまたそこから「聞き手」と「語り手」が協働で新しいコスモロジーを創り出そうとすることも「語り継ぎの場」において起きるのかもしれない。それが小野のいう「親和力の漲った場所」の真意なのではないか。

ここで、本書の解説として寄せた映画監督・濱口竜介の言葉を引いておきたい。

小野さんに「聞く」とはなにか、と漠然とした問いを投げかけたことがあります。小野さんは、田中正造の言葉を引かれました。田中は「学ぶ」ことを指して「自己を新たにすること、すなわち旧情旧我を誠実に自己の内に滅ぼし尽くす事業」と言ったのだと。小野さんが微笑みながら「すごい言葉でしょう」と言われたことを覚えています。当然、ここでの「学ぶ」は「聞く」ことに置き換えられます。小野さんは繰り返し、「聞く」とは古い自分を打ち捨てていくこと、自分自身を変革することなのだと言われました。

「聞く」ことは単に情報を得る手段でも、ましてや巷でうそぶかれるような他人に好かれるための社交術でもありません。聞いたらば、それに対する自分自身のからだの反応に出会わざるを得ない。そこで自分がどのような人間か、どの程度の人間かを突きつけられる。他なるものに出会い、それまでの自分では決して理解のおよばない事柄の前に立ち尽くす……。「いまの自分のままじゃ聞けないんですよ。語り手に見合う自分をつくりださなくちゃいけない」と小野さんは言われました。

（同 350-351、波線は筆者による）

田中正造は「日本初の公害・足尾鉱毒問題に生涯をかけて取り組んだ栃木の義人」（小野 2019：351）だが、おそらく小野は、林竹二との出会いを通して、林が長年にわたって取り組んだ田中正造と遭遇したに違いない。小野は、林の全国小・中学校への授業行脚に感銘を受け、林の宮城教育大学最終講義を中心にまとめた『若く美しくなったソクラテス』の原稿清書を一部担当した（小野 2019 所収の「小野和子年譜」一九八三年より）。

宮城教育大学学長を務めた教育学者・林竹二は、『授業・人間について』（1973）、『田中正造の生涯』（1976）、『教育の再生を求めて湊川でおこったこと』（1977）、『若く美しくなったソクラテス』（1983）などの著書で知られる。学生時代、教育学を学んでいた私も、読者に背筋を伸ばして読むよう促すこれらの著作を通して、林から強い感化を受けた経験を持つが、彼の教育論の根幹に〈対話〉ということ、そして〈きく〉ということがあったという事実に改めて思い至っている。

田中から林へと受け継がれた信念、すなわち「学ぶことは古い自分を打ち捨て、自分自身を変革することである」という教えを、小野は民話を〈きく〉ことの真髄として受けとめ、これを実践していったと言える。

6 「聞く」と「聴く」

日本語の「きく」には、通常「聞く」の字が充てられることが多いが、その他に「聴く」と記す場合もある。「聞く」と「聴く」の違いは何だろうか。英語の《hear》と《listen》の違いに近いようにも思うが、それだけではないようだ。

白川静『字通』(平凡社 1996)には、「聞」は「挺立する人の側身形の上に、大きな耳をしるす形」また「口のあたりに手を近づけている形」(白川 1996:1400)の象形文字であり、一方「聴」は「聞の初形に、祝詞の器の形である□(さい)を加えたもの」で、「神に祈り、神の声を聞きうることをいう」、「神の声を聴きうるものが聖であり、その徳を聴といった」とある(同 1119)。ただし、「聞」も「廟門において神の声を聞く意を以って、門に従うものであるかもしれない」とされ、そこから「神の声をききとる」との意味合いも持つ場合がある(同 1400)。従って、二つの漢字の字義を明確に区別することはできないが、単に「きこえる」「耳にする」「聴覚神経で感受する」ということではなく、(神の声に代表される)自分にとって何か特別な声や音を、意志を持ってきこうとし、きくための努力を払い、きき取った結果、何らかの自己変容が起きる、そのような行為および現象としての〈きく〉に相応しい漢字として「聴」が充てられるように思う。そうすると、前述した小野における民話を〈きく〉こととは、「聞く」よりも「聴く」と書いた方が相応しいと言える。

今年(二〇二一年)二月二一日、リモートでおこなわれた「二〇二〇年度東日本・家族応援プログラムシンポジウム」(主催…立命館大学大学院人間科学研究科)の中で、「DVD2020」の撮影をおこない、また

「みやぎ民話の会」が制作に協力したドキュメンタリー映画「飯舘村に帰る」(2019)の監督を務めた福原悠介が、ここでは「聴く」という字を充てたいと断った上で、次のような話をした。自分にとって「聴く」という行為は、語られた声を録音するというだけでなく、その語りがおこなわれている〈場〉の「空気感」を収録し、語り手の表情やしぐさ、〈場〉のたたずまいを映像として収録することでもあり、さらには収録された音声や映像を編集し作品化して、これをさまざまな手段を用いて配信することまで、つまり自分の表現活動全体を、広い意味での「聴くこと」だと考えている――。

これを聞きながら私が想起したのは、昨年(二〇二〇年)九月に亡くなった語り手・筒井悦子がその著書『昔話とその周辺』(2019)に記した次の一節である。

聞いている子どもの目や顔や体全体の表情から私に送られてくる無言のサインを私が聞き取ることができたとき、子どもの心は解放され喜びに満ちているように思います。子どものその喜びは、語り手が語ることによってのみ感じられるものです。「語ること」は私にとっての「ききみみずきん」だったのではないかと気がつきました。

(筒井 2019:55)

ここでは「語り手」と「聞き手」の立場が逆転し、「語り手」が「聞き手」となり、「聞き手」が「語り手」となる。「聞くこと」は、自分の外にある音や声をただ「聞く」ことではないと筒井は言う。「自分の内から外に向かって、ときには自分自身の内なる心に向かって意識的に耳を傾けて『聞く』ことこそ大切なことではないかと思っています」(同 59)。

この時、〈きく〉に充てる漢字は、前述した理由から「聴く」の方が相応しいと思われるが、筒井の言う「聞いている子どもの目や顔や体全体の表情から私に送られてくる無言のサイン」をきき取りながら語ろうとする姿勢もまた、福原と同様の認識を指しているように思われる。つまり、「語る」という行為は、これを届けようとする相手すなわち聞き手の気持ちや、語りの〈場〉の「空気感」、さらには語り手自身の「内なる心」をも「聴き」、これを踏まえて臨機応変におこなわれるべきものである。いわば「ライブとしての語り」を下支えするのが「聴く」という行為であり、「語る」ことは「聴く」ことそのものと言ってもよい。筒井はそう考えていたのではないか。[*11]

このように見てくると、小野が「聞き手」の立場から指摘した「聴く」ことの意味とその重要性を、福原は「映像作家」の立場から、そして筒井は「語り手」の立場から、細かいニュアンスの違いはあれ、三者は共通の身体感覚を持って表現していることが分かる。

7　インゴルドの提唱する人類学と「聴く」こと

以上のような小野、および福原や筒井によって想起された「聴く」という行為の奥深さと広がりを、私が専門とする教育人間学／人類学の中にうまく位置づけることができないか――。そう考えていた時に出会ったのが、本章の冒頭に章句を紹介した、英国レディング生まれでケンブリッジ大学出身、現在はアバディーン大学教授である人類学者ティム・インゴルド（Tim Ingold）の『人類学とは何か

＊11　福原と筒井における「聴くこと」をめぐる考察については、鵜野「うたとかたりの対人援助学　第17回　筒井悦子の『語りながら考えたこと』」（対人援助学会『対人援助学マガジン』44号所収、2021/03/15配信）にも記した。このエッセイは本書第Ⅰ部第四章4として、一部改変の上収載している。

［*Anthropology: why it matters.*］』（原書 2018、邦訳版 2020）である。

すでに引用したように、「人々**についての**研究［studies *of* them］」ではなく「人々**とともに**研究する［study *with* people］やり方」としての「参与観察」を人類学の礎であると規定するインゴルドは、参与観察の特性を「やりながら学ぶということへの積極的な関与」（インゴルド 2020：20）であるとする。この「やりながら学ぶ［learning by doing］」という文言は、米国の教育学者ジョン・デューイ（John Dewey）の教育論の根幹を成すものであるが、[*12] インゴルドは参与観察における原理を教育に見立てて次のように言う。

> 結局のところ、私たちは教授の言うことを説明し、あるいは後世のために教授のことを書き上げようという目論見をもちながら、教授たちとともに研究するために大学に行く、などというようなことはしない。それよりも、教授たちによって**教育される**ままに任せる。先生たちにとっても、私たちにとっても、そういった教育には変革する力がある。同じことが、フィールドでの参与観察を通じて私たちが受ける教育についても言える。要するに、人類学の重要な目的は民族誌的なものではなく、教育的なものである。（インゴルド 2020：20、太字は原文のまま）

その上でインゴルドは、自身の言う「教育的なもの」の意味により踏み込んで、自らの提唱する人類学の原則を次のように規定する。

> 人類学が重要なのは、私の考えでは、まさしく教育し、またこの教育を通じて生――私たち自身の

生と私たちが調査をしている人々の生――を変えうる潜在的な力のためである。しかしこの潜在的な力は、私たちが彼らから進んで学ぼうとする場合にのみ現実のものとなりうる。彼らのことを真剣に受け取ることがないのであれば、私たちには学ぶものなど何もないだろう。**他者を真剣に受け取ることが**、私の言わんとする人類学の第一の原則である。（同20、太字は原文のまま）

ここでの直接的な対象は調査者と調査対象者であるが、これはもちろん「聞き手」と「語り手」の関係に置き換えることができるだろう。つまり「聞き手」と「語り手」が対面し、「聞き手」が「語り手」から進んで学ぼうとして、その言葉を真剣に受け取ることがおこなわれた時、両者の生が変容するというのだ。このようなインゴルドの考え方は、小野における〈聴く〉こと（＝学ぶこと）の意味に関する確信、すなわち「語り継ぎの場において古い自分を打ち捨て自分自身を変革すること」ときわめて近い場所にあると思われる。

おわりに――未来に向けた〈うたとかたりの人類学〉を目指して

同書の最後に、インゴルドは「未来に向けた人類学［anthropology for the future］」を構想する。この「未来に向けた人類学」とは「他者にあるいは世界に問いかけ、その答えを待つことである。……そ

＊12　インゴルドは *Anthropology and/as Education*. New York: Routledge, 2018. において、デューイの教育論を援用して自身の求める人類学の再構築を展開している。

れは関わる人すべての生を変容させる」ものであり、「人類学の真の貢献は、……生を変容させる力にある」（同 147）として、以下のように帰結する。

最後の手段として人類学者を駆り立てるのは、知識を希求することではなく、気づかいの倫理である。私たちは、他者にカテゴリーや文脈を割り当てたり、他者を説明し尽くしたりすることで、他者を気づかうのではない。彼らを目の前に連れてくるときに私たちは気づかい、彼らは私たちと会話し、私たちは彼らから学ぶことができる。それが、すべての人にとって居場所がある世界を築く方法である。私たちは皆で一緒に世界を築くことができるのだ。（同 148）

インゴルドが「未来に向けた人類学」の「最後の手段」として希望を託す「気づかいの倫理［ethic of care］」が、果たして人類学の「生を変容させる力」によってどこまで醸成されるものなのか、またそれが人類社会の未来にどれだけ貢献できるのかという懸念はもちろん残る。ポピュリズムと権威主義を弄する為政者たちによって分断と対立が進み、他者との間に壁を築くことによって自己のアイデンティティを保持することに汲々としている今日の人類社会において、「すべての人にとって居場所がある世界」を「皆で一緒に」築いていくために、「気づかいの倫理」が重要だと説くインゴルドの言葉は、どこか頑是ない「祈り」のようにも聞こえる。だが、小野が五〇年余りにわたる民話採訪の旅路を経て手にした「確信」と、それが目に見えない糸（ライン）でつながっていることが確認された今、私の心に希望の灯がともったのを感じている。

未来に向けた〈うたとかたりの人類学〉を目指して、これからも歩み続けていきたい。

（＊本稿とほぼ同じ時期に執筆し、村本邦子編『災厄を生きる 物語と土地の力 東日本大震災からコロナ禍まで』（国書刊行会、二〇二二年）に収載された拙稿「第四章 「災厄の民話」を〈語り－聞く〉ことの意味――小野和子と「みやぎ民話の会」の活動を通して」も併せてご一読いただきたい）

引用・参考文献

・インゴルド、ティム（2020）奥野克巳・宮崎幸子訳『人類学とは何か』亜紀書房
・鵜野祐介（2021）「うたとかたりの対人援助学 第17回 筒井悦子の『語りながら考えたこと』」、対人援助学会『対人援助学マガジン』４４号所収、2021/03/15配信
・ＮＰＯ語りと方言の会（2007）『ふくしまの民話集 第一巻 奥会津の伝承 五十嵐七重の語り』
・小野和子（2019）『あいたくて ききたくて 旅にでる』PUMPQUAKES
・筒井悦子（2019）『昔話とその周辺』みやび出版
・林竹二（1973）『授業・人間について』国土社
・林竹二（1976）『田中正造の生涯』講談社現代新書
・林竹二（1977）『教育の再生を求めて 湊川でおこったこと』筑摩書房
・林竹二（1983）『若く美しくなったソクラテス』田畑書店
・みやぎ民話の会（2020）「ＤＶＤ 福島県奥会津 五十嵐七重の語りを聞く」ペトラ
・Tim Ingold, *Anthropology: why it matters*. UK: Cambridge, Polity Press, 2018
・Tim Ingold, *Anthropology and/as Education*. New York: Routledge, 2018.

第八章

『遠野物語』の人間学へ

――「きくこと」をめぐる断想

1　『遠野物語』の「きき手」は誰か？

『柳田國男自筆原本　遠野物語』（岩波書店）を読んで大変興味深かったのは、著者の柳田国男（以下「柳田」）が、元となる話をかたった佐々木喜善（以下「喜善」）に依頼して、自身の記した毛筆草稿に目を通してもらい、訂正や添削をしてもらっていたという事実である。これまで私は、『遠野物語』に収められている話の大部分は、岩手県遠野周辺の口伝えの話が、喜善という「かたり手」と、柳田という「きき手」によって、文字になったものと単純に考えていたが、そうではなかったのだ。

「かたる－きく」という行為は通常、声を媒介とするものに限定されるが、文字を媒介とするものにまで拡げて考えるなら、柳田が喜善から「きいて」文字にした話、すなわち文字として柳田が「かたり直した」話を、喜善は「きき」、それをさらに「かたり直して」いた。つまり、柳田と喜善はともに「かたり手」であると同時に「きき手」でもあったと言うことができる。そもそも喜善は、この書に収められた幾多の話を自身の祖母をはじめとして何人もの親族や知り合いから「きいて」いたのだった。そうしてみると、「かたること」と「きくこと」の関係は単純に対置されるものではなく、「きき手」が「かたり手」となり、その「かたり」の「きき手」が次の「かたり手」となっていくという「しりとりの構造」や、「かたること」の中に「きくこと」があり、「きくこと」のなかに「かたること」があるという「入れ子の構造」を持つものといった方が正しい。

『遠野物語』において「きくこと」が特別な意味を持っていると思われるのは、他にも、序文における有名な一節「自分も亦一字一句をも加減せず感じたるままを書きたり」からも伺える。柳田はなぜ

「ききたるまま」とせず「感じたるまま」としたのか。それは彼にとって「きく」という行為が「感じる」という行為と同義もしくはこれを含み込んだものであるとの意思表明ではなかったか。少なくとも、「かたり手」の言葉を忠実に文字にすることが「きいた」ということを意味するわけではないと柳田は考えていたに違いない。「かたり手」の言葉を自分という存在はどう受けとめるのか、その言葉の隠れた意味や真意は何か等までも思い描いたその結果を、文字や声で表現することで初めて「きく」という行為は完結する、そんなふうに考えていたのではないかと思われる。

2 「願わくは之を語りて平地人を戦慄せしめよ」

それからもう一つ、『遠野物語』の「きき手」の問題を考える上で避けて通れないのが、序文のもう一つの有名な一節「願わくは之を語りて平地人を戦慄せしめよ」である。「平地人」として具体的にどのような人のことを柳田が想定していたのかをめぐっては、「都会人」のことであるとか、「稲作（定住）民」ではないかなどと解釈されているが、ここで指摘しておきたいのは、「きく」という行為が必然的に「戦慄」を伴うものであるということ、ひいては自己の生の有り様を揺さぶられ、変容を促されるものにもなり得るという考えが、柳田の射程にあったのではないかという可能性である。

ここに収められた幾多の話を、喜善が「お化け話」と認識していたのに対して、柳田は当初から「遠野物語」と認識していたとされる。そのことはつまり、娯楽を目的として、文字にしてかたられる怪異な話（＝お化け話）としてではなく、これを「きく」者に対して、おそれ、おののき、立ち尽くす、いわば「実存的体験」とでもいうべき事態を引き起こすような「物語」として、柳田が受けとめていたことを意味しているように思われる。

「かたる」という行為の重要性はいうまでもない。だが、「かたる」ことは「きく」ことなしには成立し得ない。「きき手」の存在を想定しない「かたり」としての「問わずがたり」というものもあるが、これも観方を変えれば、「かたること」が原則として「問うこと」すなわち「きくこと」を前提とする行為であることの証左であろう。そうしてみると、『遠野物語』における「きくこと」の意味について問うことは、「かたること」の意味について問うことと同等かそれ以上の重要性を持つものであると言えるだろう。そしてそれはまた、「かたる-きく」という行為を何万年にもわたっておこなってきた「人間とは何者か」について問うことに他なるまい。

それではしばし、「きくこと」をめぐる人間学への旅路をご一緒いただきたい。

3　香りの声をきく植物や昆虫——上橋菜穂子『香君』のメッセージ

「かたる-きく」という行為をおこなっているのは人間だけではない。シジュウカラの鳴き声を詳細に分析し、そこに多彩な語彙（ボキャブラリー）と文法があることを発見した鈴木俊貴の研究[*1]は、クルト・ラーンケによる「ホモ・ナランス homo narrans（語るヒト）」というテーゼ（法橋 2020：91）が示す、人間の本源的な生物種としての属性と見なされてきた「かたり」に対する私たちの認識を揺さぶる。また、アゲハチョウの親蝶は、特定の柑橘類の葉しか食べない幼虫のために、幼虫の食べる種の柑橘類の葉を選んでそこに産卵しなければいけないが、その味蕾は二本の前脚の先端にあり、葉の上に前脚を乗せることでその味を「きき分けて」産卵するという（岩田 2020：5-6）。こうした人間以外の動物の「かたる－きく」行動に関する近年の様々な発見は、人間学の観点からも大変興味深い。一方、清酒の品評を意味する「きき酒」、香道における「香りをきく」といった言葉が示す通り、人間もまた「味覚」や「嗅覚」をはじめ聴覚以外のさまざまな感覚刺激を「きいて」いる。

植物や昆虫もまた、香りという「声」によって「かたる－きく」という行為をおこなっていることをモチーフとするのが、上橋菜穂子の新作ファンタジー『香君』(2022)である。主人公の少女アイシャは、特殊な嗅覚を持ち、植物や昆虫のコミュニケーションを「香りの声」として「きき取る」ことができる。「……無数の香りがもつ意味が、アイシャにはわかるのだ。我が身を喰われた草木は、香りを発して、その虫の天敵を引き寄せる。草木の香りが虫を誘い、草木によって土も変わる。無数のものたちが行《ママ》っている、そういう、眩暈がするほど複雑なやりとりが、いまこのときも、この世界では起きているのか」(上橋 2022 上：348)。

この物語を通して『いま、ここ』から離れる体験をしてもらいたいと上橋は言う。「自分が『分かっている』と思っているところから、一度全く知らないところに出て行って、『世界はこのようなものであるかもしれない』と思い巡らしながら、長い旅をしてほしい」[*2]。上橋のこのメッセージを私たちの旅路に即して言い換えるなら、人間以外の生きとし生けるものすべてが、それぞれのやり方で自分と関わりを持つさまざまな相手の「声」を「きき」、自分の「声」で「かたり」かけ、つながり合っている、そういう世界の中に実は私たちも生きているのだということに気づいていてほしい、ということではあるま

＊1　朝日新聞大阪版二〇二二年四月一八日朝刊「記者サロン『小鳥博士』鈴木俊貴さん　研究を語る」
＊2　朝日新聞大阪版二〇二二年四月三〇日朝刊「上橋菜穂子さん　新作長編小説『香君』」

いか。
「木霊女房」や「大木の祟り」などの日本の昔話が示すように、先人たちもまた、草木や山の「声」に耳を澄まし、「ききとって」きた。「こだま（木霊）」や「やまびこ（山彦）」といった古来の言葉も、『香君』の世界が決して絵空事ではないことを証している。

4 『原本 遠野物語』にみる「きくこと」――九九話の場合

『遠野物語』において「きくこと」はどのようにおこなわれたのか。九九話を例にとり、一九〇九年の春ごろまでに書かれたとされる「毛筆草稿」版、翌一〇年五月中旬に印刷所に渡されたと見なされる「ペン字原稿・初校」版、一〇年六月一四日刊行の「初版本」版の三者を、『原本 遠野物語』を出典として比較してみたい。

周知の通り、一八九六年の明治三陸大津波にちなんだこの九九話は、二〇一一年の東日本大震災の後、一躍脚光を浴びた事実談である。最初に「毛筆草稿」から。

土淵村の助役北川清の家ハ字火石《ヒイシ》に在り
代々の山伏にて祖父ハ正福院と云ひ學者にて著作も
多く村の為ニ盡したる人なり清の弟福二海岸の田
ノ濱へ聟に行きたるが大海嘯《オホツナミ》に遭ひて妻と子とを
亡ひ生残りたる二人の子と共に元の屋敷に小屋を掛け

て一年ばかり在りき夏の初の月夜ニ便所へ起出でしが遠く離れたる所にて其路も浪の打つ渚なり霧の布きたる夜なるが其霧の中より男女二人歩ミよるを見れば女は我妻なり思はず跡をつけて遥ニ船越村へ行く崎の洞ある所に追付き名を呼びたるに振返りてにこと笑ひたり男ハと見れバ此も村の者にて海嘯の難に死せし者なり自分が聟に入る前より深く心を通ハせたりと聞し者なり女の曰ふは今ハ此人と夫婦に成りてありと云ふ子共ハ可愛くは無きかと云へば女少しく顔の色をかへて泣きたり死したる人と物云ふとは思はれずして悲しく情けなくなりたれば足元を見て在りし間に男女ハ又足早ニ立退きて小浦《ヲウラ》へ行く道の山陰をめぐり見えずなれり追かけて見たりしがふと死したる者なりしと心付き路ニ夜明迄道中《ナカ》に立ちて考へ朝になりて帰りたり其後久しく煩ひたりと云へり（此人ハ佐々木君の血族なり、北川氏ハ祖母の生家）

次は「ペン字原稿・初校」（波線は筆者による。毛筆草稿と異なる部分を指す）。

土淵村の助役北川清と云ふ人の家は字火石に在り。代々の山伏にて祖父は正福院と云ひ、學者にて著作多く、村の為に盡したる人なり。清の弟に福二と云ふ人は海岸の田の濱へ聟に行きたるが、先年の大海嘯に遭ひて妻と子とを失ひ、生き残りたる二人の子と共に元の屋敷の地に小屋を掛けて一年ばかりありき。夏の初の月夜に便所に起き出でしが、遠く離れたる所に在りて行く道も浪の打つ渚《ナギサ》なり。霧の布《シ》きたる夜なりしが、その霧の中より男女二人の者の近よるを見れば、女は正しく亡くなりし我妻なり。思はず其跡をつけて、遥々と船越村の方へ行く崎の洞ある所までに追ひ行き、名を呼びたるに、振返りてにこと笑ひたり。男はと見れば此も同じ里の者にて海嘯の難に死せし者なり。自分が聟に入りし以前に互に深く心を通はせたりと聞きし男なり。今は此人と夫婦になりてありと云ふに、子供は可愛くは無いのかと云へば、女は少しく顔の色を變へて泣きたり。死したる人と物言ふとは思はれずして、悲しく情なくなりたれば足元を見て在りし間に、男女は再び足早にそこを立ち退きて、小浦《ヲウラ》へ行く道の山陰を廻《メグ》り見えずなりたり。追ひかけて見たりしがふと死したる物なりしと心付き、夜明まで道《ミチ》中《ナカ》に立ちて考へ、朝になりて歸りたり。其後久しく煩ひたりと云へり。

手稿版との一番の違いとして、句読点が打たれ、読みやすくなっている。また助詞が増えるとともに、助詞の「ハ」や「ニ」などが片仮名から平仮名に変更されている。そして、「女は我妻なり」→「女は正しく亡くなりし我妻なり」をはじめ、細部にわたって加筆修正がおこなわれており、丹念に推敲を重ねた跡が伺える。末尾近くの「死したる者」が「死したる物」と変更されているのは、「まぼろし」は人間ならざるモノとの認識を表明しているのかもしれない。なお、本話に関しては毛筆原稿への喜善の書き込みの跡は見られない。

次に「初版本」だが、「ペン字原稿・初校」とほとんど違いは見られない。ただし、末尾近くの「死したる物」が手稿版と同じ「死したる者」に戻されている。柳田の「まぼろし」観の揺らぎを示しているようで興味深い。

柳田が喜善から何度かにわたって本話を聞いた可能性も否定できないが、おそらくは一度きりだったと思われる。にもかかわらず「毛筆原稿」版と「ペン字原稿・初校」版との間にこれほどの異同が見られるということは、前述したように柳田の推敲に賭ける想いの強さを物語っており、「一字一句をも加減せず感じたるままを書」くことこそ「きくこと」だと彼が受けとめていたことの証左であろう。

5　佐々木喜善が「ききとった」九九話（福二の話）

それでは、実際のところ喜善はこの出来事（「福二の話」）をどのように柳田に「かたった」のだろうか？　今日のような録音機材がなかった二〇世紀初頭のこと故、正確な所は分からない。だが、喜善が福二の話をどのように「ききとった」のかを知る手がかりはある。『遠野物語』初版本が出版された二四年後の一九三四年に発表された「縁女綺聞」に、喜善は次のように記している。

「遠野物語」にも其の大筋は載つてゐるが、極く私の近い親類の人で、浜辺に行つて居る人があつた。明治二十九年かの旧暦五年節句の晩の三陸海岸の大海嘯の時、妻子を失つて、残つた子女を相手に淋しい暮しをして居た。五月に大津浪があつて其の七月の新盆の夜のこと、何しろ思ひ出のまだ生新しい墓場（然しこの女房の屍は遂に見付からなかったので、仮葬式をしたのであった）からの帰りに、渚際を一人とぼとぼと歩いて来ると、向ふから人が此方へ歩いて来る蔭が朧月の薄光りで見える。併かも其れはだんだんと男女の二人連れであると云ふことが分つた。それが向ふからも来る、こつちも行く……で遂にお互に身体も摺れ々々に交った時、見るとそれは津浪で死んだ筈の自分の女房と、兼ねてから女房と噂のあつた浜の男であつた。其の人の驚いたことは申すまでもなく、併し唖然として二三歩行き過ぎたが、気を取り直して、振り返り、おいお前はたきの（女房の名前）ぢやないかと声をかけると、女房は一寸立ち止まつて後を振り向き、じつと夫の顔を見詰めたが、其のまゝ何も云はずに俯向いた。其人はとみに悲しくなつて、何たら事だ。俺も子供達もお前が津浪で死んだものとばかり思つて、斯うして盆のお祭をして居るのだのに、そして今は其の男と一緒に居るのかと問ふと、女房は

事項	柳田国男『遠野物語』	佐々木喜善「縁女綺聞」
夫の氏名	明記（北川清の弟・福二）	明記せず（「私の極く近い親戚」）
妻の安否	「亡くなりし」	「屍は遂に見付からず」
再会した日	津波の翌年の夏の初め	津波の年の七月
夫の用事	便所に行く途中	墓参りの帰り
夫の問いかけと妻の反応	名前を呼ぶが明記せず。 ⇒にこりと笑い、「今はこの人と一緒にいる」という。 「子供は可愛くないのか」 ⇒顔色を変えて泣く。 死んだ人とは思われず、妻の足元を見ている。 ⇒男と一緒に立ち去る。	「たきの」と名前を呼ぶ。 ⇒夫の顔を見つめた後うつむく。 「俺も子供達も〜。今はこの男と一緒にいるのか」と詰問する。 ⇒かすかに頷くと、連れの男の方へ小走りに行き、一緒に立ち去る。 （＊妻は無言のままである。）

また微すかに俯首いて見せたと思ふと、二三間前に歩いて居る男の方へ小走りに歩いて追ひつき、さうしてまた肩を並べて、向ふへとぼとぼと歩いて行つた。其人も余りのことに、それらを呼び止めることさへ出来ず、たゞ茫然と自失して二人の姿を見送つて居るうちに、二人はだんだんと遠ざかり、遂には渚を廻つて小山の蔭の夜靄の中に見えなくなつてしまつた。それを見てから家に還つて病みついたが、なかなかの大患であつた。

（遠野市立博物館 1986：653）

柳田が「ききとった」話と喜善が「ききとった」話の違いを列挙してみよう。

前述したように、喜善は柳田の毛筆原稿をチェックする機会を与えられており、もしも「自分はこんなことはかたっていない」と思えば訂正することもできたはずだ。しかしそうしていないということは、柳田が「ききとった」話を、たとえ自分のかたった内容とは異なっているにせよ「ほんとうのこと」として喜善が認めていたことを示すのだろう。

その一方で、『遠野物語』初版刊行から二四年後、この初版本が手許にあったはずにもかかわらず、それとはかなり異なるものを喜善が発表したのは、自分はこんなふうに「ききとった」のだと表明したかったのではないか。柳田と喜善、どちらの「ききとった」話が事実により近かったのかは詮索しても始まらない。それぞれが「ききとった」、それぞれにとっての「ほんとうのこと」がそこには記されていると受け止めるべきなのだ。

6 「かたり手」としての福二、「きき手」としての喜善

ところで、この話のそもそもの「かたり手」は福二であり、喜善は「きき手」である。福二が実際に妻の「まぼろし」を見たかどうかは分からない。ただ、福二はこの出来事を、誰かにかたらずにはいられなかったのではないか。そして、「かたる」ことで行方不明の妻に対する気持ちに区切りをつけ、前に進んでいこうとしたのではないだろうか。つまり、福二にとって「かたる」ことは、以下に示すような、フロイトのいう「悲哀の仕事」であったと考えられる。

本書において既に述べたように、愛着あるいは依存する対象を喪失することや、それによって引き起こされる病的なものも含むさまざまな心理のことを、精神分析学では「対象喪失（object loss）」と呼ぶ。小此木啓吾『対象喪失』（1979）によれば、かけがえのない存在を失った時、われわれは大別して二つの心的な反応方向を辿るという。

一つは、対象を失ったことが、一つの心的なストレスとなっておこる急性の情緒危機（emotional crisis）である。もう一つは、対象を失ったことに対する持続的な悲哀（mourning）の心理過程である。……この悲哀の心理過程は、半年から一年ぐらいつづくのが常であるが、そのあいだに人びとは、失った対象に対する思慕の情、くやみ、うらみ、自責、仇討ち心理をはじめ、その対象とのかかわりの中で抱いていた、さまざまな愛と憎しみのアンビバレンスを再体験する。そしてこの心の中での悲哀の心理過程を通して、その対象とのかかわりを整理し、心の中でその対象像をやすらかで穏やかな存在として受け入れるようになっていく。……フロイトはこのような悲哀の営みを「悲哀の仕事」（mourning work）と呼んだ。

（小此木 1979：44-46）

おそらく、喜善は福二にとっての大切な「きき手」の一人であったはずだ。喜善は福二の姉チエの孫にあたり、福二よりも二六歳年下で、大津波の年には一〇歳だった。いつ頃この話をきいたのかは不明だが、泉鏡花に憧れる文学青年の喜善は、福二の話にじっくりと耳を傾け、これを脳裏に刻みつけたことだろう。そして自分がききとった「ほんとうのこと」を柳田にかたってきかせたに違いない。

二〇一一年の東日本大震災の後、みやぎ民話の会などが中心となって、被災者が震災体験をかたる場が積極的に設けられてきた。[*3] また、被災した子どもや若者のかたりの活動もおこなわれてきた。[*4] さらに、被災地での不思議な体験のかたりを書き留めた記録も出版されている。[*5] こうしてみると、「かたる」と

＊3　みやぎ民話の会・第七回みやぎ民話の学校実行委員会編（2012）他。
＊4　佐藤敏郎（2016）、他。
＊5　奥野修司（2017）、他。

いう営みがかたり手にとって「悲哀の仕事」として機能していることは疑いない。と同時に、その物語を「きく」者にとっても、被災者への同情や憐みを超えた「悲哀の仕事」の疑似体験、「我が事」として痛みや疼きと共に受けとめるという体験が、こうした「かたりの場」においてなされているのではなかろうか。その典型的な事例が、福二が「かたり」、喜善が「きいた」、この大津波にまつわる「かたりの場」だったと言える。

7 遠野の語り部・大平悦子が「ききとった」九九話

既に述べたように、遠野出身で、現在は遠野と神奈川を行き来しながら民話の語り部として活動する大平悦子は、この九九話を自らの大切なレパートリーにしている。二〇一七年一一月、遠野市青笹にある大平の自宅一角に移築された萱葺き屋根の古民家の囲炉裏端で、燃える薪のはぜる音と立ち上る煙の匂いの中、大平のかたる九九話をきいた。

大平は前置きとして本話の概要と冒頭部分を標準語で説明した後、遠野の土地言葉でしみじみと語り、それから本話に対する自身の想いを次のように話してくれた。

震災から半年ぐらい経ってこの話を語るようになったのですが、最初のうちは、愛する妻が死後の世界で昔の恋人と一緒にいることを知った福二のことを可哀想だと思っていました。でも、今回の震災の後、行方不明になった家族の死亡届を出せないでいたら何年か経って夢に現れたとか、イタコ（巫女）に死者の霊を降ろす口寄せをしてもらったら「おれは今、海の底にいる。おだやかな気持ちでいるから、もう探さなくていいよ」と言うのを聞いて、ようやく気持ちの区切りがついたとかいった話を聞いているうちに、もしかしたら福二も同じだったんじゃないかと思うようになりました。忘れがたい妻ではあるけれども、やっぱりどっかで気持ちに区切りをつけて、前に向いて進まなくてはいけない。そういう気持ちがこのまぼろしを見せたんではないか。それから、もしかしたら奥様の方も、「もうあなた、頑張って前を向いて進みなさい」って、励ましの気持で、姿を見せてくれたんじゃないかなあ、なんて思ったりもしました。（鵜野 2017）

大平は当初、妻を失った夫・福二に対する憐憫の感覚をこの話から「ききとって」いたが、やがて、行方不明の妻から夫に対する激励のメッセージを「ききとる」ようになっていったという。そしてこの変化は、自分のかたりにも影響を及ぼしているに違いないと話してくれた。「きくこと」が「かたること」を下支えし、「ほんとうのこと」を追い求める姿勢と直結することを、大平のこのエピソードは明示している。

8　アレクシエービッチにおける「対話すること」と「愛」

ロシア軍のウクライナ侵攻によって今また脚光を浴びているノーベル文学賞作家スベトラーナ・アレクシエービッチは、二〇一六年一一月に東京外国語大学で学生たちとの対話集会をおこなった。今も動画配信サイト[*6]で視聴できるこの集会において彼女は、チェルノブイリ、福島、さらにプーチンやウクライナのことにも触れ、六年後に起こる現今の事態をはっきりと予見しており、大変興味深いが、人と対話する時の流儀について次のように話す。

まず相手の目を見て、手を見て、体の動きを見て、その言葉を聞いてから、はじめて質問するようにする。また、自分がからっぽな状態では、相手は自分の隣に居続けることに意味を見出すことができず、対話も成立しないという。自分のなかに人生のエネルギーがなければならない、それがあればこそ、相手も自分のなかに入り込んでくる。対話というものはエネルギーを交換し合うことなのだ、と。「きくこと」をめぐって私たちがこれまで辿ってきた道のりがここに凝縮されている気がする。

その上で彼女は言う。絶望の淵にある人間をぎりぎりの所で生へとしがみつかせる最後の砦は「愛」なのだ――。

アレクシエービッチのいう「愛」とはどのようなものか。具体的なイメージのヒントとなるものとして、二〇二三年一月一日付朝日新聞に、前年一一月におこなわれた彼女へのインタビュー記事が掲載されている。「私たちが生きているのは孤独の時代と言えるでしょう。私たちの誰もが、とても孤独です。文化や芸術の中に、人間性を失わないためのよりどころを探さなくてはなりません。……近しい人を亡くした人、絶望の淵に立っている人のよりどころとなるのは、まさに日常そのものだけなのです。例えば、孫の頭をなでること。朝のコーヒーの一杯でもよいでしょう。そんな、何か人間らしいことによって、人は救われるのです」(聞き手・ベルリン＝根本晃)。

9　おわりに

『遠野物語』の序文に「平地人を戦慄せしめよ」と記した時、柳田の念頭には自分自身もまた「平地人」に含まれているという認識があったに違いない。『物語』に登場する不可解で理不尽な出来事の数々によって、最初に「戦慄せしめ」られたのは、外ならぬ柳田本人であったはずだから。なぜならそれまで一〇年以上にわたって農商務省の役人として全国各地を訪れ、農業経営と社会組織の近代化を説いて回っていた青年官僚の柳田には、「人生のエネルギー」が充満していたはずだ。これに対して前近代的もしくは反時代的な自然観や世界観の中で生まれ育った文学青年の喜善には、柳田とは全く異質の「人生のエネルギー」が充満していた。この両者が対話し、互いに「きき手」となって「エネルギー」を交換し合ったことで、とりわけ柳田が喜善の「エネルギー」によって「戦慄せしめ」られ、自己の生を変容させるまでに至ったことで、『遠野物語』は誕生した。

そして、大平が九九話に見出したように、「対象喪失」の絶望に打ちひしがれた主人公への「それでも生きて行こうよ」という激励のメッセージが、不可解で理不尽な物語の端々に埋め込まれているとすれば、それはやはり「平地人」である私たちへの、柳田の「愛」の表現だと言っても差し支えないと思われる。

『遠野物語』序文に記された「明神の山の木兎（ミミズク）」にならって、私たちもまた万象の「声」に耳を澄まし、「ききとって」みようではないか。

おきなさび飛ばず鳴かざるをちかたの森のふくろふ笑ふらんかも

柳田国男

＊6 「アレクシエービッチ　学生との対話」https://www.youtube.com/watch?v=PFJfHYFaib0

引用・参考文献
・岩田誠（2020）「〝蟲愛づる姫君〟に教えられて」、『中村桂子コレクション　いのち愛づる生命誌　2』「月報4」岩田書店、所収
・鵜野祐介（2017）「うたとかたりの対人援助学　第四回『遠野物語』第九九話と『悲哀の仕事』」、対人援助学会『対人援助学マガジン』第三一号所収（＊本書第Ⅰ部第四章1として収載）
・奥野修司（2017）『魂でもいいから、そばにいて　3・11後の霊体験を聞く』新潮社
・小此木啓吾（1979）『対象喪失』中公新書
・原本遠野物語編集委員会（2022）『柳田國男自筆　原本　遠野物語』岩波書店
・佐藤敏郎監修（2016）『16歳の語り部』ポプラ社
・遠野市立博物館編（1986）『佐々木喜善全集Ⅰ』遠野市立博物館
・法橋量（2020）「ドイツにおける日常の語り研究の系譜」、岩本通弥編『方法としての〈語り〉　民俗学をこえて』ミネルヴァ書房所収
・みやぎ民話の会　第七回みやぎ民話の学校実行委員会編（2012）『2011.3.11　大地震　大津波を語り継ぐために――声なきものの声を聴き　形なきものの形を刻む』みやぎ民話の会

あとがき

今年（二〇二三年）二月一七日の夜、本書の初校を完了して編集部にデータを送信した。両方の目の奥が疼いていたが、校正の作業や、前々日から前日にかけて長野にゼミ合宿に出かけていた疲れのせいだろうと、一晩休めば治るだろうと安易に考えていた。だが翌朝、目が覚めても痛みはあまり消えていなかった。そして翌日（一九日）に予定されていたある学会の発表者から電話があり、発表に必要な機材に関する問い合わせを受けた。ところが、「ＵＳＢメモリー」という言葉が出てこない。また、他の参加者にも電話連絡をしようとスマホの画面を立ち上げたところ、一一桁あるはずの携帯電話番号が八桁しか書かれていなかった（実は読み取れていなかった。脳梗塞の典型的な症状の一つで「半側空間無視」と呼ばれることを後で知った）。

これはおかしいと、近所のかかりつけ医が脳外科クリニックでＭＲＩ検査機器を装備しているので、診察を受けに歩いて行った。一八日土曜日の午前一一時過ぎだった。そしてＭＲＩ検査の結果、脳梗塞であることが判明し、すぐに救急車を呼んでもらい、大阪府吹田市にある国立循環器病センターに搬送され入院した。幸い手足などの運動機能には大した支障はないが、言語機能の障がい（失語症）を発症しており、約二週間の急性期医療とその後少なくとも一ヶ月以上のリハビリ専門病院での療養が必要と診断された。

妻に、私の容態について二人の姉たちに連絡を取ってもらった。すると、その翌日だっただろうか、姉から携帯にメールが届き、母が危篤の状態であることを知らされた。今年二月一日に満九四歳を迎えた母は、岡山市内の特養ホームに過ごしていたが、一月下旬ごろから食事を摂る量がめっきり減り、早晩その時が来ることを私も覚悟していた。けれどもこのタイミングでそうなるとは思いもよらず、とりあえず、私の病状について母には伏せておいてほしいことだけを頼んだ。

母の死は三月八日の夜九時頃だった。その三〇分ほど前に、母の枕元にいてくれた姉・克子から電話を受けて、昏睡状態にあるが耳は聞こえているようだからと言われて、次の四曲を歌って聞かせた。「故郷」「夏は来ぬ」「浜千鳥」「水田小学校校歌」（＊本書第一部プロローグ参照）――。受話器の向こうから、安定した呼吸音が聞こえていた。電話を切って私もベッドに横になり、しばらくして再び姉から電話があり、臨終の報を受けた。

この時入院していたリハビリ病院の主治医の先生は、葬儀に参列することを許可して下さったのだが、コロナ感染のリスクを考慮して、リモートで参列することにした。喪主として最後のご挨拶を務めることになった。丸二日かけてひねり出した弔辞を、たどたどしくも何とか読み上げたが、対面で参列していた息子によると、「頑張って！」と全員が祈っている様子だったという。

葬儀を執りおこなって下さったわが家の檀那寺である西福寺ご住職が、式の後に次のようなことを姉たちに話されたそうだ。「お母さまは祐介さんに、ご自身のいのちを手渡して、あの世に逝かれたに違いありません」。

この話を姉から聞いた時ちょうど、私は次のようなことを考えていた。毎日三回朝昼晩、食堂で出会う数十名の患者さんたちは、車椅子の人、ギブスやコルセットを付けた人、嚥下の介助を受けている人などなど、様々な重篤な状況に置かれていることが見てとれた。食堂まで行けず病室で食事をしなければならない人たちもいた。それに比べれば私は、自分で歩くことも、箸やスプーンや茶碗を自分で持って、自分で咀嚼して飲み込むこともできる。それは「偶《たま》さかの幸《さいわ》い」だったのだ。梗塞を起こした箇所が少しずれていたり、大きかったりしていたら、半身マヒや重度の言語障がい、さらには生命そのものが奪われていた可能性も大いにあったのだから、ラッキーだったと。

けれども、実はそうではないと、ご住職の言葉に思い知らされた。私がここに生き永らえており、リハビリを積めば大学へ復職し研究や教育にも携わることができる、その程度の病気で済んだのは、決して「偶さかの幸い」だったのではない。母がいのちのバトンを私に手渡してくれた、その証しなのだと。そして、今度は私が母から受け取ったいのちのバトンを、これからの研究や教育活動を通じて、周りの人びとや次の世代の人たちに手渡すことが、母のいのちのバトンを証すことにもなるだろう。三月一三日に詠んだ、まえがきに紹介した次の一首は、こうして生まれた。

脳梗塞生き永《なが》らえて在《あ》りしこと母のいのちのバトン証《あか》せり

初校の時点では、「いのちのバトン」という副題は思いついていなかった。だが、退院して再校ゲラを読み返してみると、これ以上の言葉は見つからない気がする。本書の中には、今はあの世におられる歌い手や語り手、聞き手、研究者、そして私の両親の名前がたくさん登場するが、そうした全ての方がたから受け取った「いのちのバトン」が、本書に刻まれている。願わくば次は、このバトンを私から読者のあなたに手渡すことができたなら、これにまさる喜びはない。

一方、世界に目を向けると、新型コロナウイルス感染症、ロシアによるウクライナ侵攻、トルコ南部・シリアの大震災、スーダン内戦と、理不尽で不条理な「災厄」は今なおとどまるところを知らない。この圧倒的な力を前にして、うたうことやかたること、そしてこれらについて研究することは一体何になるのだろうかと、絶望感や無力感に打ちひしがれる時もある。「そうではあるけれども、上を向いて」(Nevertheless, looking up)――、ホモ・サピエンスの先人たちが何万年にもわたって続けてきた〈うたい―かたる〉という営みには、きっと何か意味があるに違いない、そう信じて、燈火《ともしび》をかかげ、これからもこの「曲がりくねった長い道のり(the long and winding road)」を歩んでいきたいと思う。

本書は、青土社編集部の菱沼達也さんのご提案がなければ決して日の目を見ることはなかっただろう。また、病気入院により校正作業が大幅に遅れたにもかかわらず、辛抱強く見守って下さった。紙面をお借りして心から御礼申し上げたい。

入院中、親戚や友人や研究の同志や学生から数々の温かい言葉をいただいた。何よりも、妻の美世と息子の陽平が、心が折れそうになる私を支えてくれた。このあとがきを書き綴るまでに快復できたのは、そうした全ての皆様のおかげ以外にない。

万感の想いを、亡き大江健三郎へのオマージュとなる次の言葉に託して、結びとさせていただきます。

「共に喜べ(Rejoice)!」

二〇二三年　風薫る五月の空へ

鵜野祐介

初出一覧

◇第Ⅰ部

・プロローグ……対人援助学会ウェブマガジン「対人援助学マガジン」所収、「うたとかたりの対人援助学」第二三回（二〇二二年九月一五日配信）
・第一章1……「うたとかたりの対人援助学」第一回（二〇一七年三月一五日配信）
・第一章2……「うたとかたりの対人援助学」第六回（二〇一八年六月一五日配信）
・第一章3……「うたとかたりの対人援助学」第一一回（二〇一九年九月一五日配信）
・第一章4……「うたとかたりの対人援助学」第一六回（二〇二〇年一二月一五日配信）
・第二章1……「うたとかたりの対人援助学」第二回（二〇一七年六月一五日配信）
・第二章2……「うたとかたりの対人援助学」第一五回（二〇二〇年九月一五日配信）
・第二章3……「うたとかたりの対人援助学」第五回（二〇一八年三月一五日配信）
・第二章4……「うたとかたりの対人援助学」第三回（二〇一七年九月一五日配信）
・第三章1……「うたとかたりの対人援助学」第七回（二〇一八年九月一五日配信）
・第三章2……「うたとかたりの対人援助学」第八回（二〇一八年一二月一五日配信）
・第三章3……「うたとかたりの対人援助学」第九回（二〇一九年三月一五日配信）
・第三章4……「うたとかたりの対人援助学」第一〇回（二〇一九年六月一五日配信）
・第三章5……「うたとかたりの対人援助学」第一九回（二〇一八年九月一五日配信）
・第三章6……「うたとかたりの対人援助学」第二一回（二〇二二年三月一五日配信）
・第三章7……「うたとかたりの対人援助学」第二二回（二〇二二年六月一五日配信）
・第四章1……「うたとかたりの対人援助学」第四回（二〇一七年一二月一五日配信）
・第四章2……「うたとかたりの対人援助学」第一八回（二〇二一年六月一五日配信）
・第四章3……「うたとかたりの対人援助学」第二〇回（二〇二一年一二月一五日配信）
・第四章4……「うたとかたりの対人援助学」第一七回（二〇二一年三月一五日配信）

◇第二部
・第一章……「浦島説話における水界イメージの精神史的考察」、アジア民間説話学会第一五回国際シンポジウム大会（二〇一八年六月一－三日、韓国・光州市全南大学校）研究発表用原稿
・第二章……「東アジアの「天人女房」説話における〈あわい〉イメージ――人間界と天上界を繋ぎ、隔てるもの」、うたとかたりの研究会『論叢うたとかたり』創刊号、二〇一九年五月所収。
・第三章……「マンローのアイヌ研究の思想史的淵源としてのタイラーとワーズワス――〈アニマ〉から〈ラマッ〉へ」、日本カレドニア学会『CALEDONIA』第四五号、二〇一七年一〇月所収。
・第四章……「手話を用いた語りの研究序論――文化的ダイバーシティ・文化的エコロジーと説話伝承」、日本口承文芸学会『口承文芸研究』第四三号、二〇二〇年三月所収。
・第五章……「不条理と向き合う地蔵説話の伝承――「笠地蔵」「みちびき地蔵」「地蔵の予告」」、うたとかたりの研究会『論叢うたとかたり』第二号、二〇二〇年五月所収。
・第六章……「民話を〈語る－聞く〉こととと災害・厄災レジリエンス」、対人援助学会『対人援助学』第一〇号、二〇二〇年四月所収
・第七章……「五十嵐七重の語りを聴く――小野和子の民話採訪と「未来に向けた人類学」」、うたとかたりの研究会『論叢うたとかたり』第三号、二〇二一年五月所収。
・第八章……「『遠野物語』の人間学へ――「きくこと」をめぐる断想」、青土社『現代思想』二〇二二年七月臨時増刊号所収。

著者　鵜野祐介（うの・ゆうすけ）

1961年岡山県生まれ。京都大学大学院教育学研究科博士後期課程修了。2004年英国エディンバラ大学にて博士号（Ph.D、人文学）取得。専門は伝承児童文学の教育人類学的研究。日本、韓国、中国、英国スコットランドを主なフィールドとして、子ども期の伝承文化（遊び・子守唄・わらべうた・民間説話など）や児童文学・児童文化が人間形成に及ぼす影響について研究。鳥取女子短期大学（現 鳥取短期大学）、梅花女子大学を経て、現在、立命館大学文学部教授。アジア民間説話学会日本支部代表、子守唄・わらべうた学会代表、「うたとかたりのネットワーク（うたかたネット）」を主宰し、うたやかたりの実践・普及活動のネットワーク作りを進める。

主な著書に『飛騨の民話・唄・遊び　岐阜県朝日村・高根村の伝承』（大橋和華・石川稔子との共編著、手帖舎、1999年）、『生き生きごんぼ　わらべうたの教育人類学』（久山社、2000年）、『東美濃の民話・唄・遊びと年中行事　岐阜県恵那郡上矢作町の伝承』（大橋和華・石川稔子との共編著、手帖舎、2004年）、『伝承児童文学と子どものコスモロジー　〈あわい〉との出会いと別れ』（昭和堂、2009年）、『子守唄の原像』（久山社、2009年）、『昔話の人間学　いのちとたましいの伝え方』（ナカニシヤ出版、2015年）、『ポスト三・一一の子どもと文化　いのち・伝承・レジリエンス』（加藤理との共編著、港の人、2015年）、『日中韓の昔話　共通話型30選』（みやび出版、2016年）、『子どもの替え唄と戦争　笠木透のラスト・メッセージ』（子どもの文化研究所、2020年）、『センス・オブ・ワンダーといのちのレッスン』（港の人、2020年）他、訳書にノラ&ウィリアム・モンゴメリー編『スコットランド民話集　世界の果ての井戸』（朝日出版社、2013年）。

うたとかたりの人間学
いのちのバトン

2023年9月15日　第1刷印刷
2023年9月30日　第1刷発行

著者――鵜野祐介

発行者――清水一人
発行所――青土社

〒101-0051　東京都千代田区神田神保町1-29　市瀬ビル
［電話］03-3291-9831（編集）03-3294-7829（営業）
［振替］00190-7-192955

印刷・製本――シナノ印刷

装幀――アルビレオ

装画（カバー・表紙）――小林紗織

ISBN978-4-7917-7578-1